O que a Crise do *Subprime* Ensinou ao Direito?

O que a Crise do *Subprime* Ensinou ao Direito?

EVIDÊNCIAS E LIÇÕES DO MODELO CONCORRENCIAL
E REGULATÓRIO BANCÁRIO BRASILEIRO

2015

Eduardo da Silva Mattos

O que a Crise do *Subprime* Ensinou ao Direito?
Evidências e lições do modelo concorrencial e regulatório bancário brasileiro
© Almedina, 2015

AUTOR: Eduardo da Silva Mattos
DIAGRAMAÇÃO: Almedina
DESIGN DE CAPA: FBA
ISBN: 978-858-49-3066-1

Dados Internacionais de Catalogação na Publicação (CIP)
(Câmara Brasileira do Livro, SP, Brasil)

Mattos, Eduardo da Silva
O que a crise do subprime ensinou ao direito? :
evidências e lições do modelo concorrencial e
regulatório bancário brasileiro / Eduardo da
Silva Mattos. -- São Paulo : Almedina, 2015.
Bibliografia.
ISBN 978-85-8493-066-1

1. Bancos - Brasil 2. Crise financeira -
Estados Unidos 3. Direito comercial - Brasil
4. Instituições financeiras - Brasil 5. Regulação
6. Sistema financeiro nacional I. Título.

15-07020   CDU-347.73(81)

Índices para catálogo sistemático:
1. Brasil : Instituições financeiras : Sistema
financeiro nacional : Regulação : Direito
comercial 347.73(81)

Este livro segue as regras do novo Acordo Ortográfico da Língua Portuguesa (1990).

Todos os direitos reservados. Nenhuma parte deste livro, protegido por copyright, pode ser reproduzida, armazenada ou transmitida de alguma forma ou por algum meio, seja eletrônico ou mecânico, inclusive fotocópia, gravação ou qualquer sistema de armazenagem de informações, sem a permissão expressa e por escrito da editora.

Dezembro, 2015

EDITORA: Almedina Brasil
Rua José Maria Lisboa, 860, Conj.131 e 132 | Jardim Paulista | 01423-001 São Paulo | Brasil
editora@almedina.com.br
www.almedina.com.br

AGRADECIMENTOS

Agradeço, primeiramente, ao professor e orientador Calixto Salomão Filho, pela oportunidade concedida. Nesse breve momento em que se pode utilizar da primeira pessoal do singular, agradeço pela forma como me recebeu na entrevista do processo seletivo de mestrado, cuja pesquisa deu origem à presente obra: eu nunca havia sido seu aluno, vinha de um estado sem grande tradição e prática regulatória e concorrencial, nunca havíamos nos falado, e, mesmo assim, o professor me ofereceu a chance de competir em condições de igualdade com os outros candidatos e, posteriormente, proporcionou-me a alegria de adentrar no programa de pós-graduação. É uma prova de sua seriedade e compromisso com a academia. Por isso, serei eternamente grato.

Agradeço aos meus pais, Nivaldão e Solanginha, pelo exemplo de uma vida toda. Também ao meu irmão Marcelo, cada dia mais distante de ser novamente meu companheiro de apartamento.

Agradeço aos meus tios Sandra e Eli por darem abrigo e apoio a um aspirante acadêmico estrangeiro na capital paulista.

Agradeço aos colegas do Programa de pós-graduação em Direito da USP pelo companheirismo e auxílio durante toda minha passagem por São Paulo. Também aos professores, a quem agradeço nos nomes de José Marcelo Martins Proença e Carlos Portugal Gouvêa, pela receptividade e interesse nas pesquisas de seus alunos.

Agradeço aos amigos da London School of Economics pelas profícuas discussões a respeito de como a crise afetou diversos países, bem como conversas sobre as respectivas reformas.

Agradeço aos amigos de infância, aos grandes amigos da graduação e a todas às distrações encontradas no caminho. Se, por um lado, todos vocês tornaram a caminhada acadêmica mais difícil, teria, da mesma forma, sido uma jornada sem graça sem as suas inconveniências.

Por fim, mas não menos importante, à Marcellinha, por suportar todos os sacrifícios impostos pela academia em nossas vidas. Dei a sorte de encontrar uma companheira para dormir no quarto enquanto estudo na sala – além de revisar tudo depois!

SUMÁRIO

INTRODUÇÃO 11

CAPÍTULO 1 - INTERMEDIAÇÃO FINANCEIRA, CONCORRÊNCIA
E REGULAÇÃO NO SETOR BANCÁRIO 15

**1.1. O que são bancos e por que o setor é diferente?
A teoria da intermediação financeira** 15
1.1.1. Definição e função de instituição financeira....................................15
*1.1.2. Teoria da firma no sistema financeiro: custos de transação
e assimetria de informação*...18
1.1.3. Alocação de recursos, transformação de ativos e pulverização de riscos......20

1.2. Externalidades e impactos macroeconômicos de crises bancárias. 21
1.2.1. Crises de confiança e de liquidez – os estágios de Minsky..............23
1.2.2. Corridas bancárias..28
1.2.3. O efeito do contágio entre instituições financeiras..........................29

1.3. Risco, regulação e concentração no setor bancário 31
1.3.1. Regulação, concentração e ganhos de estabilidade........................32
1.3.2. Regulação, concentração e ganhos de eficiência financeira..........34
*1.3.3. Divergências: perda de bem estar dos consumidores e difícil aproximação
entre concorrência e competição no setor bancário*.........................36

1.4. Alguns instrumentos de regulação financeira..............................38
1.4.1. Seguro de depósito..39
1.4.2. Requerimento de adequação de capital e exigência de capital mínimo.......40
1.4.3. Regulação e controle de produtos financeiros.................................42
1.4.4. Fiscalização e supervisão...44

1.5. Síntese e conclusões do capítulo..45

CAPÍTULO 2 - SISTEMA FINANCEIRO NORTE-AMERICANO, A CRISE DO *SUBPRIME* E SEUS EFEITOS 49

2.1. Breve caracterização da situação regulatória e concorrencial pré-crise no mercado norte-americano 51
    2.1.1. Do Glass-Steagall Act até a fusão Citi-Travelers 51
    2.1.2. O sistema dual de fiscalização e regulação de bancos comerciais: Federal Reserve (FED), OCC, agências estaduais e outras divisões de competência . 58
    2.1.3. Concentração e competitividade no setor bancário norte-americano 62
    2.1.4. Filosofia minimalista de regulação 66

2.2. Delineamento da crise do subprime. 69
    2.2.1. Inicialmente: entre origem e propagação da crise 70
    2.2.2. Origens da crise anteriores ao estouro da bolha 71
    2.2.3. O mercado (de crédito) imobiliário norte-americano 73
    2.2.4. O contágio de todo sistema financeiro norte-americano 76
    2.2.5. A chegada da crise ao lado real (produtivo) da economia 79

2.3. Respostas regulatórias no mercado norte-americano 82
    2.3.1. O Blueprint de Henry Paulson 82
    2.3.2. O Plano White Paper de Timothy Geithner 84
    2.3.3. A Governança Corporativa e a importância da Lei Dodd-Frank 86
    2.3.4. A regulação de produtos financeiros 89
    2.3.5. A busca de um regulador macroprudencial 91

2.4. Síntese e conclusões do capítulo 92

CAPÍTULO 3 - O BRASIL E A CRISE DO SUBPRIME 95

3.1. Considerações sobre a estruturação do sistema financeiro brasileiro 96

    3.1.1. A evolução do sistema financeiro no país pré-crise: um histórico de concentração e defesa de interesses 96
    3.1.2. Ausência de controle de concentração pela autoridade concorrencial: a polêmica (in)competência do CADE 106
    3.1.3. Caracterização regulatória brasileira 110

3.2. Análise (e desmistificação) de algumas das justificativas para a "solidez" do sistema financeiro brasileiro 126

3.2.1. A economia brasileira em perspectiva durante a crise: desempenho econômico e fatores externos à estrutura bancária 126
3.2.2. A atuação dos bancos públicos 131
3.2.3. Concentração como fator de solidez 140
3.2.4. Centralização de competências e arranjos institucionais regulatórios 146
3.2.5. Regulação financeira conservadora 152
3.2.6. Qualidade e flexibilidade na supervisão e fiscalização das instituições financeiras 159

3.3. Na outonada da crise 167

3.3.1. Convergências e divergências da estrutura financeira brasileira na reformulação dos sistemas financeiros internacionais 167
3.3.2. Alternativas à concentração e à regulação concentradora: "fatiamento" do mercado e crescimento orgânico de bancos menores 171
3.3.3. Subprime brasileiro? 173
3.3.4. Crise de sistema financeiro ou crise de sistema econômico? 175

3.4. Síntese e conclusões do capítulo 181

CONCLUSÃO 189

REFERÊNCIAS BIBLIOGRÁFICAS 191

INTRODUÇÃO

A crise do *subprime* mergulhou o mundo todo em um período de recessão, sendo considerada por muitos a maior quebra desde a Grande Depressão. O epicentro do colapso se deu no mercado financeiro estadunidense, contaminado por títulos securitizados complexos, obscuros e lastreados em hipotecas podres, depois se alastrando para o lado real da economia, e, por fim, para o restante do mundo.

As externalidades e impactos macroeconômicos de uma crise bancária são enormes e dão razão às preocupações históricas das autoridades (*policy makers*) com sua contenção. Isso, por si só, já traria grande proeminência jurídica ao tema. Contudo, tão relevante quanto, importam ao universo jurídico as reformas que acompanham cada uma das crises bancárias. Vejam-se alguns exemplos.

Após um pânico na economia norte-americana em 1907 é que se deu a preocupação com a criação de um banco central nos Estados Unidos, efetivada em 1913.

Como resposta à maior crise financeira de que se tem notícia, a Crise de 1929, os Estados Unidos realizaram, na mesma grandeza, "a maior onda de regulação financeira de sua história"[1], com a promulgação de vários diplomas legais, com destaque para o *Banking Act of 1933*, que foi posteriormente mais bem delimitado e posto em prática pelo *Banking*

---

[1] SHILLER, Robert. Democratizing and humanizing finance. In: KROZSNER, Randall; SHILLER, Robert. *Reforming US Financial System: reflections before and beyond Dodd-Frank*, p. 18. Tradução livre pelo autor.

Act of 1935. Essas reformas são conhecidas como *Glass-Steagall Act* e serão devidamente estudadas em tópico apartado.

Já como resposta à crise do *subprime*, os Estados Unidos adotaram alguns planos regulatórios e promulgou-se *o Dodd–Frank Wall Street Reform and Consumer Protection Act*, que materializou uma série de restrições à libertinagem financeira existente no marco regulatório de então.

No Brasil, após um período de crescimento proporcionado pelo governo Juscelino Kubitschek, financiado principalmente por capital externo e por dinheiro público – via emissão de moeda, sem que fossem desenvolvidos mecanismos de captação de poupança interna – o Brasil passou por uma crise a partir de 1962 [2], com baixíssimo crescimento econômico e forte inflação. Uma das primeiras medidas tomadas após o Golpe de 1964 foi, justamente, reestruturar o sistema financeiro nacional, visando à correta canalização da poupança privada [3].

Trazendo essa preocupação de volta à recente crise financeira, percebe-se que Brasil não sofreu efeitos deletérios de maneira tão severa quanto outros países, dentre eles os Estados Unidos. Essa constatação levou diversos autores a bradar a respeito da qualidade do modelo bancário brasileiro.

"A velocidade de recuperação de uma economia a uma crise dessa natureza está diretamente relacionada à reorganização e recuperação do sistema financeiro" [4] e a explicação básica normalmente exposta é a de que se considera, desde antes do colapso financeiro de 2008, que o Brasil tem um sistema financeiro que "reduziu o grau de vulnerabilidade a choques externos" [5], enquanto os Estados Unidos teriam um sistema desregulado, instável e pretensamente competitivo.

Observar quais seriam as características peculiares a cada um dos sistemas financeiros – ou mesmo se são elas verdadeiras – é fundamental para que se tenha uma compreensão correta do funcionamento de diferentes estruturas financeiras, de seus efeitos sobre o sistema econômico como um todo e de suas respostas a crises. No atual momento de reestruturação da ordem financeira mundial, dentro da qual o modelo brasileiro ganha des-

---

[2] ALLEN, Franklin; GALE, Douglas. *Understanding financial crises*. p. 10.
[3] CARVALHO, Fernando J. Cardim de; *et al. Economia Monetária e Financeira*. p. 266.
[4] TOLEDO, Marcelo Gaspari Cirne de. Avaliação da crise: o sistema está sólido. In: GARCIA, Marcio. GIAMBIAGI, Fábio (org.). *Risco e regulação: Por que o Brasil enfrentou bem a crise financeira e como ela afetou a economia mundial*. p. 223.
[5] OLIVEIRA, Gesner. *Concorrência: panorama no Brasil e no mundo*. p. 95.

taque [6], deve ser feita essa leitura precisa para que não se cometam enganos nos processos de reforma, com argumentos baseados em concepções equivocadas ou simplesmente limitadas quanto ao fenômeno das crises.

Não se tem a pretensão de dar respostas finais, apontar cabalmente que um sistema financeiro seria melhor ou ainda receitar o transplante de estruturas de um sistema para o outro, como por vezes parece ser o posicionamento da doutrina especializada. Crises impõem grande fardo sobre a população, que arca com altíssimos custos, tanto imediatos quanto mediatos, e essa situação, de fato, demanda uma resposta jurídica. Não se pode, contudo, apressar julgamentos ou buscar modelos "vencedores" e "perdedores" com base em dada concepção acerca da resiliência do sistema a choques externos, para que um modelo subjugue o outro.

O que se pretende fazer no presente trabalho é questionar o consenso advindo da resposta da economia brasileira à crise do *subprime*, que colocou a estruturação do sistema financeiro brasileiro como *standard* ou estado da arte em matéria de concorrência e regulação. Em verdade, uma série de fatores regulatórios e concorrenciais tidos como os motivos da solidez do sistema financeiro brasileiro são, também, problemas estruturais históricos em nosso sistema que operaram negativamente em outros momentos.

Para o desenvolvimento do trabalho nos moldes propostos acima, adota-se, inescapavelmente, uma perspectiva interdisciplinar [7] capaz de captar toda a dinâmica regulatória e concorrencial do sistema financeiro. Procura-se adequar a já desenvolvida pesquisa econômica dentro de uma perspec-

---

[6] Gustavo Franco e Luiz Rosman, inclusive, discorrem sobre a possibilidade de "exportação" da experiência brasileira, principalmente no que toca o controle das condutas advindas dos problemas de *agency* no sistema financeiro. FRANCO, Gustavo; ROSMAN, Luiz A. C. A Responsabilidade Ilimitada em Instituições Financeiras no Brasil: Antecedentes, Experiência e Considerações. In: CARNEIRO, Dionísio Dias; DE BOLLE, Monica Baumgarten (org.). *A reforma do sistema financeiro americano: nova arquitetura internacional e o contexto regulatório brasileiro*. p. 91-92. Além disso, veja-se a notícia: ESTADÃO. *BC exporta 'tecnologia' de reserva para a crise*. 04 de outubro de 2010.

[7] Nas palavras de Michel Miaille, "ora, o que eu me proponho a mostrar é que direito e economia, mas também, política e sociologia, pertencem a um mesmo continente, estão dependentes da mesma teoria, a da história. É que direito e economia podem ser reportados ao mesmo sistema de referências científicas. Para admitir esta nova perspectiva é necessário abandonar o mito da divisão natural do saber. Este mito não é de papel: é um obstáculo, na medida em que é preciso forçá-lo, a fim de se conseguir obter os meios de traçar um caminho científico". MIAILLE, Michel. *Introdução crítica ao Direito*. p. 62.

tiva jurídica, já que o setor financeiro é estruturalmente "bastante complexo, pela necessária interação entre princípios jurídicos e econômicos"[8].

A adoção de uma abordagem interdisciplinar impõe uma série de desafios, como a forma de exposição (e não sobreposição) de disciplinas distintas em um único trabalho e até mesmo a definição do público-alvo a quem se dirige o trabalho.

Tendo plena noção desses obstáculos e desafios, e com o intuito de atender aos anseios de uma pesquisa acadêmica séria, a presente obra busca escapar de considerações simplificadoras tanto da disciplina jurídica quanto da econômica, para que com isso não haja a imposição de uma ciência sobre a outra, mas sim uma construção conjunta.

O primeiro capítulo é voltado aos pressupostos e definições do trabalho, além de aspectos relevantes sobre intermediação, concorrência e regulação no sistema financeiro. O escopo disso é lançar as bases para desenvolvimento dos argumentos e críticas à estruturação do sistema financeiro brasileiro, em especial atenção ao desenvolvimento do raciocínio do capítulo III.

No capítulo II, descreve-se, de maneira breve, a estrutura bancária norte-americana e como ela permitiu a eclosão da crise. Como sequência a essa exposição, também é delineada a crise do *subprime* e as reformas pensadas e, posteriormente, implementadas no sistema financeiro estadunidense. Pretende-se realçar questões relevantes para discussão que, embora tenham sido levantadas em outros momentos históricos, passaram (e ainda passam) à margem da discussão da regulação financeira pós-crise.

Por fim, no último capítulo, caracteriza-se, primeiramente, e de maneira sucinta, o modelo concorrencial e regulatório bancário brasileiro a que se refere o título do livro. Nesse primeiro momento, será descrita a evolução do sistema financeiro brasileiro para se perceber que, desde sua gênese, trata-se de um sistema voltado à concentração e aos interesses de algumas minorias. Após a caracterização, serão enumerados, um a um e com citações diretas sempre que possível, os fatores lançados por autores como razões de solidez do sistema financeiro brasileiro – todos com relação ao delineamento feito inicialmente no capítulo – para que, logo depois, sejam feitas as críticas quanto a cada argumento.

---

[8] SALOMÃO FILHO, Calixto. Regulação e antitruste: fronteiras de interação no setor financeiro. In: CAMPILONGO, Celso Fernando; ROCHA, Jean Paul Veiga da; MATTOS, Paulo Todescan Lessa (coord). *Concorrência e Regulação no Sistema Financeiro*. p. 129.

CAPÍTULO 1
INTERMEDIAÇÃO FINANCEIRA, CONCORRÊNCIA E REGULAÇÃO NO SETOR BANCÁRIO

O setor bancário é considerado especial em comparação com outras indústrias. Recebe ele um tratamento diferenciado em âmbito regulatório, concorrencial e falimentar. É, também, conferida aos bancos uma grande gama de instrumentos de intervenção juntamente com vasta rede de segurança e provimento de liquidez.

Para compreender as construções posteriores no presente trabalho, é necessário expor de maneira sucinta o porquê de as instituições financeiras receberem tratamento especial quanto à supervisão governamental, bem como receberem tamanho escrutínio em períodos de crise. O setor bancário é realmente tão peculiar e distinto de outras indústrias? Quais seus caracteres tão diferenciados?

1.1. O que são bancos e por que o setor é diferente? A teoria da intermediação financeira

1.1.1. Definição e função de instituição financeira

Economicamente não existe uma acepção uníssona de banco [9]. Mesmo juridicamente, no caso brasileiro, não se encontra na legislação uma conceituação precisa de "instituição financeira" [10].

---

[9] CARVALHO, Fernando J. Cardim de; et al. *Economia Monetária e Financeira*. p. 224-225.
[10] SADDI, Jairo. *Crise e regulação bancária*. p. 18.

A Lei 4.595/64 assim dispõe:

> Art. 17. Consideram-se instituições financeiras, para os efeitos da legislação em vigor, as pessoas jurídicas públicas ou privadas, que tenham como atividade principal ou acessória a coleta, intermediação ou aplicação de recursos financeiros próprios ou de terceiros, em moeda nacional ou estrangeira, e a custódia de valor de propriedade de terceiros.

Contudo, tal conceituação é excessivamente ampla e sua interpretação literal levaria a resultados absurdos. Veja-se que, por exemplo, empresas atuantes em quaisquer ramos de atividade aplicam, de maneira acessória, recursos financeiros próprios [11].

A problemática de definição poderia levar à insegurança jurídica – materializada na falta de clareza na aplicação da legislação bancária a determinadas instituições. Há, com isso, inevitável caráter subjetivo ao se qualificar um banco [12].

Para lidar com essa questão, tanto uma interpretação legal teleológica [13] quanto uma análise econômica da função dos bancos [14] apontam no mesmo sentido: instituições financeiras são definidas como intermediários – captando recursos financeiros de uns agentes e emprestando a outros – com capacidade de multiplicar a quantidade de dinheiro em circulação.

Daí se extrai a relevância das atividades de (i) intermediação financeira e (ii) criação de moeda, para que se entenda a importância e especialidade dos bancos.

---

[11] SALOMÃO NETO, Eduardo. *Direito bancário*. p. 17.

[12] Vide PAGOTTO, Leopoldo Ubiratan Carreiro. *Defesa da concorrência no setor financeiro*. p. 118-122, no tópico intitulado "Aspecto subjetivo da definição de instituição financeira". Ainda, J. X. Carvalho de Mendonça, em citação direta realizada por Jairo Saddi, indica que "classificar bancos é entrar no campo arbitrário. O processo diversificaria conforme os diferentes pontos de vista a que se deseja atender". SADDI, Jairo. *Crise e regulação bancária*. p. 57, nota de rodapé 127.

[13] SALOMÃO NETO, Eduardo. *Direito bancário*. p. 21. O autor ainda ressalta (p. 67) que bancos são instituições creditícias de caráter genérico, diferenciando-se, por isso, de associações e sociedades de crédito voltadas ao consumo de bens específicos, mas que também são instituições financeiras. Faz-se o alerta, portanto, que quando se fala em "instituição financeira" no presente trabalho, remete-se especificamente a bancos, sem limitação ou especialização de crédito.

[14] GORTON, Gary; WINSTON, Andrew. Financial intermediation. In: CONSTANTINIDES, George; et al (org). *Handbook of the economics of finance*, v. 1A (Corporate Finance). p. 434-435.

Bancos são intermediários na medida em que eles aproximam poupadores e tomadores de empréstimo – por isso, diz-se que essa relação entre as partes é indireta. Trata-se, atualmente, da maior fonte de financiamento de agentes econômicos [15] e de uma alternativa ao financiamento direto que ocorre, por exemplo, com o mercado de capitais – a captação das empresas ocorreria, nesse caso, diretamente junto aos investidores, por mais que com necessário auxílio de corretoras.

Já a multiplicação monetária é uma consequência do que se chama de sistema de reserva fracionada. Considerando que, estatisticamente, não é muito provável que todos os depositantes de um banco venham a sacar valores simultaneamente [16], a instituição mantém em estoque somente parte dos depósitos, além da retenção exigida como depósito compulsório pelos bancos centrais, emprestando o saldo final – valor depositado, menos reservas técnica e compulsória. Em outras palavras, a instituição financeira continua responsável pelo depósito original e, ainda, repassa parte desse recurso a terceiros como empréstimo. Cria-se, assim, moeda no sistema financeiro [17].

Dessa forma, bancos lidam tanto com a poupança popular, por meio de depósitos, quanto com o financiamento da atividade econômica, por meio de empréstimos.

Como consequência, as instituições financeiras permeiam todo o fluxo do sistema econômico: vão desde a captação do dinheiro das famílias até o

---

[15] Frederic Mishkin aponta que, ao contrário do que o senso comum leva a acreditar, mesmo em "economias baseadas no mercado" (*market-based economies*, no sentido de serem financiadas diretamente pelo mercado de capitais), como é o caso dos Estados Unidos, a maior parte do financiamento das atividades empresariais não vem do capital dos próprios acionistas por meio de cotas ou ações, mas sim via empréstimos bancários. Cf. MISHKIN, Frederic. *The Economics of Money, Banking and Financial Markets*. p. 170.

[16] Trata-se da utilização da "lei dos grandes números" para o setor financeiro. Em um grande número de operações, a chance de um depositante retirar seus depósitos do banco é, em tese, independente dos demais depositantes. Ademais, a saída de um único poupador seria, também em tese, irrisória dentro do volume total de depósitos dos bancos. Dessa forma, o volume de recursos que deve ser mantido como reserva seria previsível. Vide HICKS, John. *A market theory of Money*. p. 59. Contudo, crises irão surgir quando ocorrer o evento que antes possuía a menor probabilidade de ocorrência e o menor dano previsto, fugindo da racionalidade, conforme será discutido oportunamente.

[17] O multiplicador é dado, em um modelo simples, por $1/(r_1+r_2)$, onde r_1 é a reserva voluntária e r_2 a reserva compulsória do banco. Para maiores informações sobre o multiplicador bancário, veja-se CARVALHO, Fernando J. Cardim de; *et al*. *Economia Monetária e Financeira*. p. 229-232.

financiamento das empresas em quaisquer atividades econômicas – e, como visto, em proporções elevadas. Por esse motivo, vários estudos relacionam a qualidade do sistema financeiro com o desenvolvimento econômico de um país [18]. E, em razão dessa abrangência, tem-se a legitimidade do Estado para controlar o funcionamento e a concorrência desse nicho de mercado, sempre visando às necessidades sociais e o melhor interesse público [19].

Em que pese essa conceituação, ela não dá conta de todas as funções e não explica o que faz um banco. Para isso, será necessário recorrer a lições da teoria econômica.

1.1.2. Teoria da firma no sistema financeiro: custos de transação e assimetria de informação
A teoria da firma, desenvolvida por Ronald Coase, apresenta grande pertinência à análise da existência bancária, e o ferramental geral desenvolvido pelo autor pode ser aplicado na especialidade do caso financeiro.

Em apertada síntese, dentro da construção da teoria da firma se enxerga a empresa como nexo contratual que organiza e centraliza hierarquicamente a atividade econômica de forma mais eficiente do que contratações individuais e separadas de fatores de produção. A eficiência dessa centralização pode ser atribuída à existência de custos de transação – justamente os custos de se recorrer ao mercado sempre que necessária uma contratação, exemplificados em custos para negociar, redigir e garantir o cumprimento de contratos [20].

A partir desse ponto, nota-se que *se* não existissem custos de transação e de obtenção de informação, não seriam necessários bancos. Bancos são intermediários financeiros, portanto sua existência seria injustificada (ou desnecessária) caso os agentes conseguissem suprir suas próprias necessidades de liquidez por negociações realizadas diretamente entre si [21].

---

[18] Por todos, vejam-se KING, Robert; LEVINE, Ross. Finance and growth. *The quarterly journal of economics*. Vol. 108, No. 3 (1993). p. 717-737 e os trabalhos do livro DEMIRGUC-KUNT, Asli; LEVINE, Ross (org.). *Financial Structure and Economic Growth: a cross-country comparison of banks, markets, and development*.

[19] FONSECA, João Bosco Leopoldino da. Concorrência e regulação. In: CAMPILONGO, Celso Fernando; ROCHA, Jean Paul Veiga da; MATTOS, Paulo Todescan Lessa (coord). *Concorrência e Regulação no Sistema Financeiro*. p. 224.

[20] COASE, Ronald. The nature of the firm. *Economica*, Vol. 4. Nº. 16. p. 387-391.

[21] FISCHEL, Daniel; *et al*. The Regulation of Banks and Bank Holding Companies. *Virginia Law Review*. Vol. 73, No. 2 (Mar., 1987), p. 306.

Entretanto, como as partes (emprestadores e tomadores) não possuem o mesmo nível de informação e conhecimento técnico, poderiam surgir problemas como de seleção adversa. Considerando que as partes não possuem conhecimento suficiente, elas poderiam cobrar juros maiores – exigir garantias maiores ou quaisquer outros encargos – dos que os que seriam adequados em situação de informação completa, justamente para compensar o risco maior de entrarem em um negócio sem clara definição das condições da contraparte[22]. A tendência seria, então, a de se afastar do mercado os bons tomadores e emprestadores e racionar o crédito [23].

Para lidar com esses problemas informacionais, bancos apresentariam grandes economias de escala – ou seja, teriam grande custo fixo e irrecuperável na operação, mas custos marginais (como o custo de oferecer serviços bancários a um cliente a mais) mínimos. Bancos conseguem agrupar um grande número de clientes com interesses diversos. Conseguem, na mesma medida, monitorar a qualidade dos tomadores de empréstimo, aplicar os recursos de maneira mais eficiente em decorrência da *expertise* no desenvolvimento da atividade bancária e eliminar custos de redação e negociação de contratos (por meio de contratos padronizados) [24].

Ademais, a existência de agências capilariza o alcance das instituições financeiras, facilitando muito a captação de depósitos – e a abertura de agências de um novo competidor apresenta gasto elevado, configurando uma barreira à entrada, ligada a economias de escala. Da mesma forma, investimentos em tecnologia, processamento de informações e custos administrativos são diluídos quanto maior for a escala da operação [25]. Outros autores ainda sugerem que os próprios riscos advindos de um sistema de reserva fracionada implicam em economias de escala e têm como

---

[22] Exemplo dado em RIBEIRO, Ivan César. *Regulação financeira, poder no mercado e crise financeira*. Tese de doutorado: USP, Faculdade de Direito, São Paulo, 2012. p. 43.

[23] Situações em que os bons agentes são afastados do mercado pela existência de assimetria de informação são encontrados no seminal artigo AKERLOF, George A. The Market for "Lemons": Quality Uncertainty and the Market Mechanism. *The Quarterly Journal of Economics*, Vol. 84, No. 3. (Aug., 1970). p. 488-500. Em especial, são citados o caso do mercado de carros usados (que tenderia ao desaparecimento) e saúde (que tenderia à estatização).

[24] MISHKIN, Frederic. *The Economics of Money, Banking and Financial Markets*. p. 173-174 e HUBBARD, Glenn; O'BRIEN, Anthony. *Money, banking and the financial system*. p. 255.

[25] MULLER, Bianca Abbott. *Concorrência no setor bancário brasileiro*. Dissertação de mestrado: USP, Faculdade de Direito, São Paulo, 2007, p. 154.

resultado maior concentração bancária [26], pois bancos com mais depósitos seriam menos propensos a corridas.

Autores da literatura econômica chegaram a sugerir, ainda, economias de escopo na atuação bancária – sumarizada na possibilidade de haver ganhos de eficiência pelo fato de depósitos e aplicações estarem situados no mesmo local (banco), ao se facilitar o gerenciamento e interconexão entre eles. Contudo, as evidências estatísticas, quase em sua totalidade, sugerem não se tratar de relação forte e significativa [27].

A suposta existência de economias (principalmente) de escala serve de justificativa teórica para a concentração de participação de mercado em poucos e grandes bancos. Entretanto, a evidência empírica demonstra haver limitações nesses ganhos. Uma explicação que encontra respaldo estatístico é a de que a estrutura de custos dos bancos é em forma de "U", ou seja, possui ganhos de escala inicialmente, diminuindo-se o custo médio do serviço, mas a partir do ponto mínimo, o aumento do tamanho torna-se ineficiente. Portanto, economias de escala existiriam para bancos muito pequenos, sendo praticamente nulas para bancos de maior porte [28].

Indica-se, assim, restrição na observação dos ganhos de escala como justificadores da concentração bancária – complementando a análise, realizada no tópico 3.2.3, da má-compreensão da concentração financeira brasileira.

1.1.3. Alocação de recursos, transformação de ativos e pulverização de riscos
Além de aglutinar funções de monitoramento e processamento de informações de mercado, bancos servem às importantes funções de alocação de recursos, transformação de ativos e pulverização de riscos [29].

Ao agruparem diversos emprestadores com interesses diferentes (como volume, maturidade e risco de depósitos), instituições financeiras podem, por exemplo, emprestar recursos de diversos pequenos poupadores a um grande tomador, e vice-versa – transformações desse tipo são conhecidas

---

[26] BALTENSPERGER, Ernst. Economies of Scale, Firm Size, and Concentration in Banking. *Journal of Money, Credit and Banking*, Vol. 4, No. 3, agosto de 1972. p. 467-488.
[27] MESTER, Loretta. Optimal Industrial Structure in Banking. In: THAKOR, Anjan; BOOT, Arnoud (org.). *Handbook of financial intermediation and banking.* p. 157.
[28] BENSTON, George; HANWECK, Gerald; HUMPHREY, David. Scale economies in banking: a restrutucting and reassessment. In: ROSENFELD, James. *The selected works of George J. Benston, vol. 1.* p. 86.
[29] FREIXAS, Xavier. ROCHET, Jean-Charles. *Microeconomics of banking.* p. 2-8 e 53.

como de *tamanho*. Analogamente, depositantes e tomadores podem possuir diferentes expectativas (ou preferências) por liquidez [30], uns mais a curto e outros a longo prazo, e bancos podem eliminar dificuldades pelo agrupamento de vários clientes [31].

Por fim, intermediários financeiros proporcionam a divisão de riscos entre os mais diversos agentes econômicos. Recursos podem ser alocados em atividades que não possuam risco correlacionado e, dessa forma, não exponham os tomadores e a própria instituição a um risco demasiado – em outras palavras, os riscos podem ser mitigados pela diversificação [32].

Se por um lado, essa divisão de riscos permite que agentes econômicos não sejam expostos ao risco de um único, ou poucos, tomadores, o contraponto dessa condição é o de que, caso haja algum percalço na realização dos diferentes ativos (diversificados) da instituição financeira, o grande grupo de investidores e poupadores que confiaram depósitos aos bancos se encontrarão em situação de possível prejuízo. Também por esse motivo – volume, dispersão e propagação das perdas quando o sistema financeiro se encontra em dificuldades – bancos recebem atenção especial, conforme será visto já no tópico a seguir.

1.2. Externalidades e impactos macroeconômicos de crises bancárias

A história mundial foi permeada por crises econômicas, muitas delas de cunho financeiro. Não obstante, as quebras se tornaram mais frequentes a partir da segunda metade do séc. XX. Enquanto de 1880 até aproximadamente 1914 (data de início da I Guerra Mundial) foram identificados apenas pequenos choques [33], a partir do final de década de 1970 até metade da década de 1990 podem ser identificadas ao menos 69 crises bancárias[34].

---

[30] Keynes analisa a preferência por liquidez de cada indivíduo com base em três grandes fatores: (i) *transação*, referente à necessidade para as transações diárias; (ii) *precaução*, para atender a possíveis contingências futuras e (iii) *especulação*, que depende das expectativas que cada indivíduo possui a respeito dos retornos reais da economia no futuro. KEYNES, John Maynard. *A teoria geral do emprego, do juro e da moeda*. p. 157-159.

[31] RIBEIRO, Ivan César. *Regulação financeira, poder no mercado e crise financeira*. Tese de doutorado: USP, Faculdade de Direito, São Paulo, 2012. p. 38.

[32] HUBBARD, Glenn; O'BRIEN, Anthony. *Money, banking and the financial system*. p. 12.

[33] BORDO, Michael; *et al*. Is the crisis problem growing more severe? *Economic Policy*, Vol. 16, No. 32 (Apr., 2001), p 56.

[34] CAPRIO JR, Gerard; KLINGEBIEL, Daniela. Bank insolvencies: cross country experience. *World Bank Policy Research Working Paper*, 1620 (jul. 1996). p. 1-2.

Desenvolveu-se, então, a chamada *economia das crises*, já que contemporaneamente "as crises são a norma, não a exceção"[35].

Em razão dos números observados e do peso político de crises bancárias[36], governantes e reguladores buscam, quase a qualquer custo, evitá-las[37]. A evidência empírica sugere que eles possuem razão em seus receios.

Em estudo abrangente, observou-se que a média das crises dos últimos cem anos (tanto genuinamente bancárias, quanto àquelas acompanhadas de crises cambiais, chamadas de "crises gêmeas") durou de dois a três anos e causou uma perda no Produto Interno Bruto (PIB) entre 5% e 10% em relação ao último ano antes do início da crise[38].

Glenn Hoggarth, Ricardo Reis e Victoria Saporta utilizam uma amostra mais reduzida historicamente e buscam outros custos envolvidos em crises bancárias para se perceber o impacto médio de colapsos financeiros. Segundo os autores, a resolução de uma crise exclusivamente bancária apresenta custos fiscais que representam cerca de 4,5% do PIB do país, arcados por toda a população de forma imediata na forma de pacotes para salvamento a instituições financeiras ou como estímulos à atividade eco-

---

[35] ROUBINI, Nouriel; MIHM, Stephen. *A Economia das Crises*. p. 23.

[36] Todos os estudos trazidos no transcorrer do livro demandam a opção dos respetivos autores por dada metodologia e clara definição de premissas e conceitos para análise dos dados – como, por exemplo, qual a definição de crise bancária, qual data seria marcada como de início do colapso e qual data marcaria seu fim. Definições diversas levam a resultados surpreendentemente distintos. Contudo, no que é caro ao presente trabalho, os resultados servem antes de ilustração aos efeitos das crises do que como pressuposto de desenvolvimento. Abordar a metodologia e definição de cada um das obras citadas fugiria ao escopo que ora se delineia. Para um panorama das tentativas teóricas de generalização do que seria uma crise bancária, veja-se o tópico *1.2.1.* infra.

[37] Note-se que existe exceção a essa preocupação com a solidez financeira. Após períodos de maior rigidez regulatória, surgem pressões por afrouxamentos e flexibilizações na atuação de agentes financeiros. Isso se dá pelo seguinte motivo: como não se sabe exatamente qual a chance de ocorrência de um colapso financeiro, tampouco os efeitos que tal evento viria a causar, torna-se difícil justificar politicamente os custos de supervisão, bem como os custos decorrentes de limitações à atuação de agentes financeiros. Em consequência, caminha-se para um processo de desregulamentação. Vide POSNER, Richard. *A failure of capitalism*. p. 138.

[38] BORDO, Michael; *et al*. Is the crisis problem growing more severe? *Economic Policy*, Vol. 16, No. 32 (Apr., 2001), p 72. Notar que "os últimos 100 anos" referenciados pelo estudo não abarcam as diversas crises dos anos 2000.

nômica. Além disso, a perda na produção se situaria entre 15% e 20% do PIB do ano anterior ao estouro da crise [39].

Adotando metodologia diversa, John Boyd, Sungkyu Kwak e Bruce Smith observam implicações ainda mais agudas [40]. Numa amostra de crises ocorridas em vinte e três países, apenas quatro deles conseguiram retornar aos níveis de tendência de crescimento do último ano pré-crise em menos de dezessete anos e, com esse efeito diferido no tempo, sugeriu-se que as perdas na produção podem alcançar até 302% do PIB real per capita.

Analisado brevemente os efeitos de uma crise bancária, é interessante perceber algumas características comuns e outros traços distintivos dentro as diversas espécies para que, posteriormente no trabalho, sejam tecidas considerações quanto à natureza da crise financeira recente no Brasil e nos Estados Unidos.

1.2.1. Crises de confiança e de liquidez – os estágios de Minsky
Crises bancárias apresentam diversas definições distintas que, paradoxalmente, são também próximas [41]. Apesar de cada crise ser única, sobretudo do ponto de vista histórico, economicamente pode-se notar certo padrão que caracteriza uma anatomia comum às crises financeiras e é a partir daí que se dá sua melhor definição [42].

Hyman Minsky, muito influenciado pelas ideias de expectativas de curto e longo prazo de Keynes, via o processo de crises como endógeno

---

[39] HOGGARTH, Glenn; *et al.* Costs of banking system fragility: some empirical evidence. *Journal of Banking & Finance*, 26, (2002), p. 825–855.

[40] Enquanto os estudos anteriores, tanto cronologicamente quanto na ordem de exposição no trabalho, consideravam somente os efeitos imediatos das crises, o estudo de Boyd, Kwak e Smith consideram os efeitos prolongados no tempo. Para os autores, não basta que o crescimento do produto atingisse níveis de crescimento pré-crise (algo fácil de ser atingido, visto que o crescimento de um ano pós-crise tem como base o crescimento baixo, ou mesmo a recessão, do período anterior, marcado por crise) ou que o valor real do PIB voltasse aos valores pré-crise para considerar como encerrados seus efeitos. Para eles, os efeitos da crise seriam superados quando os níveis de tendência de crescimento voltassem a ser os mesmos níveis do pré-crise. Contudo, as crises foram tanto as bancárias quanto as crises bancárias acompanhadas de crises cambiais. BOYD, John; KWAK, Sungkyu; SMITH; Bruce. The Real Output Losses Associated with Modern Banking Crises. *Journal of Money, Credit and Banking*, Vol. 37, No. 6 (Dec., 2005), p. 977-999.

[41] SADDI, Jairo. *Crise e regulação bancária.* p. 37.

[42] KINDLEBERGER, Charles P.; ALIBER, Robert Z. *Manias, panics and crashes: a history of financial crisis.* p. 21.

ao sistema capitalista. Segundo ele, "a instabilidade é a inerente e inescapável falha do capitalismo" [43].

Crises financeiras têm gênese com o que se convencionou chamar de bolha financeira.

As bolhas, por sua vez, iniciam-se devido a um choque exógeno qualquer ao sistema macroeconômico (as causas são das mais variadas e não importam para o trabalho), e levam dada economia a um crescimento em um setor específico – em outras palavras, a participação desse dado setor no PIB é ampliada [44]. O novo produto ou objeto, que torna pessoas ricas sem esforço, toma conta do imaginário financeiro e seu preço dispara, atraindo cada vez mais investidores.

Esse *boom* é acompanhado de um crescimento na oferta de crédito e é nesse ponto que os bancos desempenham papel fundamental – por meio de instrumentos e inovações com diversas denominações, os bancos encontram novas maneiras de "redescobrir a roda": ampliam sua alavancagem e fornecem crédito com garantias, somente disfarçando essa prática sobre novas formas de produtos financeiros [45].

Com o aumento da demanda pelo produto e ampliação do crédito, surge também uma forte especulação. Ocorre, então, o *overtrading*, processo de especulação excessiva, alimentado por comportamentos pouco racionais [46].

Uma metáfora de forte poder ilustrativo a respeito da manutenção de níveis insustentáveis de preços é a de que o comportamento de um país inserido dentro de uma bolha se assemelha ao de uma criança aprendendo a andar de bicicleta: a criança necessita manter o impulso para frente para se manter em equilíbrio, caso contrário a bicicleta fica instável e corre-se o risco de cair [47].

Quando se dá a percepção de que pode existir uma busca por liquidez, já que dado bem ou produto está supervalorizado, os agentes começam a

---

[43] MINSKY, Hyman. *Stabilizing an Unstable Economy*. p. 134. Tradução livre.
[44] MINSKY, Hyman. The Financial Instability Hypothesis. *The Jerome Levy Economics Institute Working Paper*, nº. 74, maio de 1992. p. 2-4.
[45] GALBRAITH, John Kenneth. *A history of financial euphoria*. p. 2-3 e p. 19.
[46] KINDLEBERGER, Charles P.; ALIBER, Robert Z. *Manias, panics and crashes: a history of financial crisis*. p. 21-29.
[47] KINDLEBERGER, Charles P; ALIBER, Robert Z. *Manias, panics and crashes: a history of financial crisis*. p. 10.

se desfazer desses ativos, e os preços caem como num estouro e não como num suave movimento de normalização [48].

Ressaltado esse contexto de crises financeiras, autores definem crises bancárias como um declínio no preço de ativos financeiros – causado por sua liquidação forçada, em razão do descompasso entre seu valor de face e real valor de mercado – que pode levar a quebras de bancos [49].

Outros autores tratam das crises financeiras dando algum enfoque diverso, como Edward Chancellor ao focar nos especuladores [50], o modelo de Cooper ao criticar especificamente a Hipótese de Eficiência de Mercado[51], o modelo Hoffman-Vinay-Rosenthal ao enfatizar os fatores sociológicos e políticos envolvidos nas quebras [52], dentre outros [53].

Interessante notar que, embora qualquer abordagem capte somente fragmento do fenômeno, as crises apresentam dois componentes distintos (que para alguns teóricos, seriam *per se* explicações), relegados em grande parte dos trabalhos sobre o tema, e que serão de grande valia ao trabalho. Crises bancárias podem ser diferenciadas entre aquelas (i) com problemas de confiança e (ii) aquelas com problemas de liquidez [54]. Essa diferenciação não excludente – já que um efeito pode ser complementar ao outro, embora isso não seja pacífico nos trabalhos [55] – é importante, pois cada um dos problemas demanda soluções distintas [56].

---

[48] GALBRAITH, John Kenneth. *A history of financial euphoria*. p. 4.
[49] MISHKIN, Frederic. *The Economics of Money, Banking and Financial Markets*. p. 189.
[50] CHANCELLOR, Edward. *Devil take the hindmost: a history of financial speculation*.
[51] COOPER, George. *The origins of financial crises: Central Banks, Credit Bubbles and the Efficient Market Fallacy*.
[52] HOFFMAN, Philip; et al. *Surviving large losses: financial crises, the middle class and the development of capital markets*.
[53] Para esses e outros modelos, com uma abordagem sucinta e didática, ver MELLO, Pedro C. de. SPOLADOR, Humberto. *Crises Financeiras: quebras, medos e especulações de mercado*. p. 46-52.
[54] ALLEN, Franklin; GALE, Douglas. *Understanding financial crises*. p. 10. Os autores citam as duas formas de crise, mas não usam qualquer nomenclatura para singularizá-las, limitando-se a apontar entre "a primeira" e "a segunda".
[55] Autores monetaristas, vinculados à visão de que crises financeiras são originadas por choques na oferta monetária (problema de liquidez), acreditam que outros eventos financeiros que levem a uma queda brusca no bem-estar social, mas desacompanhados de queda na oferta de moeda seriam apenas *pseudo-crises*. Vide SCHWARTZ, Anna. Real and pseudo-financial crises. In: SCHWARTZ, Anna. *Money in historical perspective*. p. 271-288.
[56] CALOMIRIS, Charles; GORTON, Gary. The origins of banking panics: models, facts and bank regulation. In: HUBBARD, Glenn (org.). *Financial markets and financial crises*. p.111. Seja

De um lado, numa visão monetarista, crises bancárias podem trazer sérios problemas de *liquidez*, por meio de uma contração na oferta de moeda ocasionada por um ataque aos bancos. A consequência dessa contração, por sua vez, é a séria redução na atividade econômica do país em crise. Essas crises poderiam ser ocasionadas, inclusive, simplesmente por mera coincidência em retiradas de ativos pelos depositantes, mostrando a fragilidade do equilíbrio financeiro [57].

Por outro lado, as crises apresentam um componente irracional de quebra de *confiança* nos banqueiros, nos agentes e, eventualmente, no ativo supervalorizado [58], lançando o país em uma espiral recessiva – veja-se que a assimetria de informação desempenha papel fundamental, já que agentes, de início, não tem noção a respeito da condição dos ativos dos bancos e, em um momento de pânico, tentam liquidar seus ativos também por receio desinformado.

Enquanto o remédio para crises de liquidez seria uma atuação disciplinada do banco central como emprestador de última instância, no caso de uma crise de confiança seria necessária uma resposta mais ativa do Estado no reestabelecimento da credibilidade no mercado, incluindo alterações de cunho regulatório [59].

Tendo em vista essa separação, um modelo que parece conciliar os aspectos de confiança e liquidez, tornando o exame de crises mais completo, é o de Hyman Misnky [60].

---

feita a ressalva de que como no capítulo os autores já tratam do problema da corrida bancária, eles se utilizam de outra denominação.

[57] DIAMOND, Douglas; DYBVIG, Philip. Bank runs, deposit insurance, and liquidity. *Journal of Political Economy*, Vol. 91, No. 3 (Jun., 1983). p. 401-419.

[58] MISHKIN, Frederic. Assymetric information and financial crises: a historical perspective. In: HUBBARD, Glenn (org.). *Financial markets and financial crises*. p.70. Mesmo sem haver a clara discriminação dos componentes (ou espécies) de crises bancárias, elas já podem ser observadas na doutrina nacional em SADDI, Jairo. *Crise e regulação bancária*. p. 39-42.

[59] MISHKIN, Frederic. Assymetric information and financial crises: a historical perspective. In: HUBBARD, Glenn (org.). *Financial markets and financial crises*. p.70. Reste reiterada a crítica dos monetaristas, segundo os quais, em não se tratando de uma crise bancária, a atuação estatal não se mostra necessária.

[60] Talvez pela influência que os escritos de Misnky trouxeram à Charles Kindleberg, muitos autores tratam do modelo de ambos como sendo um só, vide, por todos, MISHKIN, Frederic. Idem. Ibidem. Contudo, Contudo, Kindleberg analisa o efeito irracional do que ele chama de "manias", enquanto Minsky dá devida atenção ao problema do ciclo de crédito, razão pela qual não se coloca o modelo como sendo um só.

Minsky considera que, tendo em vista a complexidade do sistema financeiro e a existência de uma intenção de se trocar "dinheiro presente" por "dinheiro futuro" (juros e lucros), os financiamentos dependem das expectativas de retornos dos agentes econômicos[61]. Dependendo dessas expectativas é que se dariam os ciclos econômicos de expansão e contração dos valores de determinados ativos, podendo existir um crescimento acelerado e desenfreado de investimento em um dado setor (formando uma bolha). Aqui se coloca a questão da racionalidade dos agentes.

Para Minsky, todos os agentes atuam como bancos, em diferentes níveis de alavancagem, pois todos adquirem ativos e assumem responsabilidades como contrapartida[62].

Tendo em vista esse referencial, Minsky divide os agentes econômicos de acordo com sua situação/posição financeira:

(i) hedge, que são as unidades que podem adimplir todas as suas obrigações com os fluxos de caixa esperados;
(ii) especulativo, estágio no qual a unidade espera que as entradas do fluxo de caixa não cubram o principal, normalmente no curto prazo, sendo necessário rolar essas dívidas esperando que os retornos (juros) futuros sejam maiores que as obrigações;
(iii) Ponzi, estágio semelhante ao especulativo, mas com a situação agravada de que o fluxo esperado de entradas não cobre nem o principal nem os juros das obrigações [63].

Nessa visão, o crédito exerce um papel fundamental no desenvolvimento das economias, bem como na criação do ambiente de crise. O crédito segue um movimento pró-cíclico – quando em momentos de alta expectativa de retornos, o crédito se torna fácil e fomenta a criação de bolhas; por outro lado, o crédito desaparece quando os retornos são abaixo do esperado – e aqui se coloca o problema da liquidez.

Em um momento no qual a economia opera em uma posição *hedge*, os agentes possuem uma baixa preferência por liquidez – a demanda por moeda é baixa – fazendo com que os juros, consequentemente, também

---

[61] MINSKY, Hyman. The Financial Instability Hypothesis. *The Jerome Levy Economics Institute Working Paper*, nº. 74, maio de 1992. p. 2-4.
[62] DYMSKI, Gary. Why the subprime crisis is different: a Minskyian approach. *Cambridge Journal of Economics*, 2010, 34. p. 241.
[63] MINSKY, Hyman. *Stabilizing an Unstable Economy*. p. 230-231.

sejam baixos. Com o barato custo do capital (juros), os agentes tendem, em uma reação otimista, ampliar suas expectativas quanto a retornos de bens de capital, aumentando seu nível de endividamento e fazendo com que a economia entre numa posição *especulativa* e, posteriormente, numa posição *Ponzi*. Quando os agentes não mais conseguem manter os índices de retorno obtidos nas posições *especulativa* e *Ponzi*, há uma maior preferência pela liquidez (aumento na demanda por moeda), elevando a taxa de juros [64]. Esse movimento endógeno pode, ainda, ser levado diretamente a uma crise por meio de um choque exógeno.

Essa construção será de extrema utilidade quando forem comparadas as estruturas dos sistemas financeiros de Brasil e Estados Unidos durante e após o *subprime*. Adiantando a discussão do último capítulo, o sistema financeiro brasileiro apresenta baixíssima relação crédito privado/PIB, enquanto nos Estados Unidos o volume de crédito privado é maior que o próprio PIB, indicando posições financeiras distintas. Além disso, enquanto o Brasil precisou lidar com problemas de liquidez, os Estados Unidos precisaram lidar tanto com problemas de liquidez quanto de confiança. Isso não indica, necessariamente, solidez na estrutura da indústria bancária brasileira, conforme será discutido em momento apropriado.

1.2.2. Corridas bancárias

Como consequência de crises bancárias, tem-se as corridas aos bancos para resgate dos ativos dos agentes que detêm depósitos ou títulos com os bancos. Esse é um efeito prático e esperado dos sistemas financeiros baseados em reservas fracionadas – explicados anteriormente - e demonstra uma instabilidade inerente à indústria bancária.

Esmiuçando a afirmação do parágrafo acima e corroborando a explicação dada no tópico anterior, alguns autores focam suas respectivas análises nos problemas de confiança e outros no problema de liquidez.

Para John Bryant, o banco possui um conjunto de ativos de baixa liquidez, maior risco e maior rentabilidade, enquanto suas responsabilidades (passivo) são extremamente líquidas – de requisição imediata, inclusive. Dessa forma, quando há algum temor no mercado, os bancos perdem, em um primeiro momento, com a queda no preço dos ativos que servem de

---

[64] DEZORDI, Lucas. *A condução das políticas econômicas em um ambiente de fragilidade financeira: uma abordagem pós-keynesiana.* Tese de doutorado: UFPR/PR, 2010. p. 85.

garantia aos empréstimos realizados pelas instituições financeiras. Assim, o valor do passivo supera o do ativo e os agentes, em tentativa de administrar prejuízos, vão ao mesmo tempo sacar o dinheiro depositado, ocasionando a quebra das instituições financeiras [65].

Por outro lado, para alguns autores, não importaria na análise os motivos que eventualmente ocasionam uma corrida bancária [66]. O ponto chave para essa outra forma de análise é que o problema do equilíbrio de um mercado financeiro (em sua função de transformação de ativos) é tênue o suficiente para que simples simultaneidade de retiradas possa acabar com a solidez de uma instituição financeira [67].

Apesar dessas diferenciações, muitas vezes os dois movimentos são complementares e conciliados, conforme se percebeu dentro de estudos mais recentes a respeito de crises bancárias [68]. Isso porque, para determinados autores, a intermediação financeira não é inerentemente instável – essa constatação de instabilidade seria resultado do estudo exclusivo da economia norte-americana e de sua posterior incorreta generalização – já que a forma de organização da indústria bancária como um todo é relevante [69].

1.2.3. O efeito do contágio entre instituições financeiras
A corrida bancária se torna um problema de dimensão imensuravelmente maior quando o fenômeno é concomitante em diversas instituições financeiras, já que um único banco solvente poderia ser facilmente auxiliado,

---

[65] BRYANT, John. A model of reserves, bank runs and deposit insurance. *Journal of Banking and Finance*, Vol. 4, (1980). p. 335-344. O autor ressalta o papel desempenhado pela assimetria de informação nas corridas bancárias e, em suas conclusões, que mesmo a existência de um sistema de seguro de depósito não seria suficiente para evitar essa sorte de eventos.

[66] Os motivos são dos mais diversos e remetem às irracionalidades dos agentes econômicos. Compara-se, ilustrativamente, a ocorrência de corridas com "manchas solares", em decorrência de sua aleatoriedade. O modelo de Diamond-Dybvig pode ser considerado como uma das construções baseadas em "manchas solares". Para o artigo que cunhou a expressão, vide CASS, David; KARL, Shell. Do sunspots matter? *Journal of Political Economy*, Vol. 91, No. 2 (Apr., 1983). p. 193-228.

[67] DIAMOND, Douglas; DYBVIG, Philip. Bank runs, deposit insurance, and liquidity. *Journal of Political Economy*, Vol. 91, No. 3 (Jun., 1983). p. 402. Sendo mais preciso, um dos possíveis cenários de equilíbrio delineados pelos autores gera, inclusive, corrida bancária.

[68] VIVES, Xavier. Overview of Competition and Regulation in banking. In: THAKOR, Anjan; BOOT, Arnoud (org.). *Handbook of financial intermediation and banking*. p. 442.

[69] GORTON, Gary; WINSTON, Andrew. Financial intermediation. In: CONSTANTINIDES, George; *et al* (org). *Handbook of the economics of finance*, v. 1A (Corporate Finance). p. 509.

por algum meio, pelo Banco Central na função de emprestador de última instância ou por empréstimos de outros bancos que não estivessem recebendo um número elevado e inesperado de saques [70].

Surge, então, o que se convencionou chamar de contágio entre as instituições financeiras: problemas em uma ou algumas instituições que podem vir a contaminar o sistema financeiro como um todo.

A vicissitude se encontra no fato de que corridas bancárias afetam inclusive bancos financeiramente saudáveis através dos receios advindos de bancos em situação complicada. Mesmo um banco que possui ativos que cobrem seu passivo (a valores de mercado) não consegue arcar com todas as suas responsabilidades em meio a uma corrida bancária, em razão de precisar forçar a venda de ativos a preços abaixo dos de mercado [71].

Ademais, todos os bancos atuam conjuntamente e em rede na formação do mercado de empréstimos interbancários – ou mercado de DI, normalmente por meio de uma associação formal entre entidades do mercado financeiro – para o fechamento diário das contas e atingimento dos requisitos regulatórios para cada banco, com juros que seguem a taxa básica de juros da economia [72]. A situação financeira debilitada de um conjunto de bancos raciona o crédito, deturpa a remuneração dos depósitos interbancários e afeta, portanto, todos os bancos em um sistema financeiro, demonstrando um dos motivos do contágio existente entre instituições financeiras sadias e outras em dificuldade [73].

Apesar dessas considerações, existe divergência na pesquisa sobre o assunto. Uma das críticas às construções acima é a de que, embora de fato a corrida bancária gere um baque que afeta toda a indústria e as interconexões bancárias, somente as instituições que já se encontrariam fragi-

---

[70] CALOMIRIS, Charles; GORTON, Gary. The origins of banking panics: models, facts and bank regulation. In: HUBBARD, Glenn (org.). *Financial markets and financial crises*. p.113.
[71] DIAMOND, Douglas; DYBVIG, Philip. Bank runs, deposit insurance, and liquidity. *Journal of Political Economy*, Vol. 91, No. 3, jun., 1983). p. 402.
[72] MISHKIN, Frederic. *The Economics of Money, Banking and Financial Markets*. p. 209-210. No Brasil, os juros são aqueles dos conhecidos Certificados de Depósitos Interbancários – CDI. E quem realiza as funções de integração e coordenação das operações das instituições do mercado financeiro para formação da taxa é a CETIP (Central de Custódia e Liquidação Financeira de Títulos), que opera dentro do Sistema de Transferências e Reservas (STR) do Sistema Financeiro Nacional.
[73] GORTON, Gary; WINSTON, Andrew. Financial intermediation. In: CONSTANTINIDES, George; et al (org). *Handbook of the economics of finance*, v. I. p. 501-502 e 516.

lizadas financeiramente se tornariam insolventes, sendo que as demais conseguiriam absorver o choque [74].

A partir da década de 1990, com as crises em mercados emergentes, cresce a preocupação a respeito de contágio entre economias internacionais e não mais somente entre instituições financeiras dentro de um único mercado. Nesse sentido, contágio seria a propagação, em um dado país, de choques em outros países em excesso ao que seria justificável por fundamentos econômicos [75].

Por fim, veja-se que existem diversos mecanismos de propagação e isolamento dos efeitos do contágio de uma crise financeira. Merecem destaque a estruturação econômica, robustez do sistema bancário, interconexões financeiras e exposição externa [76]. Todos esses pontos serão abordados no último capítulo quando feita a análise da solidez do sistema financeiro brasileiro.

1.3. Risco, regulação e concentração no setor bancário

Tendo em vista os resultados deletérios de crises bancárias, estudiosos do sistema financeiro se debruçaram sobre os mais variados temas da estruturação bancária [77] que pudessem exercer efeitos sobre a higidez financeira. Um dos assuntos recorrentes é uma possível (e espinhosa) relação entre concorrência, eficiência e resiliência no setor. Muitos desses estudos vieram, inclusive, a informar e embasar reformas estruturais nos sistemas de diversos países – na maioria das vezes, favorecendo a concentração econômica.

---

[74] CALOMIRIS, Charles; MASON, Joseph. Contagion and Bank Failures During the Great Depression: The June 1932 Chicago Banking Panic. *The American Economic Review*, Vol. 87, No. 5, dez., 1997. p. 863-883.

[75] FORBES, Kristin; RIGOBON, Roberto. Contagion in Latin America: Definitions, measurement, and policy implications. *Economía*. Vol. 01, N. 02, 2001, p. 01.

[76] SOUSA, Mariana Orsini Machado. *A crise norte-americana do subprime – medindo o contágio para os BRICS*. Dissertação de mestrado. FEA-USP/SP. 2011. p. 24, 17 e 11.

[77] Entende-se que "a estrutura do sistema financeiro de um país é definida pelas instituições, tecnologia financeira e as regras do jogo que especificam como a atividade financeira é organizada em um dado tempo". STULZ, René. Does Financial Structure Matter for Economic Growth? A corporate finance perspective. In: DEMIRGUC-KUNT, Asli. LEVINE, Ross (org.). *Financial Structure and Economic Growth: a cross-country comparison of banks, markets, and development*. p. 146-147. Tradução livre pelo autor.

Serão elencadas, a seguir, as principais conclusões encontradas por pesquisadores sobre a relação entre concentração e solidez no sistema financeiro [78]. Conforme será observado, muitas vezes os resultados são opostos e não há consenso para se afirmar cabalmente que sistemas mais concentrados são mais hígidos.

1.3.1. Regulação, concentração e ganhos de estabilidade

Estudos empíricos, utilizando dados de diversas nações, constataram que países com maior concentração bancária, controlando outras variáveis, seriam mais resilientes a crises financeiras do que sistemas com maior número de bancos [79]. Mesmo trabalhos que sugerem que a probabilidade de crise bancária é a mesma entre sistemas competitivos ou concentrados faz a ressalva de que os efeitos de quebras são mais acentuados em estruturas concorrenciais [80]. No mesmo sentido, utilizando o crédito não honrado no Brasil como um indicador *proxy* do risco sistêmico, estudos sugerem uma correlação negativa entre risco sistêmico e concentração bancária – ou seja, mais concentrado, mais sólido [81].

Tomando por fundamento evidências como essas é que se desenvolveu um paradigma chamado de concentração-estabilidade. Essa construção busca explicar a relação entre estabilidade e concentração com base em elementos internos e externos da atividade bancária: (i) internamente, na captação de recursos e assunção de riscos elevados na escolha de ativos,

---

[78] Por não se tratar diretamente do objeto da presente obra, não serão tecidas considerações teóricas genéricas sobre a regulação do poder econômico e sua interface com o direito concorrencial. Mesmo dentro da disciplina concorrencial dentro do setor bancário, alguns assuntos interessantes não serão tratados, como a difícil definição dos mercados relevantes em serviços financeiros. Para isso, remete-se a PAGOTTO, Leopoldo Ubiratan Carreiro. *Defesa da concorrência no setor financeiro*. Capítulo 1 e FARINA, Elizabeth; NUNES, Rubens. O diabo nos detalhes: a definição dos mercados relevantes no setor bancário. In: MARANHÃO, Juliano; et al (org.). *Direito antitruste no setor financeiro*. p. 25-50.

[79] BECK, Thorsten; DEMIRGÜÇ-KUNT, Asli; LEVINE, Ross. Bank concentration, competition and crises: first results. *Journal of Banking & Finance*, Vol. 30, 2006. p. 1581-1603.

[80] BOYD, John; DE NICÓLO, Gianni; SMITH, Bruce. Crises in competitive versus monopolistic banking systems. *Journal of Money, Credit and Banking*, Vol. 36, No. 3, Part 2: Bank Concentration and Competition: An Evolution in the Making A Conference Sponsored by the Federal Reserve Bank of Cleveland May 21-23, 2003, junho de 2004. p. 487-506.

[81] CHANG, E.J; GUERRA, S.M; LIMA, E.J.; TABAK, Benjamim. The stability–concentration relationship in the Brazilian banking system. *Journal of International Financial Markets, Institutions and Money*, Vol 18, Issue 4, outubro, 2008. p. 396.

e (ii) externamente, na mitigação os problemas de corridas bancárias e choques exógenos [82].

Internamente, com a concentração, haveria melhor controle de inadimplentes por parte das instituições financeiras, haja vista as economias de escala. Seguindo, quanto maior a competição bancária, mais os bancos precisariam elevar seus juros pagos para captação de recursos e, como consequência, reduziriam seus lucros, podendo essa situação levar a instituição bancária a realizar investimentos de alto risco para que conseguisse os retornos necessários ao cumprimento de suas obrigações, bem como à manutenção de sua própria estrutura [83].

Já sob aspecto externo, dentro desse paradigma, considera-se que um sistema competitivo levaria à instabilidade em situações de informação assimétrica [84]. Para lidar com esse problema, lucros supraconcorrenciais serviriam para absorver eventuais choques exógenos e para manter os bancos mais avessos a riscos desnecessários.

Mesmo autores de direito se mostraram, durante muito tempo, reticentes acerca da aplicabilidade da disciplina jurídica da concorrência aos bancos, principalmente em matéria de controle de estruturas. Adolf Berle, por exemplo, excluiu da possibilidade de análise pelas autoridades concorrenciais quaisquer atos no setor bancário que envolvessem sua estruturação e organização, justamente pelo fato de "uma quebra bancária ser uma tragédia pública, seja como, quando e onde ocorra" [85]. A legislação concorrencial só seria aplicável, para o autor, nos casos laterais à atividade bancária, como arranjos e acordos que tragam utilidade somente às partes envolvidas e não ao sistema financeiro como um todo – práticas essas que poderiam assumir as mais variadas formas e que, por isso, deveriam ser analisadas no caso concreto.

---

[82] CARLETTI, Elena; HARTMANN, Philipp. Competition and stability: what's special about banking? *European Central Bank Working Paper Series*, Working Paper n. 146, maio, 2002. p. 19.
[83] BOLT, Wilko; TIEMAN, Alexander. Banking Competition, Risk and Regulation. *IMF Working Paper WP/04/11*, janeiro, 2004. p. 22.
[84] SMITH, Bruce. Private information, deposit interest rates, and the 'stability' of the banking system. *Journal of Monetary Economics*, Volume 14, Issue 3, novembro, 1984. p. 293–317. Ressalte-se que as conclusões do autor indicam respostas regulatórias, e não concorrenciais, para o problema da instabilidade em mercados competitivas. A alternativa da concentração como fornecedora de um "colchão" de segurança financeira é fornecida por outros autores.
[85] BERLE, Adolf. Banking under the anti-trust laws. *Columbia Law Review*, Vol. 49, N. 5, maio de 1949. p. 592. Tradução livre pelo autor.

1.3.2. Regulação, concentração e ganhos de eficiência financeira

Dando sequência às análises que favorecem a concentração no setor bancário, sugere-se que um sistema com bancos maiores e com maior participação de mercado, além de mais seguro, seria mais eficiente.

Autores oriundos da Escola de Chicago, em especial Demsetz [86] e Peltzman [87], desenvolveram o que se conhece como hipótese da estrutura eficiente. Dentro dessa análise, os lucros superiores de empresas com poder de mercado, em relação a empresas menores, são advindos de ganhos de eficiência, e não da extração de rendas anticompetitivas. A concentração seria, assim, uma consequência dos diferentes níveis de eficiência entre as grandes e pequenas empresas de uma dada indústria. Inverte-se, então, a relação causal: não há lucros maiores em razão da concentração, mas sim concentração em razão de maior eficiência de bancos maiores – eficiência essa observada pelos lucros.

Ao aplicar empiricamente o referencial da hipótese de estrutura eficiente ao setor bancário, Smirlock dá suporte às teorizações de Demsetz e Peltzman – bancos com maior *market share* seriam mais eficientes e, como consequência, dominariam os mercados. A relação entre concentração e lucros seria espúria nesse sentido, visto ser antes um sintoma do que uma relação causal [88]. João Manoel Pinho de Mello nota que, de fato, dentro do paradigma concentração-estabilidade, a questão mais importante seria o tamanho das instituições financeiras: bancos maiores conseguiriam absorver melhor choques de liquidez[89].

No caso norte-americano, por exemplo, acreditava-se que bancos maiores emprestariam mais de seu capital do que bancos menores. Bancos com menor número de ativos só subsistiriam por receberem subsídios e se utilizarem de regulações mais brandas. Com a desregulação da indústria nas décadas de 1970 e 1980, a ser analisada com maior vagar no próximo capí-

---

[86] DEMSETZ, Harold. Industry Structure, Market Rivalry, and Public Policy. *Journal of Law and Economics*, vol. 16, abril, 1973. p. 1-9.
[87] PELTZMAN, Samuel. The Gains and Losses from Industrial Concentration. *Journal of Law and Economics*, vol. 20, outubro, 1977. p. 229-263.
[88] SMIRLOCK, Michael. Evidence on the (Non) Relationship between Concentration and Profitability in Banking. *Journal of Money, Credit and Banking*, Vol. 17, No. 1, fevereiro, 1985. p. 69-83.
[89] PINHO DE MELLO, João Manoel. Estrutura, Concorrência e Estabilidade. In: GARCIA, Marcio; GIAMBIAGI, Fábio (org.). *Risco e regulação: Por que o Brasil enfrentou bem a crise financeira e como ela afetou a economia mundial.* p. 118-119.

tulo, os pequenos bancos passaram a sofrer com a concorrência dos maiores e seus lucros foram reduzidos de maneira abrupta [90], conforme pode ser observado na tabela a seguir, que retrata a evolução dos retornos sobre capital próprio dos bancos nos Estados Unidos, agrupados por tamanho.

| Ano | TABELA 1 - Média de retorno sobre capital próprio (ROE) em bancos, separados pelo valor de seus ativos, nos EUA (base-2000) ||||||
	Menos de U$ 100 milhões(1)	U$ 100 milhões a U$ 1 bilhão(2)	U$ 1 bilhão a U$ 10 bilhões (3)	Mais de U$ 10 bilhões(4)	Diferença de lucros entre (4)e (1)
1980	13,3%	12,8%	12,4%	12,8%	-0,50%
1981	12,9%	11,6%	12,1%	11,5%	-1,40%
1982	12,3%	12,0%	12,1%	10,9%	-1,40%
1983	11,4%	12,1%	11,9%	10,8%	-0,60%
1984	10,3%	11,9%	12,6%	12,8%	2,50%
1985	9,8%	12,8%	12,9%	12,7%	2,90%
1986	8,3%	12,1%	13,1%	12,9%	4,60%
1987	8,2%	11,5%	12,0%	7,4%	-0,80%
1988	8,9%	11,3%	12,7%	15,4%	6,50%
1989	9,3%	11,4%	12,0%	13,9%	4,60%
1990	8,9%	10,5%	10,6%	10,2%	1,30%
1991	9,2%	10,7%	10,9%	10,7%	1,50%
1992	11,0%	12,5%	13,3%	13,3%	2,30%
1993	11,1%	12,7%	13,7%	15,6%	4,50%
1994	10,6%	12,1%	13,4%	15,6%	5,00%
1995	10,2%	11,7%	12,9%	14,4%	4,20%
1996	10,2%	12,0%	13,6%	15,5%	5,30%
1997	9,9%	11,9%	13,7%	15,8%	5,90%
1998	9,3%	11,5%	13,3%	14,7%	5,40%
1999	9,1%	11,8%	14,3%	15,8%	6,70%
2000	9,0%	11,1%	13,2%	13,9%	4,90%

Fonte: STRAHAN, Philip. Bank structure and lending: what we know and do not know. p. 112.

[90] STRAHAN, Philip. Bank structure and lending: what we know and do not know. In: THAKOR, Anjan; BOOT, Arnoud (org.). *Handbook of financial intermediation and banking.* p. 111. Como implicação dessa utilização do *laissez-faire* no sistema bancário, bancos menores foram constantemente incorporados por maiores ou simplesmente faliram, vide Gráficos 01 e 02 do trabalho.

Em que pese a alteração de causalidade dentro dessa análise, o que importa perceber é que bancos maiores são defendidos com base em sua suposta eficiência, não tendo que se combater a concentração financeira decorrente.

1.3.3. Divergências: perda de bem estar dos consumidores e difícil aproximação entre concorrência e competição no setor bancário

As construções delineadas acima não são incontestáveis na teoria e empirismo das ciências econômicas.

Genericamente, uma das consequências da existência de poder no mercado é a capacidade do detentor de tal poder cobrar preços acima daqueles que seriam cobrados em condições competitivas [91].

Corroborando a construção teórica genérica e o comportamento de outras indústrias, a evidência estatística sugere que bancos que possuem poder de mercado não praticam preços que seriam condizentes com um mercado competitivo, sendo esse o motivo pelo qual os lucros das instituições são tão elevados [92].

Sistemas financeiros concentrados estariam, também, sujeitos à captura do regulador e aos problemas de risco moral [93] advindos da criação de bancos grandes demais para quebrar (*too big to fail*) [94], tendo como consequência direta a assunção maior de risco pelas instituições financeiras.

---

[91] A cobrança de preços acima do custo marginal é o que caracteriza, em qualquer setor, o poder de monopólio. O quanto acima se pode cobrar do custo marginal é o chamado Índice de Lerner de Poder de Monopólio e é dado em porcentagem pela relação $L = (P-Cmg)/P$, onde P é o preço e Cmg é o custo marginal. Sobre isso, ver PINDYCK, Robert; RUBINFELD, Daniel. *Microeconomia*. p. 298-299.

[92] BERGER, Allen; HANNAN, Timothy. The Price-Concentration Relationship in Banking. *The Review of Economics and Statistics*, Vol. 71, No. 2, maio, 1989. p. 291-299. No Brasil, a percepção do tamanho dos *spreads* bancários sugere relação semelhante. Para uma análise do caso brasileiro, veja-se o tópico 3.2.3. infra.

[93] Risco moral, ou *moral hazard*, é um conceito que exprime a mudança de comportamento de agentes econômicos em decorrência de uma nova situação na qual os riscos de uma atividade têm uma nova configuração ou distribuição: e que quem obtém os bônus de um dado ato não é o mesmo agente que assume os respectivos riscos. No caso, como os banqueiros sabem que serão salvos, agem de modo diferente do que agiriam caso soubessem que não seriam protegidos se cometessem deslizes ou equívocos.

[94] Nesses casos, a autoridade monetária teria de evitar a qualquer custo que tal banco venha a falir, o que gera uma série de problemas de incentivos e de conduta para os agentes econômicos. Uma vez que determinado banco atingisse um status de *too big to fail*, os agentes da

Estudos distintos vão em sentido diametralmente oposto ao do paradigma concentração-estabilidade. A concorrência poderia estimular a inovação e a guerra de preços, fazendo com que os bancos se tornassem mais eficientes [95].

Ainda, outras análises estatísticas sugerem que, no mercado de depósitos, a concorrência seria prejudicial, já que bancos teriam que pagar mais juros para captar recursos e isso os faria assumir mais riscos; por outro lado, a concorrência seria benéfica no lado dos empréstimos, ao baixar o valor dos juros para os tomadores [96].

Seguindo, nova questão pode ser levantada quanto às diferenças entre concentração e competitividade: no setor financeiro em específico, os dois conceitos (*concentração* e *competitividade*) não são correlacionados. Claessens e Laeven não encontraram qualquer relação entre medidas de competitividade (envolvendo preços) e concentração (como, por exemplo, *market share* e números de bancos em relação ao total da população) nos cinquenta países estudados. Contudo, os autores atestam que menores restrições à entrada (tanto internas quanto externas) e regulações bancárias mais brandas fomentam a competitividade ao tornar o mercado mais contestável. A estrutura do mercado seria irrelevante para uma política concorrencial no setor, sendo necessária uma análise muito mais profunda [97].

Assim, a relação concentração-tamanho-estabilidade não está estabelecida ou suficientemente comprovada para justificar uma ação regulatória visando a concentração ou aumento do tamanho dos bancos [98]. Pode-se,

própria instituição saberiam que teriam a salvaguarda das autoridades qualquer que fosse a situação e, dessa forma, passariam a agir de maneira mais arriscada e menos diligente, gerando um claro problema de risco moral. Vide FREIXAS, Xavier; ROCHET, Jean-Charles. *Microeconomics of banking*. p. 286-287.
[95] BOYD, John; DE NICOLÓ, Gianni. The theory of bank risk taking and competition revisited. *The Journal of Finance*, Vol. 60, No. 3 (jun., 2005). p. 1329-1343.
[96] ALLEN, Franklin; GALE, Douglas. Competition and financial stability. *Journal of Money, Credit and Banking*, Vol. 36, No. 3, Part 2: Bank Concentration and Competition: An Evolution in the Making, A Conference Sponsored by the Federal Reserve Bank of Cleveland May 21-23, 2003 (Jun., 2004). p. 466.
[97] CLAESSENS, Stijn; LAEVEN, Luc. What Drives Bank Competition? Some International Evidence. *Journal of Money, Credit and Banking*, Vol. 36, No. 3, Part 2: Bank Concentration and Competition: An Evolution in the Making A Conference Sponsored by the Federal Reserve Bank of Cleveland May 21-23, 2003 (jun., 2004). p. 563-583.
[98] PINHO DE MELLO, João Manoel. Estrutura, Concorrência e Estabilidade. In: GARCIA, Marcio; GIAMBIAGI, Fábio (org.). *Risco e regulação: Por que o Brasil enfrentou bem a crise financeira*

inclusive, questionar o tanto que a concorrência afeta a assunção de risco – embora sem caráter conclusivo, acredita-se que "estruturas regulatórias importam mais em termos do nível médio de risco assumido pelo setor financeiro do que o grau de competição *per se*" [99].

Encerra-se a análise da relação entre concentração e estabilidade com a lição de Gesner Oliveira, haja vista ter se demonstrado pelo exposto anteriormente que não se pode reduzir a análise do risco sistêmico a uma única questão (concentração), pois "tampouco existe uma relação simples entre concentração de mercado e risco sistêmico", devendo uma série de outros fatores serem analisados conjuntamente [100].

1.4. Alguns instrumentos de regulação financeira

No transcorrer do presente trabalho, será recorrente a discussão sobre falhas e omissões regulatórias no bojo do recente colapso financeiro mundial. Entretanto, "dizer isso é pouco se não for possível explicar que regulação é essa" [101].

Por isso, do modo mais sucinto possível, será feita logo a seguir uma descrição dos instrumentos de regulação financeira, tanto de natureza sistêmica quanto prudencial, mais utilizados posteriormente no transcorrer da obra, por terem sido eles objeto de análise e avaliação nas subsequentes propostas de reforma do sistema financeiro nacional e internacional [102].

---

e como ela afetou a economia mundial. p. 119.
[99] MULLER, Bianca Abbott. *Concorrência no setor bancário brasileiro*. Dissertação de mestrado: USP, Faculdade de Direito, São Paulo, 2007. p. 72.
[100] OLIVEIRA, Gesner. Concorrência: panorama no Brasil e no mundo. p. 89.
[101] SALOMÃO FILHO, Calixto. Menos mercado. In: CASTRO, Rodrigo Rocha Monteiro de; WARDE JR, Walfrido Jorge; GUERREIRO, Carolina Dias Tavares (coord.). *Direito empresarial: e outros estudos em direito em homenagem ao professor José Alexandre Tavares Guerreiro*. p. 77.
[102] Faz-se a ressalva de que os instrumentos de regulação listados foram escolhidos em razão de sua utilidade posterior, bem como por serem consideradas as principais ferramentas regulatórias, mas existem diversos outros mecanismos de regulação que renderiam trabalhos isolados por si só - alguns autores aglutinam vários aspectos dentro de uma mesma ferramenta, enquanto outros preferem destacar cada característica separadamente. Para exemplos curtos e discriminados de regulação financeira em espécie, além de classificações, veja-se a enumeração de 14 tipos em RIBEIRO, Ivan César. *Regulação financeira, poder no mercado e crise financeira*. Tese de doutorado: USP, Faculdade de Direito, São Paulo, 2012. p. 133-150.

1.4.1. Seguro de depósito

Um dos instrumentos mais tradicionais e conhecidos de regulação financeira envolve a concessão de seguro de depósito aos poupadores e bancos por meio de um garantidor de crédito.

Embora cada país adote uma sistemática diversa quanto ao financiamento do seguro ou quanto à cobertura e limites aos correntistas, a operação envolve explicitamente a garantia de reembolso, por parte de uma organização, dos depósitos de agentes econômicos nos bancos caso esses venham a passar por dificuldades [103].

Trata-se de ferramenta cuja expansão ao redor do mundo é espantosa e cujos fundamentos são bastante atraentes aos agentes políticos. No curto prazo, o garantidor consegue, praticamente sem custos, reduzir riscos de pânicos e corridas bancárias. Além disso, protege-se e incentiva-se a poupança dos pequenos investidores. Por fim, são oferecidas condições para os bancos menores competirem por depósitos com bancos maiores[104], visto que uma das desvantagens de instituições pequenas é a maior assimetria de informação junto ao público, o que pode gerar um problema de seleção adversa.

Entretanto, como consequência direta do oferecimento de uma rede de segurança aos depositantes, potencializa-se o problema de risco moral no setor bancário. As instituições financeiras têm seus incentivos alterados: a realização de investimentos excessivamente arriscados passa a ser economicamente interessante e viável, vez que, em caso de quebra, as perdas serão suportadas pelo garantidor de crédito, enquanto em caso de sucesso serão os acionistas do banco que colherão os frutos da aposta [105].

No Brasil, a função de seguro de depósito é desempenhada pelo Fundo Garantidor de Crédito (FGC). Autorizado pela Resolução CMN nº. 2.197 de 1995 e com detalhamento de estatuto e regulamento pela Resolução CMN nº. 2.211 de 1995, o FGC foi efetivamente instituído após reunião

---

[103] Para análise de diferentes formas de estruturação, funcionamento, financiamento e para comparações entre a efetividade de variados modelos de garantidores de depósito, veja-se o excelente trabalho BRAGA, Vicente Piccoli Medeiros. *Arbitragem regulatória x one size fits all: a discricionariedade na regulação bancária internacional entre Cila e Caríbdis*. Dissertação de mestrado: FGV, Faculdade de Direito, São Paulo, 2014. Capítulo 5.

[104] DEMIRGUC-KUNT, Asli; KANE, Edward. Deposit Insurance Around the Globe: Where Does It Work? *Journal of Economic Perspectives*, Vol. 16, N. 2, spring, 2002. p. 176.

[105] ALLEN, Franklin; GALE, Douglas. *Understanding financial crises*. p. 192.

entre os conselheiros do Conselho Nacional de Instituições Financeiras, com aprovação de constituição e eleição dos primeiros membros do conselho de administração do Fundo. Trata-se de fundo com "administração privada, financiamento privado, cobertura limitada, adesão compulsória e funções limitadas à garantia dos depósitos" [106], criado observando as melhores práticas internacionais.

Em que pese esse caráter privado de gestão e financiamento, além da limitação de cobertura, as funções e competências do FGC foram demasiadamente ampliadas por questões políticas (e públicas) após a crise financeira [107], o que fez com que alguns autores considerassem a atuação da associação antes voltada à segurança dos bancos do que propriamente dos depositários – vide crítica a ser realizada dentro do ponto 3.2.6.

1.4.2. Requerimento de adequação de capital e exigência de capital mínimo
De formulação e discussão recente, exigências de adequação de capital ganharam corpo com o primeiro Acordo de Basileia de 1988, indicando-se índices uniformes de capital para bancos dos países signatários.

A adequação de capital é uma relação estabelecida, normalmente dada em percentual, entre o tamanho de ativos (ponderados pelo risco) dos bancos e a quantia de capital próprio que eles devem manter em seus balanços.

A racionalidade por trás desses requerimentos tem uma base econômica simples de limitação dos efeitos nocivos do *moral hazard*: busca-se mitigar incentivos de investimentos arriscados alavancados. À medida que cresce o tamanho e/ou os riscos dos ativos de um banco, devem as instituições ampliar a quantia de capital próprio em suas operações, alinhando-se os incentivos entre os depositantes e o intermediário financeiro.

Em Basileia I [108], considerou-se que a parte principal do capital (*core capital*) deveria ser composta pelo capital integralizado e pelas reservas descobertas dos bancos, no que se convencionou chamar de capital nível

---

[106] BRAGA, Vicente Piccoli Medeiros. *Arbitragem regulatória x one size fits all: a discricionariedade na regulação bancária internacional entre Cila e Caríbdis*. Dissertação de mestrado: FGV, Faculdade de Direito, São Paulo, 2014. p. 169.

[107] Em verdade, esse movimento de publicização e politização dos garantidores de crédito não é exclusividade nacional, mas sim fenômeno mundial ainda não completamente superado no pós-crise. DEMIRGUC-KUNT, Asli; KANE, Edward; LAEVEN, Luc. Deposit Insurance database. *NBER Working paper*, 20278, julho, 2014.

[108] BIS. *International convergence of capital measurement and capital standards*, julho, 1988.

um (*tier 1*). Tratava-se de item comum aos bancos de quaisquer lugares do mundo – item 12 do Basileia I. Determinou-se que no mínimo metade da base de capital dos bancos fosse composta por capital de nível um e o restante por capital de nível dois – item 14. O nível dois pode ser composto por reservas ocultas (item 15), reavaliação de ativos quando permitido pelo país (item 16), reservas para contingências (item 18), instrumentos híbridos de dívida (item 22) e dívida subordinada (item 23).

Ainda, de grande relevância para a arquitetura financeira internacional, em Basileia I ficou definido que os requisitos de capital (dentro das condições delineadas logo acima) seriam de, no mínimo, 8% dos ativos ponderados pelo risco – item 44.

Basileia II [109], por sua vez, era muito mais detalhado em suas disposições. Não se limitando aos requerimentos de capital, o acordo dividiu-se em três pilares, sendo que os dois últimos trataram de temas alheios ao Basileia I. No Pilar I, intitulado "requerimentos mínimos de capital", buscou-se aprimorar técnicas de avaliação de risco de ativos, ao se analisar detidamente o risco de crédito, o risco de operação e o risco de mercado de instituições financeiras. É interessante notar que foi incentivado o uso de avaliações externas quanto ao risco de crédito das instituições financeiras (item 50) – embora fosse permitida a utilização de avaliações internas, elas dependeriam de expressa permissão e regulamentação da autoridade regulatória de cada país.

Já dentro do Pilar II, com alcunha de "revisão no processo de supervisão", incentivava-se a adoção de mecanismos internos de controle de riscos mais rigorosos, com atribuição de responsabilidade ao regulador para supervisão, criando um elo entre as instituições e autoridade regulatória. Por fim, o Pilar III é intitulado "disciplina de mercado", que estimula práticas de transparência e de uniformização de práticas contábeis.

Segundo críticos, as decisões sobre quais índices ou metodologias de cálculo adotar foram tomadas por empirismos não revelados, carecendo de fundamentação teórica[110].

---

[109] BIS. *International convergence of capital measurement and capital standards: a revised framework*, junho, 2004.
[110] ALLEN, Franklin; GALE, Douglas. *Understanding financial crises.* p. 191. Os autores, defensores da liberdade regulatória no setor bancário, apontam que "operadores se tornaram especialistas em detalhes de um sistema altamente complexo sobre o qual não existe racionalidade amplamente aceita baseada na teoria econômica. Qual a estrutura de capital ótima?

Já Basileia III [111], atendendo a anseios após a crise financeira de 2008, trouxe inovações nos frontes de requerimentos de capital, liquidez de mercado, além de testes de stress. Quanto ao principal item de interesse no presente tópico, o Acordo determinou que os bancos tivessem *buffers*, colchões de segurança para que atuassem de maneira contracíclica – item 123 do Acordo. Sobre isso, vejam-se as considerações feitas a respeito das áreas de convergência e divergência do sistema financeiro brasileiro dentro da dinâmica internacional pós-crise no ponto 3.3.1 do presente trabalho.

Complementando os requisitos de adequação de capital, os reguladores podem, ainda, exigir valores de capital mínimo para abertura de instituições financeiras, impondo um tamanho básico que considerem ser viável para um banco hígido – determinação existente no Brasil e que apresenta efeitos anticompetitivos, conforme crítica de Calixto Salomão Filho, influindo na concentração do setor, conforme será visto em detalhe posteriormente ao se caracterizar o sistema regulatório brasileiro no item 3.1.3, *b*.

1.4.3. Regulação e controle de produtos financeiros

Inovação financeira envolve a criação de um produto ou processo, dentro do mercado financeiro, que visa satisfazer alguma finalidade não atendida pelas condições de mercado existentes. As inovações podem ser operacionalizadas pelos mais diversos instrumentos – crédito, conversão de títulos, opções, ações, dentre outros – para atender também diferentes interesses – realocar riscos, aumentar liquidez, diminuir custos de transação, dentre outros [112].

Qual falha de mercado impõe a necessidade de requerimentos de capital? Por que não se deixa o mercado determinar os níveis apropriados de capital? Nós não encontramos boas respostas a essas perguntas na literatura teórica". Tradução livre pelo autor. Para análise dessa filosofia minimalista de regulação, que tinha bom número de adeptos nos Estados Unidos, veja-se o ponto 2.1.4.

[111] Embora propostas tenham sido discutidas e aprovadas preliminarmente, o documento final do Acordo é BIS. *Basel III: a global regulatory framework for more resilient banks and banking systems*, dezembro, 2010.

[112] TUFANO, Peter. Financial innovation. In: CONSTANTINIDES, George; *et al* (org). *Handbook of the economics of finance*, v. 1A (Corporate Finance). p. 331.

Instituições financeiras buscam, de maneira frequente e incisiva, desenvolver novos produtos financeiros, visto que, empiricamente, quem melhor inova acaba por dominar todo o mercado [113].

Interessante notar a evolução do processo de inovação financeira. Em artigo seminal sobre o tema, Merton Miller, em 1986, fez um cotejo sobre a evolução de produtos e processos financeiros nos 20 anos anteriores e chegou à conclusão de que nunca houve um período na história tão prolífico quanto aquele. Sugeriu, ainda, que haveria redução na taxa de crescimento dos novos produtos adiante [114]. Em 1992, após analisar que o processo de criação não havia arrefecido, o autor novamente notou que não se estava em uma onda financeira [115].

Quanto às previsões, o autor se mostrou equivocado, com o movimento de inovação financeira tendo se ampliado em ritmos acelerados até a crise de 2008. A problemática surge, pois, junto com a criação de novos produtos, há a necessidade de o regulador acompanhar todo esse processo, para evitar que os novos instrumentos sejam utilizados para burlar requisitos regulatórios ou lesar consumidores.

E, se por um lado, diversos produtos e processos financeiros facilitaram a vida de seus usuários, como a utilização de cartões de crédito e débito, sistemas de pagamento virtual e instrumentos que baratearam o crédito, por outro, diversos produtos se mostraram tão obscuros que fugiram ao escopo para o qual foram criados.

Nesse ponto é que a regulação de produtos financeiros se mostra fundamental. O grande problema é que, considerando a dinâmica das inovações, o regulador está sempre um passo atrás dos agentes de mercado. A falta de regulação de produtos financeiros pode levar a resultados catastróficos, conforme será visto oportunamente.

---

[113] ALLEN, Franklin; GALE, Douglas. Competition and financial stability. *Journal of Money, Credit and Banking*, Vol. 36, No. 3, Part 2: Bank Concentration and Competition: An Evolution in the Making, A Conference Sponsored by the Federal Reserve Bank of Cleveland May 21-23, 2003 (Jun., 2004). p. 473-476. Historicamente, como exemplo, veja-se que os bancos estaduais nos Estados Unidos somente sobreviveram à instituição de bancos nacionais por terem melhor utilizado o cheque, então uma inovação financeira. SPONG, Kenneth. *Bank regulation: its purposes, implementation and effects*. p. 19.

[114] MILLER, Merton. Financial Innovation: the last twenty years and the next. *The Journal of Financial and Quantitative Analysis*, Vol. 21, No. 4, dezembro, 1986. p.459-471.

[115] MILLER, Merton. Financial Innovation: achievements and prospects. *Journal of Applied Corporate Finance*, Vol. 4, N. 4. 1992, p. 4-11.

Após a crise financeira, Jean Tirole clamou por uma padronização dos produtos financeiros. Para o economista, a limitação a produtos feitos sob medida para os interesses de alguns investidores é um custo de segunda ordem, essencial para que se dê transparência ao mercado, bem como para que possa haver uma melhora concomitante na qualidade da supervisão bancária [116], enquanto Calixto Salomão Filho advoga em favor de "menos mercado". Os termos efetivos da reforma de produtos financeiros nos Estados Unidos são discutidos no item 2.3.4 e a análise da inovação financeira no Brasil, bem como a construção a respeito de "menos mercado" se encontram dentro do tópico 3.2.5.

1.4.4. Fiscalização e supervisão

Nenhuma das outras ferramentas de regulação sistêmica e prudencial teria grande eficácia caso não houvesse efetiva fiscalização e supervisão [117] da atividade bancária por parte do regulador.

Considera-se existir alguns arranjos de divisão de competências regulatórias e fiscalizatórias no setor bancário: (i) *abordagem institucional*, na qual a divisão de competências se dá em razão da natureza jurídica do ente supervisionado; (ii) *abordagem funcional*, na qual o critério definidor de competência é a atividade efetivamente exercida por determinado agente; (iii) *abordagem integrada*, que aglutina em um só órgão todas as funções de regulação e supervisão; (iv) *regulação por objetivos*, na qual se definem objetivos comuns que deverão ser perseguidos por todos os reguladores eventualmente envolvidos [118].

Atualmente, há grande miríade de esquemas de divisão de competências ao redor do mundo. As análises e cotejos entre os diferentes sistemas

---

[116] TIROLE, Jean. Lessons from the crisis. In: DEWATRIPOINT, Mathias; ROCHET, Jean-Charles; TIROLE, Jean. *Balancing the banks: global lessons from the financial crisis*. p. 54.

[117] Jairo Saddi faz diferenciação entre fiscalização e supervisão bancária. Para ele, o primeiro engloba o cotejo de um comportamento do ente regulado em relação a um paradigma preestabelecido. Já supervisionar implica inspeção, orientação e direcionamento, demandando atitude mais ativa. Ressalta, também, que a autoridade pode *monitorar* os bancos, o que vale dizer que o regulador pode acompanhar o comportamento das instituições fora de sua competência regulamentar, por mais que não possa fazer exigências. Vide SADDI, Jairo. *Crise e regulação bancária*. p. 124. No presente trabalho "fiscalização" e "supervisão" serão tratados como sinônimos.

[118] PINTO, Gustavo Mathias Alves. *Regulação sistêmica e prudencial no setor bancário brasileiro*. Tese de doutorado: USP, Faculdade de Direito, São Paulo, 2011. p. 234-248.

regulatórios e fiscalizatórios tomaram papel importante após a recente crise, pois se passou a buscar um arranjo institucional tido como ótimo, tendo por base a comparação entre o comportamento de vários países durante o colapso financeiro.

Alguns desses sistemas serão analisados com mais vagar e será feita a respectiva crítica quanto à (inócua) busca por uma estruturação institucional dita ótima. A divisão de competência norte-americana, bastante retalhada e complexa, será vista no tópico 2.1.2. O sistema brasileiro, no ponto 3.1.3, item *a*. A análise e crítica comparada dos dois sistemas, juntamente com considerações sobre outros modelos, serão feitas no tópico 3.2.4.

1.5. Síntese e conclusões do capítulo

1. A definição de banco não é clara e única no meio jurídico, tampouco nas ciências econômicas. Contudo, também comum a ambos os campos de conhecimento é o entendimento de que são fundamentais para caracterização de um banco as atividades de intermediação financeira e criação de moeda.
2. A existência de bancos é justificada por diversos fundamentos econômicos, como a redução de custos de informação, economias de escala e escopo, transformação de ativos e alocação e pulverização de riscos, por mais que nem todas essas explicações sejam pacificadas em âmbito teórico ou comprovadas empiricamente.
3. Bancos são fundamentais por permearem todo o processo produtivo, captando a poupança popular e destinando recursos ao financiamento do consumo e da atividade econômica. Pelo mesmo motivo, crises no setor bancário tendem a produzir efeitos em todo sistema econômico.
4. Crises financeiras impõem grande fardo a toda população de um país, tanto imediatamente, por meio de pacotes de salvamento e incentivos diretos, quanto mediatamente, pelo desemprego e comprometimento do crescimento nacional. Mais importante, para o Direito, é o fato de que crises são acompanhadas de reformas regulatórias e concorrenciais da mesma magnitude do colapso financeiro superado.
5. Embora cada crise seja um fenômeno histórico singular, é possível traçar uma anatomia comum às crises financeiras. Todas passam

pela valorização irracional de um ativo, seguida de uma explosão de crédito e consequente especulação. No momento em que a evolução dos preços do ativo irracionalmente valorizado se torna insustentável, há o estouro da bolha.

6. Os contornos de uma crise financeira tomam maior amplitude quando existe a corrida bancária para resgate de ativos por parte dos depositantes. Posteriormente, com o contágio entre instituições financeiras, alastra-se a crise para aquelas que, inicialmente, encontravam-se saudáveis.

7 Vale ser notado que crises de origem financeira possuem dois componentes distintos: (i) problemas de liquidez e (ii) quebras de confiança. Cada um desses problemas demanda remédios diferentes e, considerando as distintas posições financeiras (construção de Hyman Misnky) de diversos países, isso deve ser considerado ao se estudar os efeitos da crise do *subprime*.

8 Tendo em vista a magnitude das externalidades e impactos de crises bancárias, o regulador procura, de todas as formas, meios de tornar o sistema financeiro mais hígido. Dentre esses meios, ganhou destaque, e ainda maior força após a recente crise, o argumento de que a concentração bancária implica em maior solidez, conhecido como paradigma concentração-estabilidade. São dois os tipos de sustentações dessa ideia: (i) pela primeira, justifica-se que, internamente, a existência de poucos bancos inibe as instituições financeiras de tomarem riscos excessivos e que, externamente, as instituições possuem um colchão de segurança advindo dos lucros extraordinários. (ii) Já pelo segundo argumento, setores com bancos maiores seriam mais eficientes do que bancos menores e isso levaria, naturalmente, a um sistema mais concentrado e sólido.

9. Em que pese a construção do paradigma concentração-estabilidade no setor bancário, que motivou reformas ao redor do mundo, não se trata de argumentação consolidada. As instituições de sistemas concentrados possuem rendas monopolísticas por cobrarem mais caro pelos serviços de intermediação financeira, além de possuírem incentivos para assumir comportamentos arriscados, considerando terem se tornado grandes demais para quebrar. Acrescente-se o fato de que a concentração nem sempre é uma boa representação de competitividade e chega-se à conclusão de que risco e estabili-

dade não podem ser relacionados de modo simplista à concentração do setor bancário.
10. Um dos fatores que devem ser analisados dentro das respectivas estruturas bancárias é o arcabouço regulatório de cada país. A instituição de seguro de depósito, requerimentos de adequação de capital, exigências de capital mínimo, regulação e controle de produtos financeiros, além de uma eficaz fiscalização, funcionam como mecanismos que buscam assegurar a higidez financeira. Contudo, por vezes, os efeitos são diversos considerando as diferentes estruturas bancárias dentro das quais tais regulações são aplicadas, conforme será trazido no restante do trabalho.

CAPÍTULO 2
SISTEMA FINANCEIRO NORTE-AMERICANO, A CRISE DO *SUBPRIME* E SEUS EFEITOS

A crise do *subprime* lançou o mundo todo em uma espiral recessiva por uma série de razões. Antes de se adentrar nas especificidades do colapso de 2008 e do sistema financeiro norte-americano, cabem ser feitas algumas considerações prévias. A percepção da importância das experiências passadas em matéria de organização e regulação financeira é fundamental, pois as reformas nos diversos sistemas financeiros ao redor do mundo pós--*subprime* são limitadas "por decisões e eventos ocorridos anteriormente"[119].

O *subprime* não foi um evento específico e limitado. As causas foram diversas. Existiram diferenças entre origem e propagação. Os atingidos foram quase incontáveis. E as indicações são de que o estouro foi um sintoma de um problema sistêmico maior – não só financeiro, mas econômico.

O escopo das considerações preliminares seguintes não é o de simplesmente acrescentar, de maneira meramente descritiva, material generalista ao conteúdo do presente trabalho. Pretende-se realçar questões relevantes para discussão que, embora tenham sido levantadas em outros momentos históricos, passaram (e ainda passam) à margem da discussão da regulação financeira pós-crise.

---

[119] SALAMA, Bruno Meyerhof. De onde viemos? Inovação e resposta regulatória na indústria bancária no pré-crise. *Revista Direito GV*, n.10, jul-dez. 2009, p. 326.

Igualmente, o capítulo tem como intuito, ao descrever a estrutura regulatória no mercado donde emanou a crise de 2008, desvelar interesses por detrás do modelo bancário norte-americano e perceber seus respectivos impactos na determinação na propagação dos efeitos econômicos do colapso financeiro. Perceber-se-á que a indústria bancária estadunidense é *sui generis*, um sistema sem comparação com os demais, que sempre se mostrou propenso à ocorrência de crises, mesmo quando sistemas da maior parte dos países do mundo passavam por períodos de tranquilidade e calmaria [120].

Após, passa-se à análise da crise do *subprime* em si, para se notar quais as características e manifestações desse colapso. Tão importante quanto isso será perceber quais marcos se encontravam presentes na estrutura financeira norte-americana e quais as respostas dadas pelos reguladores – importante passo para se questionar sobre um *subprime* brasileiro no capítulo adiante.

Será observado que a crise teve origem em um sistema, a um, com competição predatória entre instituições financeiras – bancos com formas de captação diversas passaram a concorrer diretamente uns com os outros, sendo que bancos de investimento puderam se utilizar de estruturas de capital extremamente alavancadas, enquanto bancos comerciais, não – e, a dois, com escape à qualquer forma de regulação – como estrutura regulatória redundante e, mesmo assim, lacunosa, ou a comercialização de produtos financeiros estruturados e obscuros em balcão.

Empresas não-financeiras foram atingidas pela crise na medida em que houve uma constrição de liquidez e uma quebra de confiança no mercado. O mundo todo acabou sendo atingido, posteriormente, pelo excesso de securitização e comercialização de derivativos à margem de fiscalização.

Ao final do capítulo, serão tecidas considerações a respeito das reformas regulatórias e estruturais tomadas nos Estados Unidos com duplo fito de, por um lado, auxiliar a superação dos efeitos deletérios da crise e, de outro, criar um arcabouço que viesse a impedir que uma situação dessa sorte viesse a se repetir. Conveniente fazê-lo com objetivo de se perceber

---

[120] GORTON, Gary; WINSTON, Andrew. Financial intermediation. In: CONSTANTINIDES, George; *et al* (org). *Handbook of the economics of finance, v. 1A (Corporate Finance)*. p. 501. Os autores usam a expressão *outlier* para descrever a indústria financeira norte-americana. *Outlier* é uma expressão advinda da estatística e se refere a valores observados que em muito de afastam dos demais valores existentes em uma dada amostra, demonstrando sua inconsistência.

em que medida essas reformas aproximam e afastam caracteres da experiência brasileira de competição e regulação bancária.

2.1. Breve caracterização da situação regulatória e concorrencial pré-crise no mercado norte-americano [121].

2.1.1. Do Glass-Steagall Act até a fusão Citi-Travelers
Os Estados Unidos historicamente possuem um sistema financeiro pulverizado, com grande número de bancos, inicialmente com restrições geográficas de atuação, sem controle de um banco central (até 1914) e com forte poder dos estados da federação. Essa moldura de muitos bancos e com fiscalização difusa se deu pelo temor histórico dos Estados Unidos serem comandados por uma autoridade dominante (haja vista os tempos de colônia da Inglaterra) ou por um poder financeiro central [122].

Comparando a história financeira de Estados Unidos e Brasil, chega-se a dizer que seria inimaginável a existência, em qualquer momento da história, de três grandes bancos públicos nos Estados Unidos da mesma forma que existiram no Brasil [123].

---

[121] A história e a estruturação financeira norte-americana são extremamente ricas e não são poucos os estudos que abordam o tópico. Por exemplo, a matéria é objeto de tratado, em três volumes, de Jerry Markham, vide MARKHAM, Jerry MARKHAM, Jerry. *A financial history of the United States, V. I, II, III*. Querer retratar toda essa história e estrutura em poucas páginas seria tanto pretensioso quanto impossível. Tampouco se trata do objetivo da presente obra. Contudo, a compreensão de como a estrutura do sistema financeiro norte-americano possibilitou a criação de condições para que se originassem os problemas que levaram a um estouro de crise que afetou todo o sistema econômico mundial é necessária. Em razão disso, faz-se um corte que aborde os principais tópicos da estruturação do sistema financeiro norte-americano. Elege-se como início, por consagração nos estudos que de alguma forma trataram do assunto, as reformas advindas da Crise de 1929.

[122] HOWELLS, Peter; BAIN, Keith. *Economia Monetária: moedas e bancos*. p. 220-221. Vale notar que os Estados Unidos chegaram a possuir dois rudimentos de banco central ainda no séc. XIX (o *First* e o *Second Bank of the United States*), mas estes foram dissolvidos justamente por não se desejar que houvesse um poder financeiro central. Nas discussões sobre a possibilidade de manutenção da existência do *Second Bank of the United States*, o senador, e ex-presidente, norte-americano John Quincy Adams proferiu a famosa frase "Poder para o bem é poder para o mal, mesmo nas mãos do Onipotente" (*Power for good is power for evil, even in the hand of the Omnipotence*). Vide ALLEN, Franklin; GALE, Douglas. *Understanding financial crises*. p. 3.

[123] VON METTENHEIM, Kurt. Government Banking Theory. In: VON METTENHEIM, Kurt. *Federal Banking in Brazil: policies and competitive advantages*. p. 05. Os três bancos são o Banco do Brasil, a Caixa Econômica Federal e o BNDES.

Apesar desse receio, enquanto o mundo vivia período de relativa tranquilidade financeira, os Estados Unidos passaram por diversos pânicos. Conforme citado na introdução, foi somente após um pânico na economia norte-americana em 1907 [124] que houve a preocupação com a criação de um banco central no país, efetivada em 1913 [125], muitos anos depois de outros países [126].

Entretanto, nem a criação do Fed impediu a maior crise da história do capitalismo em 1929 (ou 1930, conforme a crítica monetarista [127]) que

[124] Como curiosidade, e resumidamente: pouco antes de 1907, um movimento agressivo de especulação tomou conta dos Estados Unidos, fazendo disparar os preços das ações da *New York Stock Exchange* (NYSE, a bolsa de valores de Nova York). Considerando um problema permanente de liquidez da economia norte-americana no outono (a partir de setembro, no hemisfério norte), o Tesouro iria realizar um depósito maciço de capital em bancos ao redor do país. Contudo, essa injeção não foi suficiente, já que houve uma queda abrupta de produção das empresas negociadas na NYSE, seguida de uma queda de suas respectivas ações, e uma corrida bancária por falta de confiança no mercado de capitais e falta de liquidez no sistema financeiro. Na ausência de uma autoridade bancária, a solução foi ainda mais curiosa (e muito noticiada nas produções acadêmicas): como os banqueiros se recusavam a cooperar, J.P. Morgan convidou a cúpula do sistema bancário de Nova York à sua biblioteca particular e os trancou, guardando a chave, até que fosse atingido um acordo de auxílio mútuo – eculativos onsiderando os motivos da crise,,ra.ta e o estopim paraectivas açum n no mercado.que veio, eventualmente, dar fim à crise. Ver: MARKHAM, Jerry. *A financial history of the United States, V. II: from J.P. Morgan to the Institutional Investor (1900-1970).* p. 29. e FRIEDMAN, Milton; SCHWARTZ, Anna. *A monetary history of the United States: 1867-1960.* p. 157.

[125] Milton Friedman e Anna Schwartz observam que algumas medidas de estrutura financeira já foram tomadas mesmo antes do sistema do Fed, como o estabelecimento de reservas em dinheiro (agregado mais líquido da base monetária, chamado na literatura de *M1*) para evitar problemas de liquidez e a ideia de uma forma de emissão de moeda com base em um sistema de reserva fracionada, o que foi instrumentalizado (mesmo que minimamente utilizado) pelo *Aldrich-Vreeland Act* de 1908. FRIEDMAN, Milton. SCHWARTZ, Anna. *A monetary history of the United States: 1867-1960.* p. 169-172.

[126] Apesar da tradição de bancos centrais na Europa remontar ao séc. XVII com o primeiro banco central (*Bank of Sweden*) e posteriormente com a doutrina inglesa de Bagehot no séc. XIX, reitera-se que os Estados Unidos sempre foram avessos a um poder financeiro central. Em razão disso, enquanto mundialmente se vivia em períodos estáveis, os Estados Unidos sofreram diversas crises (1873, 1884 e 1893), até se chegar ao estopim em 1907. ALLEN, Franklin; GALE, Douglas. *Understanding financial crises.* p. 3-5.

[127] A "Quinta-feira Negra", data marcada como o dia do estouro da crise, foi em 24 de outubro de 1929. Contudo, o início das quebras bancárias se deu em dezembro de 1930, mais de um ano depois. Friedman e Schwartz não acreditam que o principal motivo das falências e quebras bancárias e início da crise do lado real da economia fosse decorrência da realização de empréstimos de má-qualidade nos anos 1920 (que supostamente teria gerado um problema para

trouxe, também, as maiores e amplas reformas regulatórias do sistema financeiro norte-americano como resposta.

Em especial quanto a esse último evento, mais de uma década de prosperidade econômica no início do séc. XX levou a uma elevação sem precedentes nos preços das ações no mercado norte-americano. Quando a demanda se tornou insuficiente para acompanhar a produção (pelo desvio de recursos do consumo para a especulação), estourou a bolha. Discorrer extensivamente sobre a Crise de 1929 foge ao escopo do presente trabalho. Todavia, no que toca ao interesse da presente obra, note-se que existia dado consenso entre analistas e estudiosos considerando que a excessiva competição entre os bancos e uma regulação fraca foram fatores determinantes para eclosão da crise [128].

Em uma demora a responder à crise durante o governo de Hoover (que precisou até mesmo de um feriado bancário de sete dias para interromper as cada vez maiores corridas bancárias), só em 1933 uma primeira medida é tomada.

Trata-se do *Banking Act of 1933*[129], posteriormente mais bem delimitado e posto em prática pelo *Banking Act of 1935*[130], daqui em diante referidos simplesmente por *Glass-Steagall Act*, assim chamado por fazer referência a seus propositores.

Por meio dessa legislação foi criado um órgão vital para a regulação do sistema financeiro atual: o *Federal Deposit Insurance Company* (FDIC), que institui e regula o seguro de depósito para os clientes/depositários de bancos. Não foi alterada a competência de qualquer outro órgão pela

---

solvência dos bancos), mas sim a dificuldade dos bancos em aumentar sua base monetária para suportar a sequência do choque de liquidez havido pelos problemas no mercado de capitais – algo que deveria ter sido solucionado pelo Fed, juntamente com o *Bank of New York*, e que não o foi, deixando o *Bank of United States* quebrar. Cf. FRIEDMAN, Milton; SCHWARTZ, Anna. *A monetary history of the United States: 1867-1960*. p. 353-359

[128] FISCHEL, Daniel; et al. The Regulation of Banks and Bank Holding Companies. *Virginia Law Review*. Vol. 73, No. 2 (Mar., 1987), p. 302-303.

[129] Para uma descrição, então contemporânea, do processo de tomada de decisão que culminou no *Banking Act* e do conteúdo de seus dispositivos, ver WESTERFIELD, Ray. The Banking Act of 1933. *Journal of Political Economy*, Vol. 41, No. 6 (Dec., 1933). p. 721-749.

[130] SPONG, Kenneth. *Bank regulation: its purposes, implementation and effects*. p. 22-23.

Lei, somente se estendeu a competência do Estado pela imposição desse novo órgão regulador [131].

Em segundo lugar, com o intuito de reduzir a especulação e tornar compatível a forma de captação de recursos com os ativos que os bancos posteriormente adquiririam, o *Glass-Steagall* determinou a separação entre os mercados financeiros e a especialização das instituições financeiras. Com isso, não existiriam mais os bancos universais, que trabalhavam tanto com depósitos e crédito como com mercado de títulos. Ficavam separados os bancos comerciais (e outras instituições depositárias) dos bancos de investimento [132]. Bancos comerciais ficavam proibidos de adquirir securitizações, exceto aquelas do próprio governo, tampouco podiam emitir, subscrever (*underwrite*), vender ou distribuir securitizações. Os bancos de investimento, por outro lado, não poderiam aceitar qualquer tipo de depósito para financiamento [133].

Uma terceira regulação imposta pelo *Glass-Steagall* ficou conhecida como *Regulação Q*. Por essa regulação, implementada pelo Fed, os bancos eram proibidos de pagar juros sobre depósitos à vista – a justificativa era a de que a competição entre os bancos levou a uma elevação da taxa de juros para captação de recursos, engajando os bancos em investimentos mais arriscados para pagar esses prêmios mais elevados [134].

Também no ano de 1933 foi aprovado o *Securities Act*. Embora não seja legislação sobre estrutura bancária, essa Lei foi fundamental, pois impôs ao vendedor todos os deveres de informação acerca dos instrumentos financeiros comercializados, visando trazer confiança de volta ao mercado e criar um ambiente de trocas honesto [135]. Para fiscalizar a segurança do mercado e garantir a divulgação das informações dos securitizados, foi criada em 1934 a *U.S. Securities and Exchange Commission* (SEC).

Todas essas mudanças causaram alterações significativas na estrutura do sistema financeiro americano e, após a queda vertiginosa no número

---

[131] FRIEDMAN, Milton; SCHWARTZ, Anna. *A monetary history of the United States: 1867-1960*. p. 435.
[132] CARVALHO, Fernando J. Cardim de; *et al*. *Economia Monetária e Financeira*. p. 258.
[133] ROTHBARD, Murray N. *A History of Money and Banking in the United States: the Colonial Era to World War II*. p. 315-316.
[134] CARVALHO, Fernando J. Cardim de; *et al*. *Economia Monetária e Financeira*. p. 258.
[135] MARKHAM, Jerry. *A financial history of the United States, V. II: from J.P. Morgan to the Institutional Investor (1900-1970)*. p. 184.

de instituições financeiras em decorrência da crise de 1929 (a partir de 1921 já há uma queda controlada que é acentuada com a crise), o número se manteve estabilizado durante muito tempo, conforme se pode observar no gráfico abaixo [136].

GRÁFICO 1 - TOTAL DE BANCOS COMERCIAIS NOS ESTADOS UNIDOS: 1914-1941

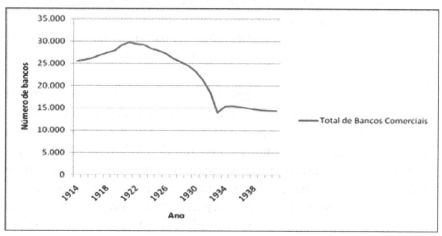

Fonte: Autor. Dados do Federal Reserve *(All Banks, 1914-1941)*

O sistema nos moldes do *Glass-Steagall* começou a se mostrar instável a partir dos anos de 1970.

Sem poder pagar juros em depósitos à vista, a captação se tornou mais difícil porque outros instrumentos financeiros não bancários foram criados e tinham as mesmas características de um depósito à vista, com o

---

[136] Como o controle sobre os bancos não é exercido por uma única autoridade, pode-se dizer que, por vezes, nenhuma autoridade exerce controle algum. A maioria dos dados disponíveis acerca do número de bancos no país é uma estimativa ou um compilado de diversas fontes, conforme as próprias notas explicativas de Federal Reserve (All Banks, 1914-1941). Disponível em http://fraser.stlouisfed.org/docs/publications/bms/1914-1941/section1.pdf. Acesso em 04/04/2013. Os dados do Fed atingem somente até o ano de 1941, já que a partir da criação do FDIC, a autoridade responsável pela coleta, compilação e manutenção de dados a respeito de bancos nos Estados Unidos passou à autoridade de seguro de depósito, sendo o primeiro dado disponível de 1934. Será observado em outro momento que o número de instituições financeiras nos Estados Unidos se manteve estável até meados dos anos 1980, período da desregulação financeira.

diferencial de pagamento de juros (é o caso dos *Money Market Funds* e dos *negotiable order of withdrawal*) [137]. Com o crescimento de um sistema paralelo de instituições não-bancárias e com os ganhos nas altas taxas nominais de juros cobradas, novamente o mercado bancário se viu muito competitivo [138], sendo que a regulação de 1933 já se mostrava obsoleta. Com isso, burlava-se muito do sistema regulatório e houve uma forte pressão para se inserir as novas práticas dentro da legalidade.

No início da década de 1980 houve uma série de leis desregulando a indústria bancária e equiparando bancos nacionais com bancos internacionais, bem como com instituições depositárias não-bancárias [139], além de se retirar a proibição de pagamento de juros em depósitos à vista (*Regulação Q*) [140].

Essa continuidade de desregulamentação teve grande efeito sobre a competição no sistema financeiro. Embora o número de instituições financeiras ainda fosse elevado, a participação dos pequenos bancos chegou a níveis quase irrelevantes. Enquanto no ano de 1980 os menores bancos (bancos com ativos avaliados em menos de 100 milhões de dólares) detinham 9,9% do total de ativos possuídos por bancos no mercado norte-americano, essa porcentagem passou para 2,9% no ano 2000. Os grandes bancos (aqueles que possuem ativos avaliados em mais de 10 bilhões de dólares), por outro lado, possuíam participação de 35,7% no total de ativos no ano de 1980, passando a 70,4% no ano 2000[141].

---

[137] CARVALHO, Fernando J. Cardim de; *et al. Economia Monetária e Financeira*. p. 258.
[138] FISCHEL, Daniel; *et al.* The Regulation of Banks and Bank Holding Companies. *Virginia Law Review*. Vol. 73, No. 2 (Mar., 1987), p. 303-304.
[139] SHILLER, Robert. Democratizing and humanizing finance. In: KROZSNER, Randall; SHILLER, Robert. *Reforming US Financial System: reflections before and beyond Dodd-Frank*. p. 20, e SPONG, Kenneth. *Bank regulation: its purposes, implementation and effects*. p. 28-29.
[140] Alterações realizadas principalmente pelo *Depositary Desregulation Act*, que vieram para formalizar mecanismos anteriores utilizados para contornar as limitações impostas pelo *Glass-Steagall*. Vide. CARNEIRO, Dionísio Dias. O que a crise atual revelou sobre as deficiências regulatórias? In: CARNEIRO, Dionísio Dias; DE BOLLE, Monica Baumgarten (org.). *A reforma do sistema financeiro americano: nova arquitetura internacional e o contexto regulatório brasileiro*. p. 21.
[141] STRAHAN, Philip. Bank structure and lending: what we know and do not know. In: THAKOR, Anjan; BOOT, Arnoud (org.). *Handbook of financial intermediation and banking*. p. 110. No capítulo, as variações na participação são colocadas, de maneira bem ilustrativa e didática, em uma tabela com os valores ano-a-ano de 1980 a 2000. Os valores para cálculo das porcentagens foram reajustados com base no ano de 2000 pelo *Consumer Price Index*.

O golpe final ao *Glass-Steagall Act* veio com a proposta de fusão entre o *Travelers Group* e o *Citicorp*: a fusão contrariaria as disposições do *Glass-Steagall*. Em razão disso, foi feito um enorme lobby no Congresso, tendo sido aprovada o *Financial Services Modernization Act* em 1999, revogando todos os dispositivos da Lei de 1933 [142]. Por essa nova Lei, o Fed passa a ter uma função de supervisão secundária (*umbrella supervisor*), sendo que a própria instituição financeira seria a responsável por realizar a supervisão principal de suas atividades, por meio de controles internos [143].

Como consequência desse processo de desregulamentação, o número de bancos nos Estados Unidos caiu vertiginosamente a partir de meados da década de 1980, resultado de falências ou incorporações de bancos menores, conforme é facilmente observável pelo gráfico a seguir.

GRÁFICO 2 – TOTAL DE BANCOS COMERCIAIS NOS ESTADOS UNIDOS: 1934-2011

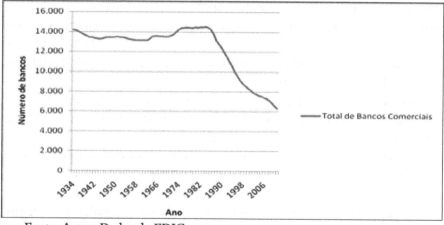

Fonte: Autor. Dados do FDIC.

Por fim, em 2004, a SEC afrouxou as regras que limitavam os endividamentos que os bancos de investimento poderiam assumir. Após lobby das maiores instituições do país, permitiu-se uma maior alavancagem por

---

[142] ROUBINI, Nouriel; MIHM, Stephen. *A Economia das Crises*. p. 87.
[143] SPONG, Kenneth. *Bank regulation: its purposes, implementation and effects*. p. 33.

parte dos bancos de investimento (porcentagem de ativos em relação ao capital próprio) [144].

2.1.2. O sistema dual de fiscalização e regulação de bancos comerciais: Federal Reserve (FED), OCC, agências estaduais e outras divisões de competência

O sistema bancário dos Estados Unidos é, há muito tempo, dividido em dois tipos de bancos comerciais: os federais e os estaduais – questão fundamental para compreensão da estrutura regulatória atual no país.

Com o intuito de financiar a Guerra Civil americana (iniciada em 1861) foi criado o *National Bank Act* de 1863, tendo início a fase que Alan Greenspan chama de "fase dos Bancos Nacionais" (1863-1913) no sistema financeiro norte americano [145]. Os estados eram muito fortes política e socialmente e cada banco estadual emitia seus títulos com um valor-base específico (considerando os riscos de cada banco), retirando o poder de controle monetário do governo federal. Percebendo isso, por essa lei, o governo federal autorizou a criação de bancos nacionais como alternativa aos bancos estaduais – com expectativa e planejamento de que, em dado momento, as licenças nacionais suplantariam todas as licenças estaduais.

A supervisão e fiscalização dos bancos nacionais ficaram a cargo de um órgão criado em 1863. Era o *Office of the Comptroller of the Currency* (OCC), criado pelo *National Currency Act of 1863*.

Apesar da intenção de substituírem os bancos estaduais por bancos nacionais, a primeira espécie continuou a existir.

Os estados, por sua vez, não desempenhavam (e hoje também não desempenham) forte função reguladora. Greenspan ressalta que a regulação dos bancos estaduais é historicamente feita pelo mercado [146]. A única regulação dos estados era feita por meio do controle de entrada de novos concorrentes, sequer se pautando por critérios técnicos: a criação dos bancos estaduais precisava passar por uma aprovação prévia dentro de cada

---

[144] ROUBINI, Nouriel; MIHM, Stephen. *A Economia das Crises*. p. 87.
[145] GREENSPAN, Alan. *Our banking history*. Before the Annual Meeting and Conference of the Conference of State Bank Supervisors, Nashville, Tennessee, 2 de maio de 1998. Disponível no site do Federal Reserve (Fed): http://www.federalreserve.gov/boarddocs/speeches/1998/19980502.htm. Acesso em 04/04/2013.
[146] GREENSPAN, Alan. *Our banking history*... Cit.

estado em que pretendesse atuar. Essa decisão de permitir ou não a entrada no mercado era tomada basicamente por fatores políticos – considerando as diferenças ideológicas e econômicas de cada estado da federação. Isso seria uma salvaguarda aos políticos e um poderoso instrumento de barganha [147]. O regulador se mostrava, portanto, *capturado* [148].

Reiterando o caráter *sui generis* da estrutura financeira estadunidense, hodiernamente ainda se mantém essa estrutura dual, que apesar de ser peculiar aos Estados Unidos, é sujeita à veneração tanto de agentes da indústria quanto de reguladores [149]. Apesar de ser chamado de dual, sua caracterização não é simplesmente binária, como o substantivo faz transparecer.

Sintética e didaticamente, tem-se que os bancos podem optar por serem:

a) Bancos nacionais, sujeitos à regulação primária da OCC e automaticamente membros do Fed e do FDIC;
b) Bancos estaduais que optam por serem membros do sistema de regulação do Fed e, consequentemente, membros do FDIC;
c) Bancos estaduais que optam por serem regulados somente estadualmente, mas que aderem do FDIC;
d) Modalidade hoje extinta de bancos estaduais que sequer se submetiam à regulação de um órgão federal [150].

---

[147] Como consequência, nem todo banco estadual tinha sua criação aprovada, limitando-se a concorrência (talvez mais precisamente a *competição*, nesse caso) entre bancos pela possibilidade da divisão geográfica de mercados. A concessão de crédito era direcionada ao interesse do governo de cada estado. Além disso, como os bancos trabalhavam na maior parte do tempo com a negociação de títulos (ou notas, do inglês, *bank notes*), todo estado acaba por emitir moeda de uma maneira não controlada. Assim, o estado controlava somente a entrada dos bancos no mercado, sendo que a regulação estatal era quase inexistente ou ainda muito rudimentar. Vide MARKHAM, Jerry. *A financial history of the United States, V. I: from Christopher Columbus to the Robber Barons (1492 – 1900).* p. 133.

[148] Embora não tenha sido cunhado por George Stigler, o termo é a ele atribuído. Vide STIGLER, George J. The theory of economic regulation. *The Bell Journal of Economics and Management Science*, Vol. 2, No 1, 1971. p. 3-21.

[149] SCOTT, Kenneth. The dual banking system: a model of competition in regulation. *Stanford Law Review*, No. 30, Vol. 1. (Nov., 1977). p. 01.

[150] SCOTT, Kenneth. The dual banking system: a model of competition in regulation. *Stanford Law Review*, No. 30, Vol. 1. (Nov., 1977). p. 03. Como o próprio autor explicita em nota de rodapé, à época em que se escreveu o artigo, menos de 1% dos ativos bancários do país se encontravam nas mãos de bancos estaduais sem sequer a proteção do FDIC. Hoje essa modalidade sequer existe. Marcelo Rezende assim define a estrutura bancária dual: "Bancos comerciais

Os próprios bancos escolhem quem irá os licenciar, o estado ou a OCC. Se optarem pelo licenciamento estadual, podem ainda optar em serem ou não membros do Fed. Não obstante, independentemente da escolha de licenciamento, todos os bancos estão sujeitos a determinadas regulações mínimas do Fed e do FDIC.

A OCC exerce a função de regulador federal primário dos bancos nacionais, não exercendo função sobre bancos estaduais. O Fed regula, em nível nacional, bancos estaduais membros. O FDIC regula, em nível nacional, bancos não membros do Fed.

Essas regulações primárias federais (a cargo do respectivo órgão competente) são de requerimento de capital adequado, avaliação de sistemas de risco, de controle interno, auditoria, condições de pagamentos de juros, dentre outros. O Fed ainda define para todos os bancos as exigências de reservas mínimas e o FDIC cobra de todos os bancos um prêmio pelo seguro oferecido, exige ações corretivas para bancos subcapitalizados e pode declarar a insolvência de bancos [151].

Ampliando o retalho regulatório, associações de poupança (*thrifts*), utilizadas para captação de recursos de poupança da população e destinar especificamente para empréstimos em hipotecas, e que desempenharam um papel fundamental no desenvolvimento da crise, tinham sua regulação dada por outro órgão, o *Office of Thrift Supervision* (OTC). Operações em mercados de futuros eram reguladas por pela *Commodity Future Trading Comission* (CFTC) e outras operações com valores mobiliários eram reguladas pela *Securities Exchange Comission* (SEC) [152].

---

podem, portanto, pertencer a três categorias mutuamente excludentes, dependendo de quem são seus reguladores: bancos nacionais, licenciados pelo OCC e necessariamente membros do Fed; bancos estaduais membros do Fed; e bancos estaduais não membros do Fed. Em todas essas categorias, os bancos são necessariamente segurados pelo FDIC". REZENDE, Marcelo. Supervisão e regulação de bancos comerciais nos Estados Unidos: características e implicações. In: CARNEIRO, Dionísio Dias; DE BOLLE, Monica Baumgarten (org.). *A reforma do sistema financeiro americano: nova arquitetura internacional e o contexto regulatório brasileiro*. p. 103.
[151] REZENDE, Marcelo. Supervisão e regulação de bancos comerciais nos Estados Unidos: características e implicações. In: CARNEIRO, Dionísio Dias; DE BOLLE, Monica Baumgarten (org.). *A reforma do sistema financeiro americano: nova arquitetura internacional e o contexto regulatório brasileiro*. p. 104.
[152] CARNEIRO, Dionísio; DE BOLLE, Monica Baumgarten. As propostas americanas: o Blueprint de Paulson versus o White Paper de Geithner. In: CARNEIRO, Dionísio Dias; DE BOLLE, Monica Baumgarten (org.). *A reforma do sistema financeiro americano: nova arquitetura internacional e o contexto regulatório brasileiro*. p. 95.

Primeira observação a ser feita é que um sistema tão segmentado demanda, obrigatoriamente, mecanismos que permitam rápida e eficiente troca de informações entre as agências, que possibilitem compartilhamento de dados e facilitem a identificação de problemas [153]. Caso contrário, a autonomia de cada uma das agências faz perder completamente qualquer caráter macroprudencial advindo das regulações financeiras.

Em um segundo momento, deve ser notado que concorrência regulatória leva à arbitragem regulatória: os bancos escolhem o conjunto de normas que melhor lhes couber. Isso pode acarretar até mesmo a captura do agente regulador, principalmente em nível estadual, já que a participação de um banco em um estado é muito mais relevante que a participação desse banco em nível nacional [154].

O problema é ampliado ao se perceber que outras instituições financeiras, ou instituições que atuam de forma semelhante a um banco, fogem a todo esse complexo, e por vezes redundante, aparato regulatório. Os avanços e inovações financeiras tornaram de difícil diferenciação "empréstimos, títulos de dívida e outros ativos financeiros" [155].

Dessa forma, grandes bancos de investimento que mantiveram sua forma antes da crise do *subprime* levaram vantagem perante os bancos comerciais, pois a competição pela captação de recursos era direta, mas a regulação dos primeiros era mais branda que aquela dos segundos – não se submetiam à regulação do Fed [156] e do FDIC – e forçavam os outros bancos a também assumirem mais riscos para conseguirem competir por depósitos.

---

[153] DE BOLLE, Monica Baumgarten. Redundância e sobrevivência no sistema bancário americano. In: CARNEIRO, Dionísio Dias; DE BOLLE, Monica Baumgarten (org.). *A reforma do sistema financeiro americano: nova arquitetura internacional e o contexto regulatório brasileiro.* p. 114.
[154] REZENDE, Marcelo. Supervisão e regulação de bancos comerciais nos Estados Unidos: características e implicações. In: CARNEIRO, Dionísio et al (org.). *A reforma do sistema financeiro americano: nova arquitetura internacional e o contexto regulatório brasileiro.* p. 107-109.
[155] NÓBREGA, Maílson. Origens da Crise. In: GARCIA, Marcio; GIAMBIAGI, Fábio (org.). *Risco e regulação: Por que o Brasil enfrentou bem a crise financeira e como ela afetou a economia mundial.* p. 4.
[156] Como se essa estrutura regulatória descrita não fosse suficientemente complexa, o Fed é, ainda, subdividido em 12 Fed's regionais. Cada Fed regional cuida dos bancos existentes nos estados contidos em sua circunscrição (sejam bancos nacionais e ou aqueles estaduais que optam por serem membros do sistema Fed) e determina uma série regulações, como redesconto para empréstimos, os limites de emissão de moeda, dentre outras questões fundamentais – e que podem ser diferentes de um Fed regional para outro. Vide MISHKIN, Frederic. *The Economics of Money, Banking and Financial Markets.* p. 336-340.

Isso é perceptível pela alavancagem das operações de cada espécie bancária. Com o relaxamento por parte da SEC das regras de endividamento em 2004, os bancos de investimento passaram a operar com níveis insustentáveis de endividamento, de 25 para 1 ou mais, enquanto os bancos comerciais operavam com, no máximo, 12,5 para 1 [157].

Se por um lado, essa estrutura regulatória complexa e muito subdividida abriu espaço para uma arbitragem regulatória, por outro deu margem ao crescimento de um sistema bancário paralelo (*shadow banking*) que tinha sua operação obscurecida pela complexidade de sua estrutura e por uma lacuna de supervisão [158].

2.1.3. Concentração e competitividade no setor bancário norte-americano

Apesar do alto número de instituições no sistema financeiro norte-americano, conforme observado nos Gráficos 1 e 2 acima (exemplificado pelos atuais mais de seis mil bancos comerciais no país) [159], essa constatação não significa, em si, forte competição no sistema financeiro. Na realidade, a má-compreensão quanto essa relação no setor bancário norte-americano pode levar a conclusões diametralmente opostas àquelas que seriam corretas. E essa anotação pontual será de grande valia quando se tratar da concentração financeira como modelo vencedor após a crise do *subprime*.

A discussão a respeito da relação entre concentração e competitividade foi realizada no capítulo anterior. No presente tópico o que se pretende é apontar que a experiência norte-americana não é uma de competitividade entre os bancos, apesar do número de instituições financeiras existentes.

---

[157] ROUBINI, Nouriel; MIHM, Stephen. *A Economia das Crises*. p. 88. A relação é do volume de débito para cada unidade de capital próprio. No caso, bancos de investimento possuíam 25 unidades de débito para cada unidade de capital próprio (por exemplo, U$ 25 milhões em débito para cada U$ 1 milhão em capital próprio), enquanto a proporção era da metade disso para bancos comerciais.

[158] INTERNATIONAL MONETARY FUND. *Initial Lessons of the Crisis*. Fevereiro de 2009. Disponível em: http://www.imf.org/external/np/pp/eng/2009/020609.pdf. Acesso em 21 de maio de 2012.

[159] Além do elevado número de bancos comerciais, o Departamento de Justiça declarou, em grupo de estudos organizados pela OCDE, que existem mais de doze mil cooperativas de crédito nos Estados Unidos. Sem fixar um número, declara-se que existem, também, milhares de associações de poupança. Vide OCDE. Competition and financial markets. *DAF/COMP/WD(2009)11*, p. 2 e OCDE. *Roundtable on competition, concentration and stability in the banking sector*. OCDE Report, 2010. p. 210.

Veja-se então, primeiramente, a razão de existência de tantos bancos nos Estados Unidos para que depois se analise a efetiva competitividade do setor.

Embora o grande número de bancos possa sugerir a contestabilidade do mercado, não se trata do caso dos Estados Unidos. A principal causa de existência de tanto bancos no país é a limitação de atuação interestadual (e em menor medida, mesmo intraestadual) imposta tanto em nível nacional quanto especificamente pelos vários estados da federação.

Além da já ressaltada preocupação nacional com a eventual presença de um poder financeiro central e da captura dos reguladores estaduais, as proibições tomaram contornos institucionais em nível nacional com o *McFadden Act* de 1927. Por meio de referido diploma, vedava-se a atuação de um banco estadual em qualquer outro estado, mesmo que na qualidade de filial (vedação ao *interstate branch banking*).

Como consequência direta dessa vedação geográfica tem-se, em um primeiro momento, a expansão rápida do número total de bancos [160]: se um mesmo banco não pode atuar em mais um estado, outro banco será criado para suprir as necessidades existentes no segundo estado.

Segundo resultado das barreiras impostas ao *branch banking* é que elas limitam consideravelmente a competitividade no setor.

Filiais de bancos já existentes seriam mais eficientes do que novos e pequenos bancos estaduais quanto a seus custos. Filiais ampliariam os mercados da matriz para que se diversificassem riscos e isso tornaria os serviços de intermediação e os produtos financeiros mais baratos ao consumidor e sistemicamente mais seguros [161] - as economias de escala iniciais existentes no setor bancário.

Historicamente, as determinações legais de limitação de atuação bancária interestadual estão diretamente ligadas aos interesses estaduais de não se fomentar a competitividade entre bancos de diferentes estados, materializada pelo lobby realizado em cada ente da federação [162].

---

[160] TROSTER, Roberto Luis. *Overbanking no Brasil*. p. 05.
[161] CARLSON, Mark; MITCHENER, Branch banking, banking competition, and financial stability. *Journal of Money, Credit and Banking*, Vol. 38, No. 5 (Aug., 2006), p. 1293-1328.
[162] JOHNSON, Cristian; RICE, Tara. Assessing a decade of interstate branching. *Federal Reserve Bank of Chicago Working Paper* 2007-03, abril de 2007. p. 4.

Apesar das tentativas de se burlar o *McFadden Act*, seja por meio de lobby dos bancos que passaram a se tornar grandes em nível estadual [163], seja por meio de chicanas jurídicas (como a constituição de holdings financeiras para operar bancos supostamente autônomos em vários estados, questão repelida pelo *Bank Holding Company Act* de 1954), a atuação bancária interestadual só foi liberada em 1994, por meio do *Riegle-Neal Interstate Banking and Branching Efficiency Act*. Nada obstante, a lei manteve os poderes dos estados para definir todas as condições para que um banco externo passe a atuar no respectivo estado. O objetivo foi o de se aumentar a competitividade, mas o resultado foi o de permitir que os estados introduzissem, com maior vigor, barreiras à entrada para instituições externas [164].

Em outras palavras: o grande número de instituições financeiras nos Estados Unidos não representou, ou ainda representa, competitividade, mas sim o contrário. Representou historicamente a captura e o poder dos bancos dentro de cada estado da federação para limitar a concorrência.

A questão da competitividade, contudo, não se encerra aí.

Como já trazido, o *Glass-Steagall Act* separou as atividades de bancos comerciais e de investimento. Mesmo com o nobre intuito de se separar instituições com formas de captação diversas, acabou-se fortalecendo o segmento dos bancos de investimento pela diminuição da concorrência e por eles escaparem à regulação dos bancos comerciais [165].

Ademais, reitere-se que com o processo de desregulação, bancos comerciais passaram a competir com bancos de investimento por meio de instrumentos financeiros que, embora fossem diferentes juridicamente, possuíam as mesmas características. Em decorrência, o mercado concentrado e desregulado de bancos de investimento começou a se alastrar por outros nichos de mercado. Basicamente, "os mercados se tornaram mais interdependentes e, aparentemente, o mesmo pequeno número de instituições financeiras se tornou dominante dentro de múltiplos mercados" [166].

---

[163] ABRAMS, Burton; SETTLE, Russell. Pressure-group influence and institutional change: branch banking legislation during the Great Depression. *Public Choice*, Vol. 77, No. 4 (1993), p. 687-705.

[164] JOHNSON, Cristian; RICE, Tara. Assessing a decade of interstate branching. *Federal Reserve Bank of Chicago Working Paper* 2007-03, abril de 2007. p. 20.

[165] LITAN, Robert. Reuniting investment and comercial banking. *Cato Journal*, Vol. 7, No, 3 (Winter 1988). p. 803.

[166] CETORELLI, Nicola; HIRTLE, Beverly; MORGAN, Donald; PERISTIANI, Stavros; SANTOS, João. Trends in financial market concentration and their implications for market

Nesses casos, "a presença de pletora de pequenos bancos não reduz o poder"[167] dos grandes bancos, e isso é exemplificado pela incapacidade de os pequenos bancos competirem em alguns mercados, como por exemplo o de produtos estruturados e complexos.

Conforme será observado ao se tratar da crise do *subrime*, essa "competição" entre diferentes tipos de banco se deu de forma predatória [168], já que os requisitos regulatórios para cada forma de instituição financeira eram diferentes, com os grandes bancos impondo práticas que demandavam acompanhamento dos pequenos para que eles não viessem a falir, como a elevada alavancagem.

Mesmo no caso exclusivo dos bancos comerciais, havia presença de poder de mercado. Conforme se observou na Tabela 1 acima, com o início do processo de desregulação, há o achatamento dos bancos pequenos e médios e crescimento dos grandes bancos.

A existência de poder de mercado pode ser, também, observada sobre outra ótica: a partir da década de 1970, com mais força a partir de 1980, há forte lobby para desregulação do setor. Caso não houvesse poder no mercado, os agentes não teriam poder, tanto político quanto econômico, para mobilizar toda a estrutura legislativa e regulatória a seu favor.

Ademais, perceba-se que a isenção antitruste existente de fato nos Estados Unidos somente foi afastada em 1963, no caso *United States v. Philadelphia National Bank* [169].

Esclarece-se, assim, que, apesar de ser um sistema financeiro composto por vários bancos, associações de poupança e outras instituições, o setor bancário dos Estados Unidos não é sinônimo de mercado competitivo. Em

---

stability. *Federal Bank of New York Economic Policy Review*, Vol. 13, no. 1, 2007. p. 48.
[167] OCDE. *Bank Competition and financial stability*. OCDE Report, 2011. p. 17.
[168] Em seminal *paper* sobre o assunto, Keeley notou que a desregulação das décadas de 1970 e, principalmente, 1980 aumentou o risco moral e o problema de agência nas operações dos bancos, principalmente dos pequenos – haja vista a necessidade de concorrerem com os grandes. KEELEY, Michael. Deposit Insurance, Risk, and Market Power in Banking. *The American Economic Review*, Vol. 80, No. 5 (Dec., 1990). p. 1183-1200.
[169] Em seu voto, o *Justice* William Brennan rejeitou "a posição que bancos comerciais, em razão do alto grau de regulação governamental, ou em razão de lidarem com a intangibilidade do crédito e serviços ao invés da tangibilidade da manufatura ou da venda de commodities é, de alguma forma, imune aos efeitos anticompetitivos de uma concentração indevida" e que anotou que "não há razão para pensar que a concentração é menos hostil à liberdade da concorrência no setor bancário do que em outras indústrias de serviços". Tradução livre pelo autor.

verdade, sempre houve poder suficiente no mercado para que fosse permitida a atuação de agentes forçando seus próprios interesses em desfavor da concorrência.

2.1.4. Filosofia minimalista de regulação

Dando continuidade ao tópico anterior, é interessante notar que a posição de juristas e economistas segue um movimento pendular [170] quando se trata de regulação e concorrência no setor financeiro.

Na década de 1930, após a crise de 1929, era consensual que os mecanismos de mercado não funcionavam adequadamente por si só e, em decorrência, defendia-se forte regulação bancária. A partir da década de 1970 e mais fortemente na década de 1980, quando as determinações do *Glass-Steagall* se mostravam obsoletas, acreditava-se que as políticas regulatórias estatais eram, antes de soluções, problemas diretos e indiretos (por falhas de incentivos, ocasionando risco moral) que viriam a causar crises. A solução seriam, novamente, as forças de mercado [171].

Acompanhando esse movimento pendular teórico e filosófico, seguiram-se políticas econômicas que vieram a interferir em grande medida sobre a concentração de renda na economia, bem como sobre a estruturação do sistema financeiro.

---

[170] Robert Shiller fala em "ondas" de inovação regulatórias. Cf. SHILLER, Robert. Democratizing and humanizing finance. In: KROZSNER, Randall; SHILLER, Robert. *Reforming US Financial System: reflections before and beyond Dodd-Frank.* p. 16. O movimento não se restringe ao setor bancário, conforme observa Calixto Salomão Filho. Vide SALOMÃO FILHO, Calixto. *Regulação da atividade econômica.* p. 136-142.

[171] ALLEN, Franklin; GALE, Douglas. *Understanding financial crises.* p. 19. A última posição é, inclusive, a dos autores do livro que, categoricamente, expõe que "aqui a visão é a de que o governo é a causa de crises e não sua solução. As forças de mercado são a solução" (*Here the view is that government is the cause of crises and not the solution. Market forces are the solution*).

GRÁFICO 3 – PERCENTAGEM DA RENDA RECEBIDA PELOS 1% MAIS RICOS DA POPULAÇÃO NOS ESTADOS UNIDOS 1913-2011

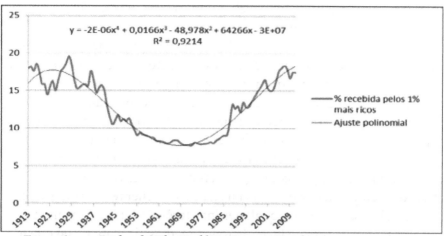

Fonte: Autor. Dados do *The World Top Incomes Database*.

Com a forte regulação financeira resultante da reação à crise de 1929, há forte queda na concentração de renda dos Estados Unidos – observável pelo pico existente em 1928 seguido de constante queda. Da mesma forma, é visível que a partir da década de 1980, com o movimento de desregulação, há forte movimento de concentração de renda, sendo que os níveis de concentração pré-crise de 1929 eram iguais aos de níveis pré-*subprime*[172]. Concentração financeira e concentração de renda mostraram possuir sentido direto, uma em relação à outra – ambas crescem e diminuem conjuntamente.

O movimento de liberalização e concentração não escapou ao setor financeiro. Os argumentos que passaram a dominar a retórica regulatória

---

[172] O movimento pendular é facilmente observável pela oscilação do Gráfico 03. Uma regressão polinomial de quarta ordem retorna um coeficiente de determinação (R^2) elevado, mostrando excelente ajuste dos dados a uma equação de natureza cíclica. Trata-se de consideração bastante singela estatisticamente, mas de bom poder ilustrativo. Os movimentos pendulares representam posições acadêmicas e políticas no sentido de regulação e desregulação quando se considera, respectivamente, que o mercado está operando ou de forma predatória ou ineficiente – demonstrando a característica reativa da regulação. Não se olvida, contudo, a importância de outras medidas como fundamentos na sensível variação da concentração de renda nos Estados Unidos, como a política fiscal do *New Deal* para superação da crise de 1929 ou, ainda, o contexto político-social, por exemplo, das Grandes Guerras.

a partir da década de 1980, e que serviram de base ao movimento de desregulação, eram os da autorregulação e das falhas de governo. Em especial, as ideias de Eugene Fama [173] a respeito da hipótese de eficiência de mercado tiveram grande influência e sustentaram uma revolução conservadora nas ciências econômicas [174].

Para exemplificar essa questão, Kevin Dowd argumenta que os economistas não conseguem dar explicações coerentes sobre o motivo de não se utilizar os mecanismos de mercado no sistema financeiro. Para o autor, mesmo no caso de um mercado imperfeito (ele expressamente cita que o mercado pode ter assimetria de informação), o *laissez-faire* seria uma opção viável: os bancos bons se diferenciariam dos bancos ruins, evitando o contágio, e precisariam ser claros e diligentes, já que ao existir mais risco (não havendo proteções como garantias de depósitos ou um Banco Central como emprestador de última instância), os clientes seriam mais exigentes. Na visão do autor, qualquer interferência estatal somente traria alteração na estrutura de incentivos dos agentes, de maneira tal que não haveria qualquer ganho de eficiência [175].

Seguindo, George Benston e George Kaufman apontam que só há duas razões para o sistema financeiro ser regulado: (i) limitar a competição e (ii) fornecer retorno e poder aos funcionários do governo. Para os autores, muitos dos problemas enfrentados pelos reguladores são criados por eles próprios – como exemplo, citam que a assunção excessiva de riscos advinda da condição de *moral hazard* seria praticamente eliminada caso a forma de utilização do seguro de depósito não conferisse incentivos equivocados e garantia de salvamento aos banqueiros [176].

Essa filosofia minimalista de regulação – que levou a uma concentração de renda, favoreceu o surgimento e conferiu maior importância aos grandes bancos – acrescida do medo das autoridades em alarmar a população e os investidores sobre a propagação dos problemas do mercado imobi-

---

[173] FAMA, Eugene. Efficient Capital Markets: A Review of Theory and Empirical Work. *The Journal of Finance*, Vol. 25, N. 2, Papers and Proceedings of the Twenty-Eighth Annual Meeting of the American Finance Association New York, maio, 1970. p. 383-417.

[174] SHILLER, Robert. Democratizing and humanizing finance. In: KROZSNER, Randall; SHILLER, Robert. *Reforming US Financial System: reflections before and beyond Dodd-Frank*. p. 21.

[175] DOWD, Kevin. The Case for Financial Laissez-Faire. *The Economic Journal*, Vol. 106, No. 436, Maio de 1996. p. 679-687.

[176] BENSTON, George. KAUFMAN, George. The appropriate role of bank regulation. In: The Economic Journal, Vol. 106, No. 436, Maio de 1996. p. 688-697.

liário norte-americano para os demais setores da economia, fizeram com que os órgãos financeiros responsáveis não agissem quando dos primeiros sinais de colapso.

2.2. Delineamento da crise do subprime.

A crise do *subprime* demonstrou todas as falhas advindas da filosofia minimalista de regulação e do consequente processo de desregulação iniciados ainda na década de 1970 e intensificados com a libertinagem regulatória pós-fusão Citicorp-Travelers em 1999.

Um marco exemplificativo da constatação acima foi a mudança de posicionamento do jurista Richard Posner, de viés pró-mercado [177], no início da crise. Já no prefácio de um de seus livros, o autor destaca que "alguns conservadores acreditam que a depressão é resultado de políticas governamentais imprudentes. Eu acredito que seja uma falha de mercado" [178]. O mundo foi, alegoricamente, "estapeado pela mão invisível" [179].

Não se sugere, com isso, uma visão simplista e maniqueísta de simples falha de mercado e de que um conjunto regulatório datado de 1933 (*Glass--Steagall*) ainda desse conta de uma nova realidade financeira, informatizada [180]. Tampouco que o governo não tenha, também, proporcionado uma

---

[177] Consideração merece ser feita a respeito da caracterização do autor. Posner historicamente possui posicionamento a favor das forças de mercado e da eficiência econômica, embora esse último ponto por si só já seja ponto de debate. Toda classificação se dá por caracteres arbitrários e possui intuito didático. Usou-se a expressão "pró-mercado" para não se incorrer em necessidade de definição de conceitos como liberal (que possui significados bem distintos dentro história econômica e dentro do contexto atual da política norte-americana) ou, ainda, neo-liberal.

[178] POSNER, Richard. *A failure of capitalism*. p. xii. Tradução livre. Por honestidade intelectual, convém ressaltar que Posner tentou amenizar o tom dado à sua obra "*failure of capitalism*". Já nas primeiras páginas de obra posterior, o autor se adianta às críticas levantadas por sua mudança de posicionamento, e expõe que não acredita que o capitalismo seja um sistema falido, como se infere do título da obra referenciada, mas tão somente que com um marco regulatório deficiente, a concorrência não levará a resultados socialmente ótimos. Cf. POSNER, Richard. *The crisis of capitalist democracy*. p. 01-02.

[179] A expressão faz uso irônico da "mão invisível" que, desde a obra de clássica de Adam Smith, guiaria o mercado a um equilíbrio eficiente sem necessidade de qualquer intervenção. Vide GORTON, Gary. *Slapped by the invisible hand*. p. 13.

[180] NÓBREGA, Maílson. Origens da Crise. In: GARCIA, Marcio. GIAMBIAGI, Fábio (org.). *Risco e regulação: Por que o Brasil enfrentou bem a crise financeira e como ela afetou a economia mundial*. p. 4-7. Na concepção do autor, o problema não foi o abandono da antiga legislação, mas sim

série de falhas de incentivos aos bancos e aos agentes privados, como já se pôde escrever em outra oportunidade [181].

Conforme será descrito a seguir, uma série de fatores contribuiu para formação e eclosão da crise, tanto em falhas de incentivos quanto em abusos de conduta no mercado. Para tanto, houve forte contribuição da estrutura regulatória e concorrencial patológica delineada no tópico acima.

Por fim, deve-se salientar que o presente subtítulo tem como intuito explicar de maneira breve e enumerada a crise do *subprime* – observando os momentos relevantes pré, durante e pós-colapso. Para maiores nuances, discussões políticas e outros enfoques, diversas obras são referenciadas no transcorrer do texto.

2.2.1. Inicialmente: entre origem e propagação da crise
Antes do início do tratamento da crise do *subprime*, deve ser salientado que as condições de origem são diferentes das condições de propagação de uma crise.

A primeira observação a ser feita é que somente um mercado detinha todas as condições necessárias para originar uma crise da dimensão do *subprime*: o dos Estados Unidos.

As condições foram delineadas acima: agentes de mercados tidos como distintos competiam um com os outros por capital; marco regulatório lacunoso e constantemente subjugado; pletora de reguladores sem competências definidas; ausência de preocupação macroprudencial; para enumerar alguns. Nas palavras de Ian MacFarlane, ex-presidente do Banco Central australiano (*Reserve Bank of Australia*), "qualquer coisa teria sido melhor que o sistema americano" [182].

Em que pese essa consideração, a crise não foi exclusivamente norte-americana. Não se pode escapar ileso de um movimento recessivo mundial. A propagação foi ampla e dependeu da interdependência entre os

---

problemas advindos com a falta de uma nova regulação apta a dar conta de uma nova ordem financeira.
[181] MATTOS, Eduardo; PACE, Filipe. Crise, regulação e a falácia do Estado salvador. *Revista Jurídica Themis*, No. 21 (2010). p. 189-200.
[182] MACFARLANE, Ian. The crisis: causes, consequences and lessons for the future – the Australian perspective. In: *Australian Securities and Investment Commition (ASIC) Summer School Report*, 2009. p. 44. Tradução livre pelo autor.

mercados financeiros dos países, das estruturas de financiamento dos bancos, além de fatores econômicos como as políticas fiscal e monetária.

Contudo, não se quer relegar a segundo plano o fato de mercados financeiros internacionais terem demonstrado fragilidade, mas sim perceber as peculiaridades que permitiram a eclosão da crise em seu local e momento de origem e notar que as reformas necessárias são adaptáveis a outros países [183].

2.2.2. Origens da crise anteriores ao estouro da bolha [184]
Parte da população norte-americana foi renegada a segundo plano quando se tratava da concessão de empréstimos e financiamentos para residências. Esse fenômeno tinha tanto um caráter social – crédito desproporcionalmente racionado, e por vezes inexistente, para classes sociais mais baixas – quanto um caráter racial – negros recebiam menos empréstimos do que brancos da mesma classe social e as diferenças tendiam a crescer ainda mais nas classes sociais mais abastadas. Essa constatação em muito precede a crise do *subprime* [185].

A partir da década de 1980, bancos observaram nas classes mais baixas um nicho de mercado a ser explorado. Em decorrência dos históricos de baixo crédito e baixa renda das famílias (consumidores com grandes riscos de contraparte, ou seja, risco de não adimplirem os contratos), os juros cobrados poderiam ser (e de fato foram) abusivos e predatórios. Vendiam-se produtos financeiros complexos para clientes de alta renda, suportados pela diversificação das hipotecas que cobravam altos juros de clientes de

[183] SHILLER, Robert. *The subprime solution*. p. 15-16.
[184] Pelo fato de a crise se tratar de um fenômeno complexo e amplo, qualquer corte temporal se dá por motivos arbitrários, para favorecer determinada abordagem. Poder-se-ia, por exemplo, remontar até mesmo às regulações preconizadas no *Glass-Steagall Act*. Stiglitz opta, por motivos de brevidade, em iniciar pela bolha das empresas ponto-com, no início dos anos 2000. STIGLITZ, Joseph. *Freefall*. p. 04. No presente trabalho, analisa-se a partir das políticas governamentais de incentivo à compra da casa própria, conferindo enfoque ainda não encontrado na literatura nacional.
[185] BRADFORD, Calvin. *Risk or Race? Ratial disparities of subprime refinance market*. p. 03. Ressalte-se que esse material é datado do ano de 2002 e os dados utilizados refletem a realidade do início dos anos 2000. Contudo, deve ser feita a ressalva de que a matéria sobre discriminação de crédito ainda é controversa, sendo que autores discutem até mesmo questões basilares, como a definição de discriminação ou como ela se configuraria num mercado de crédito. Para uma abordagem compreensiva a respeito dessas constatações inconclusivas, veja-se DYMSKI, Gary. Discrimination in the credit and housing markets: findings and challenges. In: RODGERS III, William. *The Handbook on the economics of discriminaton*. p. 215-259.

baixa renda – e os bancos passaram, então, a obter mais renda de produtos financeiros do que do *spread* bancário [186].

Daí advém o nome *subprime*: as pessoas que recebiam empréstimos não eram os clientes na primeira linha de crédito, configurando relação de alto risco com o banco e outros envolvidos na operação.

Essa concessão de empréstimo com grande risco de contraparte era incentivada por dois grupos de interesse: (i) dos banqueiros, que ganhavam muito dinheiro com o novo mercado e (ii) do próprio governo, pois a administração Clinton objetivava que bancos concedessem crédito *subprime* para permitir acesso de uma população de menor renda à casa própria [187].

O governo reiterou o incentivo ao consumo imobiliário em outra frente. Os juros pagos para aquisição de imóveis eram passíveis de abatimento no valor a ser anualmente tributado dos contribuintes. Gregory Mankiw ressalta que nos Estados Unidos "ao calcular sua renda tributável, o proprietário pode subtrair parte do custo de possuir um imóvel, mas não precisa acrescentar nenhum dos benefícios" [188].

Em complemento a esse movimento, países emergentes deixaram de ser tomadores de empréstimos dentro do mercado financeiro norte-americano. Com as diversas crises existentes em nações em desenvolvimento durante a década de 1990 – crises na Turquia, Rússia, Brasil e Argentina, por exemplo –, esses países tornaram-se receosos quanto ao excesso de endividamento externo. Isso fez com que mercados emergentes se tornassem poupadores internacionais e não mais consumidores de capital financeiro americano [189], retirando das instituições financeiras um mercado anteriormente muito bem explorado.

---

[186] DYMSKI, Gary. Why the subprime crisis is different: a Minskyian approach. *Cambridge Journal of Economics*, 2010, 34. p. 245-246.

[187] GORTON, Gary. *Slapped by the invisible hand*. p. 66. A mesma posição é compartilhada por Tirole. Vide TIROLE, Jean. Lessons from the crisis. In: DEWATRIPOINT, Mathias; ROCHET, Jean-Charles; TIROLE, Jean. *Balancing the banks: global lessons from the financial crisis*. p. 13-14.

[188] MANKIW, N. Gregory. *Macroeconomia*. p. 370-371. O próprio professor de Harvard ainda coloca que muitos economistas criticam esse tratamento tributário preferencial, de deduzir os juros do financiamento habitacional do imposto de renda, o que também veio a favorecer o crescimento da futura bolha.

[189] DIAMOND, Douglas; RAJAN, Raghuram. The credit crisis: conjectures about causes and remedies. *The American Economic Review*, Vol. 99, No. 2, Papers and Proceedings of the One Hundred Twenty-First Meeting of the American Economic Association (May, 2009), p. 606.

Ademais, alguns autores observam o início do que veio a definir o cenário da crise a partir do início dos anos 2000, quando o Fed abaixou sensivelmente a taxa de juros norte-americana, em decorrência do estouro da bolha das empresas de internet – chamada de bolha das empresas ponto-com –, sendo mantida em 1% até julho de 2004 [190].

Vivia-se um período de extrema liquidez e facilidade de crédito. Com isso os bancos norte-americanos passaram a um menor rigor quanto a suas garantias (renda do devedor comprovada, bom histórico de pagamento de empréstimos, etc.) na concessão de empréstimos.

"Incentivos ruins com informações ruins levam a comportamentos ruins" [191]. Agentes financeiros, então, aproveitaram-se das condições oferecidas no mercado e o resultado veio a ser desastroso.

2.2.3. O mercado (de crédito) imobiliário norte-americano
Assim como a definição clássica de uma crise financeira, vista em tópico anterior, na crise do *subprime* um ativo foi sobrevalorizado (imóveis) e quando se estourou a bolha, houve desordem financeira tanto nos Estados Unidos quanto em outros países que mantinham ligações financeiras fortes entre si [192].

Conforme citado anteriormente, o chamado *subprime* é o ramo do mercado de crédito imobiliário, embora existente também em outras áreas, considerado de terceira linha ou mesmo podre – alguns dos tomadores eram chamados de NINJA's, uma sigla em inglês para *No Income, No Jobs or Assets*, que em português significa "sem renda, emprego ou ativos/patrimônio". Em resumo: os bancos concediam crédito para pessoas sem perspectiva de honrá-los [193].

O incentivo que a população tinha para a tomada destes empréstimos, grosso modo, era a crença na valorização dos imóveis, já que a economia crescia e os preços dos imóveis tinham altas constantes. Pode-se

---

[190] SCOTT, Kenneth. The financial crisis: causes and lessons. *Journal of Applied Corporate Finance*, Vol. 22, No. 3, Dec., 2009. p. 8.
[191] TIROLE, Jean. Lessons from the crisis. In: DEWATRIPOINT, Mathias; ROCHET, Jean-Charles; TIROLE, Jean. *Balancing the banks: global lessons from the financial crisis.* p. 10. Tradução livre pelo autor.
[192] TAYLOR, John. The financial crisis and the policy responses: an empirical analysis of what went wrong. *NBER Working paper* n. 14631, jan., 2009. p. 01-02.
[193] MELLO, Pedro C. de; SPOLADOR, Humberto. *Crises Financeiras: quebras, medos e especulações de mercado.* p. 211-213.

indicar como fator relevante, da mesma forma, a falta de proteção dos consumidores nos contratos bancários, pois às famílias eram ofertadas taxas reduzidas durante os primeiros anos do contrato, com uma posterior elevação exponencial.

Os bancos, por sua vez, tinham total interesse na expansão do mercado. Caso as hipotecas não fossem pagas, as instituições simplesmente tomariam de volta o imóvel e o venderiam a preço de mercado. Caso fosse paga uma entrada substancial antes de ser financiado o imóvel, e caso os preços não caíssem demasiadamente, os bancos estariam seguros. Por exemplo, se os bancos demandassem uma entrada para realização do financiamento em cerca de 20% do imóvel, caso o cliente não adimplisse, o banco tomaria o imóvel de volta e não teria prejuízo mesmo se os imóveis tivessem uma desvalorização de 20% [194].

Com o afrouxamento proporcionado pela desregulação, bancos passaram a conceder empréstimos mesmo sem garantias ou sem entradas. Para compensar essa assunção de riscos, os bancos optaram por securitizar esses créditos hipotecários juntamente com outros créditos de toda sorte (como estudantis, de cartão de crédito e vários outros), formando os chamados CDO's (*Collaterized Debt Obligations*).

Depois de feita a securitização, os bancos pagavam agências de *rating* (classificação de risco) para avaliarem o pacote e darem a ele uma "nota" que indicaria o risco associado ao pacote. Esses CDO's eram vendidos no mercado como títulos quaisquer e, com uma alta classificação dada pelas agências de *rating*, eram tidos como investimento seguro. Dividiam-se, ainda, os títulos em frações (*tranches*), sendo que alguns créditos teriam ordem de preferência (seriam mais seguros e com menor retorno) em relação a outros dentro do mesmo pacote securitizado, sendo que o investidor escolheria dentro de qual segmento de risco/retorno pretenderia direcionar seu capital [195].

Os bancos, então, se utilizaram de um sistema chamado de "originar e distribuir": eles originavam risco e o distribuíam. Em outras palavras, os bancos criavam um título lastreado em contratos de crédito, mas quem assumia o risco de inadimplemento dos contratos de crédito (principalmente das hipotecas) eram os investidores dos títulos. Fica evidente a falha de incen-

---

[194] POSNER, Richard. *A failure of capitalism*. p. 20.
[195] POSNER, Richard. *A failure of capitalism*. p. 50.

tivos proporcionada pelo sistema "originar e distribuir" – lucro sem risco – o que fez com que explodisse o número de operações com CDO's.

Retomando a metáfora que compara uma crise financeira com uma criança em uma bicicleta, somente será mantida a estabilidade econômica se seguir existindo continuidade no movimento em sentido adiante. Quando a criança desacelera na bicicleta, tende a se desequilibrar.

A metáfora se aplica perfeitamente à economia estadunidense. Quando o preço das casas atingiu seu pico e deu sinais de que não mais suportaria os níveis de crescimento de outrora, a inadimplência se elevou, os preços caíram abruptamente e teve-se o estouro da bolha, como é facilmente observado com auxílio do gráfico abaixo.

GRÁFICO 4 – ÍNDICE DE PREÇOS DE IMÓVEIS RESIDENCIAIS E TAXA DE INADIMPLÊNCIA DE 30 DIAS EM IMÓVEIS RESIDENCIAIS NOS ESTADOS UNIDOS – 2002Q1-2012Q1

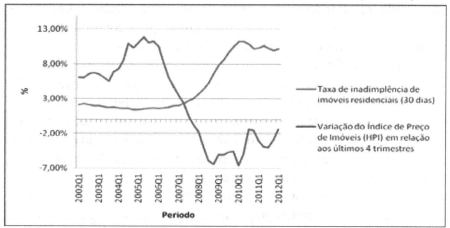

Fonte: Autor. Dados do Federal Reserve e Federal Housing Financing Agency

O índice de preço de imóveis HPI, da *Federal Housing Financing Agency*, em relação aos últimos quatro períodos trimestrais (o que configura, por cálculo simples, os doze meses anteriores ou último ano) teve redução em seu ritmo de crescimento a partir do início de 2006 e a inadimplência de imóveis residenciais no prazo de trinta dias começa a subir levemente com a estabilidade dos preços dos imóveis. Quando a variação de preços dos imóveis se iguala aos níveis percentuais de inadimplência, tem-se a elevação exponencial nos *defaults* das hipotecas (ausência de quitação das obrigações hipotecárias).

Quando o preço dos imóveis começou a cair, os devedores *subprime*, com baixa capacidade de pagamento, não tinham mais a expectativa de compensar os juros de hipoteca com a valorização de seus imóveis e começaram a não mais quitar seus débitos.

A bolha não mais se sustentava. E por mais que as variações na inadimplência não tenham sido gigantescas, o mercado estava tão inflado e as instituições financeiras tão alavancadas que elas tornaram-se líquidas em pouco tempo.

2.2.4. O contágio de todo sistema financeiro norte-americano

Acontece que a dita crise do *subprime* não foi algo limitado ao setor imobiliário norte-americano. Muito pelo contrário. Os problemas das hipotecas simplesmente serviram para fazer derreter sistemas financeiros ao redor do mundo, mostrando várias fragilidades que serão analisadas no transcorrer do trabalho. A partir desse ponto, começa-se a confundir os mecanismos de origem e os mecanismos de propagação da crise.

Pelo viés da oferta, os pacotes de créditos, CDO's, foram vendidos em massa não apenas pelas empresas hipotecárias do governo (chamadas de *Government Sponsored Enterprises*, GSE's, cujos casos famosos são do Freddie Mac e Fannie Mae, que a princípio securitizavam somente créditos hipotecários), mas por todo setor bancário privado. Do lado comprador, tinha-se toda uma cadeia internacional de investidores [196], que vão desde fundos de pensão estatais, fundos de *hedge*, até especuladores.

As primeiras demonstrações de problemas de liquidez foram sentidas em um curto espaço de tempo por instituições que não figuravam entre os principais bancos de investimento, considerando a escalada da inadimplência a partir do final de 2006, conforme exposto acima.

Em agosto de 2007 o Countrywide Financial Corporation precisou de auxílio de liquidez fornecido por uma série de instituições financeiras. Contudo, a ajuda não foi suficiente e o banco foi vendido para o Bank of America em janeiro de 2008 [197].

---

[196] SCOTT, Kenneth. The financial crisis: causes and lessons. *Journal of Applied Corporate Finance, Vol. 22, No. 3*, Dezembro de 2009. p. 9-10.

[197] DEZORDI, Lucas. *A condução das políticas econômicas em um ambiente de fragilidade financeira: uma abordagem pós-keynesiana*. Tese de doutorado: UFPR/PR, 2010. p. 38.

Posteriormente, um sinal de alerta foi dado ao mercado com o resgate do banco de investimento Bear Stearns em março de 2008, que era então uma das cinco maiores instituições de investimentos dos Estados Unidos. Considerava-se que o banco tinha uma rede de conexões ampla com outras instituições financeiras e investidores, aumentando a exposição global e uma crise mais severa no caso de uma corrida bancária. Então, com um auxílio maciço do Fed (que a princípio nada teria em relação ao Bear Stearns, já que este nunca se submetera à regulação daquele), o banco foi incorporado pelo JP Morgan [198] na primeira fase de uma operação conhecida como *Maiden Lane*, para salvamento do sistema financeiro.

É em setembro de 2008 que a situação se mostrou complemente insustentável e tem início um período de pânico e medo no sistema financeiro norte-americano. Fannie Mae e Freddie Mac deviam US$ 5,4 trilhões em dívidas de hipotecas e foram tomadas para controle direto do governo no dia 7; o banco de investimento Merril Lynch teve uma venda forçada ao Bank of America no dia 14; o banco de investimento Lehman Brothers pediu falência no dia 15 e a companhia de seguros AIG recebeu um empréstimo do Fed no valor de US$ 85 milhões no dia 16 [199].

Em especial, a quebra do Lehman Brothers é tida como o estopim da crise que levou o mundo todo a uma recessão. Pergunta-se o porquê de se ter deixado um banco grande falir. Inicialmente, deve-se observar que o banco de investimento não estava sujeito às regulações do Fed e, portanto, não poderia receber qualquer tipo de auxílio dele, tampouco do seguro do FDIC. E quanto ao caso semelhante do Bear Stearns?

A resposta é que as autoridades, pelo menos em algum grau, pretendiam mostrar que os bancos não seriam sempre tirados dos problemas que eles próprios criaram por assumirem riscos excessivos – o problema do risco moral. Além disso, acreditava-se que o Lehman Brothers estivesse em piores condições e não tivesse uma cadeia de inter-relação com outras estruturas financeiras como tinha o Bear Stearns. Michael Bordo sugere

---

[198] BORDO, Michael. An historical perspective of the crisis of 2007-2008. *NBER Working Paper* nº. 14569, Dec., 2008. p. 03-04
[199] SCOTT, Kenneth. The financial crisis: causes and lessons. *Journal of Applied Corporate Finance, Vol. 22, No. 3*, Dezembro de 2009. p. 11.

até mesmo que se o Bear Stearns não tivesse sido ajudado pelo Fed em março, a quebra generalizada poderia não ter ocorrido em setembro [200].

Interessante notar também em apartado a situação da American International Group (AIG).

A AIG é uma empresa que atua em amplos setores de seguro, entre eles o financeiro. Por meio de um instrumento chamado de *Credit Default Swaps* (CDS's), a AIG, através de sua subsidiária financeira (AIG Financial Products Corp.) auxiliou na propagação da crise do *subprime*. O CDS é um instrumento privado pelo qual a seguradora se compromete a compensar o segurado, recebendo valor acordado como contraprestação, caso ocorra dado problema creditício, como o inadimplemento [201] Até esse ponto, embora com algumas diferenças operacionais, trata-se de uma forma de contrato que em muito se assemelha com contratos tradicionais de seguro.

O problema se configura quando se percebe a maneira pela qual os CDS's eram utilizados. Por essa ferramenta, os bancos pagavam um valor para receberem um prêmio caso os CDO's viessem a ser inadimplidos – segurou-se um instrumento que já era um título securitizado complexo e que possuía imensidão de riscos de contraparte e em vários graus (*tranches*). Caso essa situação por si só já não se mostrasse espinhosa, os CDS's eram também vendidos no mercado de balcão [202], sem acompanhamento da SEC, para terceiros (e não somente serviam para garantir o segurado), o que fez com que eles se tornassem muito semelhantes aos CDO's. Agrupavam-se série de créditos segurados e vendia-se em balcão um "derivativo securitizado de títulos securitizados".

Para encerrar a cadeia especulativa e de crédito, os bancos apostavam contra seus próprios ativos (as garantias imobiliárias dos CDO's) ao serem investidores frequentes no mercado de seguros CDS's. Dessa forma, os bancos, em última instância, estavam garantindo (em condição próxima a de seguradores) créditos que eles próprios e outras instituições financeiras possuíam [203].

---

[200] BORDO, Michael. An historical perspective of the crisis of 2007-2008. *NBER Working Paper* No. 14569, Dec., 2008. p. 04 e 14.
[201] SJOSTROM, William. The AIG bailout. *Washington & Lee Law Review*, No. 66, 2009. p. 947-948 e 952.
[202] SJOSTROM, William. The AIG bailout. *Washington & Lee Law Review*, No. 66, 2009. p. 951.
[203] POSNER, Richard. *A failure of capitalism*. p. 58. Cerca de U$ 380 milhões do portfólio da subsidiária financeira da AIG serviam para contornar requerimentos regulatórios de ga-

Com isso, ficou montada uma imensa pirâmide, com todo sistema financeiro contaminado, cuja garantia era, ao fim e ao cabo, o crédito em si. O preço dos imóveis de fato se elevou acima de níveis compatíveis com o crescimento econômico americano, mas foi uma cadeia de securitização e mercado desregulado de derivativos que espalhou os riscos por toda a economia estadunidense e àqueles com fortes vínculos com a indústria bancária do país [204].

2.2.5. A chegada da crise ao lado real (produtivo) da economia

O grande problema advindo do excesso de securitização do mercado hipotecário americano foi o de que, com a divisão e pulverização dos riscos, mercados que estariam, por si só, em posições estáveis foram atingidos quando a catástrofe acometeu os bancos [205].

Empresas que apresentam necessidades de financiamento externo, via de regra, sempre sofrem efeitos de crises em qualquer intensidade no setor bancário. E quanto maior a dependência de financiamento, maior o baque sentido por esse grupo de empresas, por mais que não atuem diretamente no setor financeiro [206].

Com a crise do *subprime*, a história se repetiu. Por um lado, empresas com necessidade de financiamento externo sofreram choque de liquidez, o que acabou sendo manifestamente materializado na redução da produção e valor de mercado dessa categoria de empresas. Por outro lado, mesmo

---

rantias em bancos europeus, mostrando a abrangência mundial do crédito e a falta de uma contrapartida real. Vide SJOSTROM, William. The AIG bailout. *Washington & Lee Law Review*, No. 66, 2009. p. 956.

[204] Interessante notar que alguns países tiveram altas nos preços dos imóveis proporcionalmente muito maiores que aquela havida nos Estados Unidos. Como exemplo, poder-se-iam citar os casos de Irlanda, Espanha, Reino Unido e Nova Zelândia. O que houve de especial nos Estados Unidos foi a diluição dos riscos por meio de derivativos e de maquilagem de balanços. DIAMOND, Douglas; RAJAN, Raghuram. The credit crisis: conjectures about causes and remedies. *The American Economic Review*, Vol. 99, No. 2, Papers and Proceedings of the One Hundred Twenty-First Meeting of the American Economic Association (May, 2009), p. 606.

[205] POSNER, Richard. *A failure of capitalism*. p. 55. Posner aponta que os grandes *defaults* de hipotecas não se deram em nível nacional, mas principalmente em alguns estados, como Califórnia, Arizona, Nevada e Flórida, mas que a diversificação dessas hipotecas em ativos financeiros fez com que o inadimplemento atingisse todo o mercado hipotecário e, posteriormente, financeiro (p. 53).

[206] DELL'ARCCIA, Giovanni; DETRAGIACHE, Enrica; RAJAN; Raghuram. The Real Effect of Banking Crises. *Journal of Financial Intermediation*, Vol. 17, 2008, p. 89–112.

empresas sem grande necessidade de dívida bancária para financiamento tiveram sua produção e consumo reduzidos em decorrência da quebra de confiança e falta de recursos disponíveis por parte dos consumidores [207].

Os impactos na atividade produtiva foram sentidos de maneira imediata. Primeiramente, houve uma série de demissões no próprio setor financeiro, com o número de cortes de pessoal na casa de centenas de milhares [208].

Outras indústrias foram notoriamente afetadas. A mais conhecida é a automobilística. Essa indústria é caracterizada por depender de crédito bancário e da confiança do mercado consumidor [209], justamente focos de problema da crise do *subprime*. Ford, General Motors e Chrysler entraram em sérias dificuldades financeiras e precisaram da intervenção direta do governo americano para conseguirem se reerguer (no caso da Chrysler, houve a compra da participação majoritária da empresa pela FIAT).

Para sumarizar e demonstrar os efeitos da crise financeira de 2008 no lado produtivo da economia, basta que se analise o gráfico abaixo, que demonstra a evolução do Produto Interno Bruto a preços constantes (já desconta o efeito inflacionário) e do desemprego nos EUA.

---

[207] TONG, Hui; WEI, Shang Jim. Real effects of the subprime mortgage subprime crisis: is it a demand or finance shock? *IMF Working Paper*, Vol. 186, jul. 2008. p. 23.

[208] A situação já era preocupante antes mesmo do estopim em 2008. CNN MONEY. *Subprime layoffs head for record*. 19 de setembro de 2007. Disponível em <http://money.cnn.com/2007/09/19/real_estate/subprime_layoffs/index.htm>. Acesso em 21/04/2013.

[209] THE ECONOMIST. *The car industry: the big chill*. 15 de janeiro de 2009. Disponível em <http://www.economist.com/node/12926505>. Acesso em 22/04/2013.

GRÁFICO 5 – VARIAÇÃO ANUAL (%) DO PIB E DO DESEMPREGO (% DA POPULAÇÃO ECONOMICAMENTE ATIVA OCUPADA) DOS ESTADOS UNIDOS – 2004-2012.

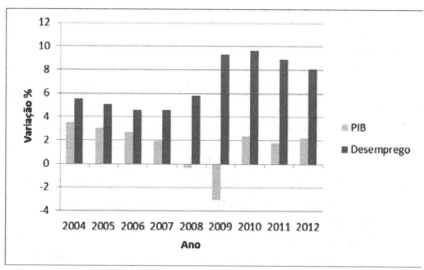

Fonte: Autor. Dados do FMI.

Devido à excelente e quase constante utilização da capacidade industrial disponível (instalada), os Estados Unidos apresentaram crescimento moderado e comedido no transcorrer da primeira década dos anos 2000. É um padrão histórico o país crescer cerca de 3% ao ano, sendo uma constatação corriqueira [210]. Todavia, a crise do *subprime* atingiu prontamente a economia norte-americana, que em 2008 recuou 0,33% em relação a 2007 e se apresentou com firmes consequências em 2009, ano no qual o PIB retrocedeu 3,06%.

Quanto ao desemprego, nota-se que ele esteve em níveis administráveis no país, próximos a 5% da população economicamente ativa. Entretanto, o desemprego saltou ainda em 2008, logo quando eclodiu a crise, e teve impacto ainda mais forte em 2009.

A evidência deixa claro o impacto da crise do lado produtivo da economia, não tendo sido um evento restrito ao círculo financeiro.

Notando a gravidade e impactos do colapso bancário, o governo norte-americano tomou uma série de medidas para, primeiramente, auxiliar o sistema financeiro e, posteriormente, evitar que a situação viesse a se repetir.

[210] POSNER, Richard. *The crisis of capitalist democracy*. p. 02.

2.3. Respostas regulatórias no mercado norte-americano

Robert Shiller notou que, em tempos pós-crise, é comum que haja a pressão social em se retroagir a tempos com métodos e práticas financeiras mais simples. Entretanto, adverte, isso seria um erro, já que as modernas teorias de finanças são, também, importante instrumento para o crescimento econômico e avanço social [211].

Em que pese essa advertência, o momento é de aprendizado e reforma. Para o referido autor, inclusive, é chegado o momento de serem repensadas as bases teóricas da regulação financeira. Para ele, "a hipótese de eficiência de mercado é um dos erros mais marcantes da história do pensamento" [212].

As reformas adotadas para superação do colapso financeiro ainda são objeto de discussão, mas é interessante perceber o rumo tomado nas modificações implementadas. A ideia inicial era a de proteger os consumidores e, ao mesmo tempo, reduzir os subsídios que distorciam o mercado [213]. Serão percebidos, no próximo capítulo, pontos de convergência e divergência com o modelo concorrencial e regulatório bancário brasileiro.

Será observado oportunamente que várias das modificações propostas e efetivadas no mercado financeiro norte-americano já são realidade dentro da sistemática brasileira, como um sistema centralizado de fiscalização financeira e, ao mesmo tempo, flexível para auxiliar instituições financeiras em momentos de crise.

2.3.1. O Blueprint de Henry Paulson

Quando os impactos do *subprime* se mostraram grandes o suficiente para não mais existir a possibilidade de se negar sua existência ou, como foi feito na retórica oficial do mercado e da administração Bush, restringir seus efeitos ao mercado hipotecário, o Tesouro norte-americano reconheceu a necessidade de se reformular o sistema financeiro do país, em um

---

[211] SHILLER, Robert. *The subprime solution*. p. 14-15.
[212] SHILLER, Robert. Democratizing and humanizing finance. In: KROZSNER, Randall; SHILLER, Robert. *Reforming US Financial System: reflections before and beyond Dodd-Frank*, p. 30. Tradução livre pelo autor.
[213] TIROLE, Jean. Lessons from the crisis. In: DEWATRIPOINT, Mathias; ROCHET, Jean-Charles; TIROLE, Jean. *Balancing the banks: global lessons from the financial crisis*. p. 47.

plano que ficou conhecido pelo título do documento e pelo nome do então Secretário do Tesouro, Henry Paulson, ainda durante o governo Bush [214].

Na introdução do documento, ao se expor os motivos da necessária reformulação do sistema financeiro, argumentou-se que o marco regulatório estava obsoleto para a atual estrutura financeira do país, ainda mais em um contexto de globalização financeira. Além disso, a nota que marca o documento é a de que o arcabouço era redundante (e, em razão disso, omisso por problema na divisão de competências) e ineficiente no quesito da qualidade da supervisão. Diferentes agências tinham suas competências dadas em razão das atividades desenvolvidas pelas instituições financeiras que regulavam, mas essa distinção entre atividades não era mais nítida. Faltavam, também, formas de coordenação nas ações dos diversos reguladores na contenção e administração de risco sistêmico [215].

Pelas recomendações, a regulação deverá deixar de ser feita com foco exclusivo nas instituições financeiras, analisadas individualmente e por meio de técnicas micro (como análise de balanços), passando a focalizar determinados objetivos, estipulados tendo como base a interconexão existente entre diversos mercados.

A regulação por objetivos focaria em três pilares: (i) estabilidade do mercado financeiro, (ii) regulação prudencial e (iii) proteção dos consumidores. Cada um desses objetivos seria atribuído a um dado regulador, respectivamente o Fed, um regulador financeiro prudencial a ser criado (último tópico do presente capítulo) e regulador de condutas no mercado financeiro, também a ser criado [216].

Identificadas as deficiências regulatórias, o documento faz recomendações de curto, médio e longo prazo.

Em curto prazo, recomenda-se que haja maior controle das origens das hipotecas, para evitar movimento especulativo sem se perceber que

---

[214] DEPARTMENT OF THE TREASURE. *Blueprint for a modernized financial regulatory structure*. Março de 2008.

[215] DEPARTMENT OF THE TREASURE. *Blueprint for a modernized financial regulatory structure*. Março de 2008. p. 2-5. Conforme visto no tópico que versa sobre o sistema dito dual de regulação, os bancos comerciais podem ser regulados federalmente pelo Fed, FDIC e OCC. Associações de poupança (*thrifts*) eram reguladas pela extinta OTC. Para o mercado de futuros, há a regulação do CFTC. Para valores mobiliários existe a SEC. Além disso, existem mais de 50 reguladores estaduais de bancos e empresas de seguros. Vide ponto 2.1.2.

[216] MCDONALD, Gordon. Comparing the Paulson Blueprint and the Geithner White Paper. *The PEW Economic Policy Department background Note #2*. p. 2.

existe uma pirâmide de crédito sobre crédito. Segundo, devem-se utilizar mecanismos hábeis (transparentes, eficientes e seguindo critérios) de provisão de liquidez, já que durante a crise o Fed emprestou dinheiro, sem um conjunto de condições pré-estabelecidas, até mesmo para instituições não financeiras [217].

Em médio prazo, as indicações são de cunho mais operacional. O plano recomenda que as associações de poupança, em especial aquelas com participações estatais (como Fannie Mae e Freddie Mac), passem a operar com licenças de bancos nacionais e que com isso sejam reguladas como tal, devido à forma como essas instituições se comportaram durante a crise. O Tesouro também recomenda que bancos de licenças estaduais sejam mais fortemente regulados e por um único regulador, que poderia ser tanto o Fed quanto o FDIC (o plano deixa a escolha para estudo posterior que defina qual transição seria melhor e menos custosa). Em outra frente, recomenda-se que os vários sistemas de pagamento existentes nos Estados Unidos sejam substituídos por um sistema de pagamento nacional, fiscalizado pelo Fed. Ademais, o relatório aponta que nunca houve forte participação regulatória estatal no mercado de seguros e que, por isso, não há qualquer uniformidade legislativa entre os estados, sendo então recomendada a criação de um regulador federal "ótimo". Por fim, recomenda-se também que os reguladores de mercados futuros (CFTC) e de valores mobiliários (SEC) sejam unificados [218].

Em longo prazo, o documento ressalta a importância da consecução de um sistema financeiro "ótimo", baseado na regulação por objetivos e com os três pilares de estabilidade financeira, regulação prudencial e proteção dos consumidores [219].

2.3.2. O Plano White Paper de Timothy Geithner

Com a vitória nas eleições presidenciais norte-americanas, o presidente Obama indicou Timothy Geithner como Secretário do Tesouro norte-

---

[217] DEPARTMENT OF THE TREASURE. *Blueprint for a modernized financial regulatory structure*. Março de 2008. p. 78-88.
[218] DEPARTMENT OF THE TREASURE. *Blueprint for a modernized financial regulatory structure*. Março de 2008. p. 89-136.
[219] DEPARTMENT OF THE TREASURE. *Blueprint for a modernized financial regulatory structure*. Março de 2008. p. 137-182.

-americano. Já em 2009 foi publicado outro documento sobre a necessária reforma regulatória no sistema financeiro estadunidense [220].

Assim como o *Blueprint*, o foco do plano *White Paper* migra das instituições financeiras individualmente e passa para a "rede de fluxos financeiros e para as interconexões que o compõem" [221]. O plano se subdivide em recomendações para (i) tornar a supervisão financeira robusta; (ii) estabelecer mecanismos compreensíveis de supervisão; (iii) proteger consumidores e investidores de abusos; (iv) fornecer ao governo ferramentas para combate às crises financeiras; (v) ampliar padrões internacionais de regulação financeira e formas de coordenação de atividades pelos reguladores.

O plano propõe uma série de medidas a serem implementadas por meio de legislação específica. Recomenda-se a criação de um regulador macroprudencial, o enrijecimento dos requisitos regulatórios prudenciais para bancos, o fechamento das lacunas regulatórias proporcionadas pelo sistema de competência muito subdividido. Aconselha-se, da mesma forma, que derivativos, produtos securitizados e valores mobiliários negociados em balcão sejam regulados de forma clara e abrangente. Sugere-se que o Fed tenha autonomia e liberdade para auxiliar instituições por meio de acesso a uma série de mecanismos (como redesconto, fechamento de contas por meio do sistema pagamentos, dentre outros). Além disso, recomenda-se seja criada uma agência independente para proteção de consumidores e investidores. Por fim, recomenda-se maior esforço internacional para uma regulação financeira forte e capaz em um mercado globalizado, como o financeiro [222].

Em comum com o *Blueprint* de Paulson, o plano de Geithner recomendava a extinção da OTS, a criação de uma agência para proteção de consumidores, que houvesse maior controle sobre pacotes de investimentos (o plano de Paulson falava especificamente nas origens de hipotecas), que

---

[220] DEPARTMENT OF THE TREASURE. *Financial regulatory reform, a new foundation: Rebuilding financial supervision and regulation*. Junho de 2009.
[221] CARNEIRO, Dionísio; DE BOLLE, Monica Baumgarten. As propostas americanas: o Blueprint de Paulson versus o White Paper de Geithner. In: CARNEIRO, Dionísio Dias; DE BOLLE, Monica Baumgarten (org.). *A reforma do sistema financeiro americano: nova arquitetura internacional e o contexto regulatório brasileiro*. p. 96.
[222] DEPARTMENT OF THE TREASURE. *Financial regulatory reform, a new foundation: Rebuilding financial supervision and regulation*. Junho de 2009. p. 10-18.

houvesse maior uniformidade no sistema de pagamentos e que um sistema nacional de seguros fosse criado [223].

Por outro lado, as recomendações do *Blueprint* eram em si mais conceituais, enquanto os remédios sugeridos pelo *White Paper* eram mais pragmáticos e operacionais. E as duas principais diferenças são que o segundo plano aponta para a necessidade de um regulador macroprudencial e para a concessão de liberdades e flexibilidades ao Fed para solucionar assuntos emergenciais em instituições financeiras, mas sem que isso signifique poder ilimitados à agência, tampouco importe uma garantia de salvamento a bancos qualquer seja o problema incorrido. Essa ingerência para salvamento a qualquer custo já havia sido impedida pelo Congresso americano quando o próprio Henry Paulson, então Secretário do Tesouro, queria salvar todas as instituições em situação financeira debilitada [224]. Além dessas diferenças, o documento considera que algumas das mudanças sugeridas anteriormente seriam drásticas e levariam tempo, por isso não se sugeriu a fusão das autoridades de valores mobiliários (SEC) e de futuros (CFTC).

As sugestões de ambos os planos vieram a ser implementadas, em maior ou menor grau, por meio de leis posteriores. Nenhuma delas foi mais importante que o *Dodd-Frank Wall Street Reform and Consumer Protection Act*.

2.3.3. A Governança Corporativa e a importância da Lei Dodd-Frank
Uma das causas recorrentes para explicação da crise financeira foi a de falta de alinhamento de incentivos entre os diretores dos grandes bancos norte-americanos e os acionistas dos bancos: em decorrência da baixa probabilidade de uma quebra financeira, os diretores assumiam riscos excessivos na concessão de empréstimos e na condução dos negócios. Somem-se às baixas chances de um colapso financeiro com a limitação de responsabilidade dos acionistas e diretores, e cria-se um sério problema de risco moral. Quando a produção caiu e pessoas perderam seus empregos, houve

---

[223] MCDONALD, Gordon. Comparing the Paulson Blueprint and the Geithner White Paper. *The PEW Economic Policy Department background Note #2.* p. 3.
[224] CARNEIRO, Dionísio; DE BOLLE, Monica Baumgarten. As propostas americanas: o Blueprint de Paulson versus o White Paper de Geithner. In: CARNEIRO, Dionísio Dias; DE BOLLE, Monica Baumgarten (org.). *A reforma do sistema financeiro americano: nova arquitetura internacional e o contexto regulatório brasileiro.* p. 98.

o movimento natural de caça de culpados, e os banqueiros e sua "ganância" foram alvo fácil para o clamor popular[225].

Em 21 de julho de 2010 foi sancionada pelo presidente Barack Obama o *Dodd-Frank Wall Street Reform and Consumer Protection Act*. Tal instrumento legislativo apresenta componente normativo de governança corporativa.

No Título VII do *Dodd-Frank*, trata-se especificamente sobre transparência e prestação de contas e responsabilização (*accountability*) no mercado financeiro. Ademais, é no título IX, sob o nome de "proteção de investidores e melhoramentos na regulação de securitizados" que são acrescentados diversos dispositivos visando uma melhoria de governança.

Considerando os bônus exorbitantes pagos à diretoria antes e mesmo durante a crise[226], a seção 953 dispõe sobre a divulgação de informações sobre salários e políticas de distribuição de bônus por metas. Bancos devem divulgar sua política de dividendos – relacionando os benefícios recebidos pela diretoria com o desempenho financeiro da instituição –, bem como os salários médios das posições ocupadas por todos seus funcionários, e no caso do *Chief Executive Officer* (CEO) deve ser informado o valor total anual da remuneração. Na seção 972, a lei determina que o banco deve informar à SEC se possui a mesma pessoa sendo CEO e presidente do conselho de administração. Em sendo ou não a mesma pessoa, a empresa deverá explicar os motivos para a adoção de uma ou outra composição. O *Dodd-Frank*, ainda, altera o *Securities Exchange Act* para fornecer maior proteção àqueles que denunciarem desvios à SEC (*whistleblowers*), pela seção 922. Permite-se, também, que os acionistas tenham participação no processo de voto a respeito da remuneração dos administradores pela seção 951, num sistema chamado em de *say-on-pay*. Por fim, são estabelecidas regras sobre

---

[225] Uma interessante passagem que reflete esse sentimento popular é a de que crises financeiras "revelam o quão limitados nossa cognição e outros poderes realmente são. Assim, quando algo horrível acontece, é a nós muito mais satisfatório emocionalmente encontrar um vilão e o enforcar em um poste de luz em praça pública. Dessa forma, a justiça é feita e a ordem é restaurada no Universo. Nós atingimos a catarse". MILLER, Robert. Morals in a market bubble. *University of Daytona Law Review*, Vol 35, No. 1, 2009. p. 137. Tradução livre. Também em STIGLITZ, Joseph. *Freefall*. p. 06.

[226] Mesmo durante o processo de salvamento das instituições financeiras dos Estados Unidos, bancos distribuíram bônus, no ano de 2008, que giraram em torno de U$ 33 milhões. Vide BLOOMBERG. *Banks paid $ 32,6 billion in bonuses amid U.S. Bailout*. 30 de julho de 2009. Disponível em <http://www.bloomberg.com/apps/news?pid=newsarchive&sid=aHURVoS Uqpho>. Acesso em 28/04/2013.

a participação nas assembleias e votações por meio de procurações, além da possibilidade de participação de detentores de securitizados das instituições financeiras, pela seção 971.

Apesar dessas tentativas de melhorar mecanismos de governança, nem todas as mudanças do *Dodd-Frank* foram bem recebidas [227].

Por outro lado, a amplitude do documento é muito maior do que simplesmente aspectos relativos à gestão societária dos bancos. A lei cria mecanismos previstos e sugeridos pelos planos *Blueprint* e *White Paper* relatados há pouco.

Primeiramente, deve-se notar que a lei cria um órgão direcionado exclusivamente para proteção de investidores e consumidores de produtos financeiros. O órgão, chamado de *Consumer Financial Protection Bureau*, foi efetivamente formado um ano depois da determinação legal. O órgão é ligado diretamente ao Departamento do Tesouro norte-americano e tem como função a informação dos consumidores e investidores sobre produtos, instituições financeiras e educação quanto a possíveis abusos. O órgão também auxilia na aplicação da legislação financeira (*enforcement*), bem como elabora estudos para compreender o mercado financeiro como um todo. Trata-se de uma forma de centralizar a proteção a investidores e consumidores de produtos financeiros em uma única entidade, a fim de dar a ela maior poder e relevância [228].

---

[227] A crítica remonta às determinações da lei que veio a ser chamada de Sarbanes-Oxley. Após o escândalo contábil da Enron em 2001, o *Sarbanes-Oxley Act* trouxe novos parâmetros de transparência e fiscalização nas empresas em geral, bem como das auditorias contábeis. Quanto ao *Dodd-Frank*, a lei veio como resposta à crise do *subprime* com exigências quanto à transparência dos bancos, de empresas de auditoria e de agências de *rating*. A crítica é a de que as normas são objeto de um momento de clamor popular e por isso podem ser populistas, normalmente apoiadas por pessoas que não acreditam nas empresas, tampouco no mercado. Além disso, haveria um grande custo envolvido na produção das informações pedidas em ambas as leis (no caso do *Dodd-Frank*, seria necessário calcular *todos* os rendimentos de *todos* os funcionários, como salários, bonificações, opções, benefícios, etc.) e essa questão nunca é levada em conta durante o processo legislativo. Alguns autores chamavam esse processo, inclusive, de uma forma de "charlatanismo" (*quackery*). Vide BAINBRIDGE, Stephen. Dodd-Frank: Quack federal Corporate Governance round II. *Minnesota Law Review*, Vol. 95, No. 5, 2011. p. 1779-1821. Critica-se, também, o fardo imposto às instituições financeiras menores, que estão sujeitas às mesmas determinações impostas aos grandes bancos. Sobre isso, veja-se o item 3.3.2 infra.

[228] Reiterando o histórico norte-americano de freios à concentração financeira, mesmo que regulatória, a criação da agência foi objeto de muitas críticas. Caracterizações dadas em artigos

Outros pontos, tanto estruturais quando de conduta, foram regulados pelo *Dodd-Frank*, mas devido à importância dessas novas determinações, elas serão tratadas cada uma em tópico apartado.

2.3.4. *A regulação de produtos financeiros*

Outra preocupação endereçada pelas normas do *Dodd-Frank* foi sobre a questão das inovações financeiras.

Por um lado, inovações financeiras são instrumentos ou tecnologias postos à utilidade de investidores e consumidores com o intuito de tornar o mercado mais completo, conforme visto no capítulo I.

Por outro, os instrumentos que acabaram por auxiliar em espalhar os efeitos da crise, tanto nacional quanto internacionalmente, eram inovações financeiras complexas, compostas por diversos itens de crédito com variados riscos associados, com regulação nula quanto à sua criação e cuja comercialização não era fiscalizada em mercado de balcão, vide constatações realizadas nesse mesmo capítulo.

Sob um viés acadêmico, acredita-se que as inovações financeiras confiaram em demasia em modelos estatísticos e desconsideraram qualquer limitação da racionalidade dos agentes e das especificações dos modelos utilizados para composição desses instrumentos financeiros [229].

Na realidade financeira, para lidar com essas questões, a Lei *Dodd-Frank* tornou mais completa e rígida a aprovação de novos produtos financeiros. Derivativos, que anteriormente escapavam à legislação sobre transação de valores mobiliários, foram acrescentados ao *Securities Exchange Act* pela seção 717 do *Dodd-Frank*.

---

e outros veículos sobre a criação incluíram que o órgão agência seria um "czar" regulatório e que suas competências seriam excessivas. Defendia-se que, pela intrusão de um novo agente externo, haveria constrição de crédito pela possibilidade de a agência interferir no equilíbrio de mercado e na liberdade de escolher dos agentes, sejam eles bancos ou consumidores. Contudo, essas críticas seriam míopes, primeiramente em seus fundamentos, haja vista falhas de mercado, e, em um segundo momento, em razão de se deixar de perceber o real intento do Bureau, que é a inovação regulatória que capte uma nova dinâmica de mercado. Para toda essa discussão, JACOBY, Melissa. Dodd-frank, regulatory innovation and the safety of consumer financial products. *North Carolina Banking Institute Journal*, Vol. 15, apr, 2011. p. 99-110.
[229] FRAME, Scott; WHITE, Lawrence. *Reexamining financial innovation after the global financial crisis*. Federal Reserve Bank of Chicago's International Banking Conference Chicago, IL. Nov. 15th, 2012.

Para além desses novos requisitos para aprovação de novos produtos financeiros, os bancos que operam com produtos financeiros complexos, como os *swaps*, precisam informar à Comissão a que se submetem (SEC ou CFTC) e também ao regulador prudencial, que será analisado no próximo tópico, os termos e condições dos negócios, a natureza, mecanismos e práticas da transação, bem como as garantias que protegem a integridade do título (seção 731, i).

Intenta-se, da mesma forma, que as operações com derivativos e outros ativos securitizados passem a ser realizados em Bolsa e não mais em balcão[230], evitando o escape à fiscalização conforme ocorrera antes do estouro da crise.

Outra exigência foi a de que o gerador do crédito securitizado mantenha em seu portfólio um percentual dos ativos revendidos. O objetivo é o de alinhar interesses entre o emissor e o comprador, evitando que haja uma venda indiscriminada de ativos tóxicos [231].

Implementou-se, também, o que ficou conhecida como *Volcker rule*, em homenagem ao antigo *chairman* do *Federal Reserve Board*, Paul Volcker. Por essa regra, limita-se a atuação de bancos, como proprietários, em fundos de *hedge*, *private equity* e derivativos [232]. Os bancos podem operar, mas não serem proprietários em grande proporção em produtos financeiros, já que vários derivativos fizeram com que a ação dos bancos incorresse em um conflito de interesses – bancos possuíam derivativos para caso houvesse *default* em créditos garantidos por hipotecas que eles próprios detinham.

---

[230] MEIRELLES, Antônio Chagas. A reforma bancária internacional e a estrutura do sistema bancário brasileiro. *Revista de Direito Bancário e do Mercado de Capitais*. Ano 14, N. 51, jan-mar. 2011. p. 170.

[231] CAMILO JUNIOR, Ruy Pereira. A reforma do sistema financeira norte-americano. *Revista de Direito Bancário e do Mercado de Capitais*. Ano 14, N. 54, out-dez. 2011. p. 85.

[232] DELIMATIS, Panagiotis. Transparent financial innovation in a post-crisis environment. *Journal of International Economic Law*. Vol. 16, No. 1, (fev. 2013). p. 177-178. O argumento básico do artigo é o de que os benefícios sociais trazidos pelas inovações financeiras são, no mínimo, duvidosos. Portanto, a regulação de produtos financeiros deve ser o mais ampla possível e vem tomando sua devida importância depois do abalo ocasionado pela crise – e a desnecessária falta de transparência e excesso de complexidade de produtos financeiros. O foco regulatório nas próximas etapas deve ser o de controlar melhor o risco e tornar o sistema mais transparente.

2.3.5. A busca de um regulador macroprudencial

A crise demonstrou que uma abordagem microeconômica para regulação não é suficiente para captar toda a dinâmica inter-relacionada do processo financeiro. Deixa-se de perceber riscos sistêmicos incorridos. Na crise do *subprime*, além de a análise microprudencial ter sido executada de maneira pouco satisfatória, como visto, tampouco houve cuidado com o sistema financeiro como um todo. Daí surgiu uma preocupação com uma regulação macroprudencial, que, por meio de um conjunto mais pesado de compartilhamento de informações entre agências e de coordenação de ações anticíclicas, captasse com mais profundidade a complexidade da intermediação financeira [233].

Dessa forma, e para atender os objetivos acima expostos, criou-se o *Financial Stability Oversight Council* (FSOC) [234]. Todo o subtítulo "A" do primeiro título do *Dodd-Frank* é dirigido a esse órgão. Ele é composto por membros de outras autoridades regulatórias, para permitir a troca de informações, coordenação de ações e visão sistêmica preconizada em modelo de regulação macroprudencial. Participam do conselho o secretário do tesouro, representante de Federal *Reserve Board*, representante da OCC, representante da agência nacional de financiamento imobiliário, além da participação de diversos outros interessados (mas sem poder de voto). Contudo, o órgão possui função de fiscalização e monitoramento, sendo que a regulação de fato será imposta pelas agências que anteriormente já existiam.

Seguindo com as alterações estruturais, a OTC foi incorporada pela OCC, unificando as agências e aproximando os regimes regulatórios entre associações de poupança e bancos, já que as práticas adotadas por ambas as formas de instituição financeira vinha convergindo a partir da década de 1980.

As modificações rumo a uma abordagem macroprudencial não se limitaram a questões estruturais. O Fed, por exemplo, assumiu institucionalmente uma preocupação com as interligações das instituições e instrumentos no mercado financeiro. A estabilidade passa a ser outro objetivo

---

[233] BERNANKE, Ben. Implementing a Macroprudential Approach to Supervision and Regulation. *Fed Chicago 47th Annual Conference on Bank Structure and Competition*, May, 2011. p. 01-03.
[234] Interessante notar que a iniciativa não se limita aos Estados Unidos. A União Europeia aprovou a criação do *European Systemic Risk Board*, formado em dezembro de 2010, que possui competências que muito se assemelham àquelas da FSOC.

do banco central norte-americano [235]. Primeiramente, em razão de ser o Fed que executa medidas para mitigar ou prevenir colapsos financeiros. Em segundo lugar, o Fed ampliou sua competência e agora cuida também de outras instituições que antes passavam ao largo de sua regulação [236].

O FSOC pode, após processo de votação, indicar instituições – não necessariamente bancos – para ser objeto de fiscalização individualizada do Fed. O Fed, por sua vez, pode requerer dessas instituições níveis mais rigorosos de regulação prudencial do que aqueles exigidos dos demais agentes atuantes no mesmo setor. Com isso, busca-se evitar a exposição de todo o sistema econômico (e não só financeiro) a determinadas instituições que, por definições formais, não se enquadrariam como instituição financeira [237].

Apesar desse esforço na busca de um regulador macroprudencial, os esforços de centralização regulatória ainda são bastante tímidos. A crítica que se faz é que somente uma agência, o OTS, deixou de existir e que as competências dos órgãos existentes (e do recém-criado FSOC) não foram suficientemente unificadas, sequer extensivamente coordenadas.

Embora o *Dodd-Frank* tenha sido um importante passo rumo à reforma do sistema financeiro norte-americano, trata-se apenas de uma primeira medida que ainda precisa ser ampliada a aperfeiçoada.

2.4. Síntese e conclusões do capítulo

1. Os Estados Unidos possuem historicamente um sistema financeiro com grande número de instituições financeiras e sem uma autoridade regulatória central em razão das preocupações do país, desde os tempos coloniais, em se evitar um poder financeiro dominante. Isso fez com que a atual estrutura financeira norte-americana seja retalhada, lacunosa e com competências mal exercidas entre os diversos possíveis reguladores.

---

[235] CAMILO JUNIOR, Ruy Pereira. A reforma do sistema financeira norte-americano. *Revista de Direito Bancário e do Mercado de Capitais*. Ano 14, N. 54, out-dez. 2011. p. 80.

[236] BERNANKE, Ben. Implementing a Macroprudential Approach to Supervision and Regulation. *Fed Chicago 47th Annual Conference on Bank Structure and Competition*, May, 2011. p. 06 e 08.

[237] SHILLER, Robert. Democratizing and humanizing finance. In: KROZSNER, Randall; SHILLER, Robert. *Reforming US Financial System: reflections before and beyond Dodd-Frank*. p. 12. Referidos níveis mais rigorosos de regulação prudencial analisam fatores técnicos como estrutura de capital da instituição, seu tamanho, suas atividades de cunho financeiro, o risco assumido nessas atividades e quaisquer outras questões que o regulador considere convenientes.

2. Em que pese a estrutura financeira norte-americana possuir grande número de instituições financeiras, isso não indica por si só um sistema competitivo. Em verdade, historicamente, indica-se precisamente o oposto: trata-se de um sistema que desde sempre possuiu agentes com poder suficiente para proteger seus próprios interesses em detrimento da concorrência, em especial dentro da dinâmica política de cada estado da federação. A existência de pequenos bancos não afeta esse poder. Com o processo de desregulação da década de 1980, instituições financeiras constituídas sob diferentes normas começaram a competir de maneira predatória entre si, sendo que grandes bancos forçaram comportamentos seguidos por pequenos bancos, questão sensível na crise de 2008.
3. O país viveu um movimento pendular tanto de filosofia quanto de política econômica. Após a crise de 1929, houve forte regulação do setor por se acreditar que o mercado não proporcionava os incentivos corretos no mercado financeiro. A partir da década de 1980, quando se acreditava que as regulações pós-Grande Crise já se mostravam obsoletas e ineficientes, passa a haver um movimento de desregulação, já que as forças de mercado seriam necessárias para se dar competitividade e eficiência ao setor. *Pari passu* com desregulação vieram a concentração financeira e a concentração de renda no sistema econômica.
4. Com isso, estavam lançadas as bases que possibilitaram o desenvolvimento do *subprime*.
5. Pessoas de menor renda, que haviam sido historicamente excluídas do crédito financeiro, foram analisadas pelos bancos como um novo nicho de mercado. A concessão de crédito passou a ser feita de modo indiscriminado e o direcionamento desse capital era para o setor imobiliário, que recebia incentivos e subsídios governamentais. Imóveis entraram no imaginário popular como investimento de certo retorno e os preços das residências se alavancaram.
6. Como o risco de não pagamento das hipotecas era considerável, dado o nível de renda dos novos devedores, as instituições financeiras securitizavam os créditos e os vendiam por meio de títulos que empacotavam tanto os valores devidos pelas hipotecas como outras formas de crédito, em um sistema conhecido como "originar e distribuir". Dessa forma, os bancos não assumiam o risco de con-

traparte, sendo ele repassado aos adquirentes dos títulos. Essa falha de incentivos, gerando risco moral, levou à explosão no número de negociações com securitizados.

7. Quando os imóveis passaram a não mais se valorizar, houve o estouro da bolha. Percebeu-se a baixa qualidade dos títulos securitizados e vários bancos vieram a entrar em dificuldades financeiras. Além disso, o problema nos bancos afetou, além daqueles que haviam comprado os securitizados, empresas que dependiam de crédito para financiar suas atividades. Dessa forma, o lado real da economia também foi atingido.

8. Então, dando-se sequência ao movimento pendular entre regulação e relaxamento, volta-se a clamar por maior regulação e fiscalização no mercado financeiro.

9. A resposta aos problemas que propiciaram o início da crise veio por meio da alteração estrutural da regulação financeira. Percebeu-se que a fiscalização do sistema financeiro norte-americano era, de fato, muito retalhada e sem competências claras. Não havia, da mesma forma, uma preocupação macroprudencial dos reguladores, sendo que muitas instituições sistemicamente relevantes passavam ao largo da regulação. Apesar de alvo de críticas, essas preocupações foram endereçadas no período pós-crise. Importante notar que alguns dos remédios adotados já são utilizados no Brasil.

CAPÍTULO 3
O BRASIL E A CRISE DO *SUBPRIME*

O presente capítulo tem como objetivo tratar da estruturação concorrencial e regulatória bancária brasileira e suas respostas à crise do *subprime*.

Os efeitos diminutos da crise financeira de 2008 tanto nos grandes bancos quanto no lado real da economia brasileira trouxeram consigo considerações a respeito da solidez e eficiência das instituições e reguladores nacionais. Mais que isso, a evidência internacional, corroborada pela experiência pátria, sugeriria haver um modelo financeiro vencedor, sendo ele concentrado em poucas instituições, com regulação forte e conservadora, e com competências centralizadas da autoridade regulatória.

Embora exista parcela de verdade nessas constatações, o exemplo brasileiro deve ser analisado com mais vagar, pois a concentração bancária e regulação conservadora recebem diversas críticas, que serão agrupadas em dois grupos: (i) histórico-estruturais e (ii) econômicas.

A crítica de cunho histórico-estrutural analisa a história financeira brasileira para apontar que o modelo de regulação e concentração bancária adotado no país não foi construído com os fins de estabilidade e eficiência. Antes que isso, o sistema foi sempre estruturado de maneira concentrada para garantir ganhos e proteger interesses de determinados segmentos da sociedade. Nunca houve preocupação e cultura concorrencial no sistema financeiro brasileiro.

As críticas de matiz econômico constatam que os bancos brasileiros não são tão eficientes quanto por vezes se pensa. Por exemplo, os bancos brasileiros encontram condições de mercado muito mais favoráveis que instituições em outros países. Existe, também, uma saturação anticompetitiva de mercados e o impedimento de modernização pró-competitiva. E o caráter conservador adotado pelo Banco Central, muitas vezes, acaba por acentuar essas características.

Será observado, com isso, se existem, e quais seriam, lições positivas a serem tiradas da experiência brasileira ou se falhas estruturais históricas e ineficiências na intermediação financeira serviram de proteção aos bancos nacionais.

Depois dessa breve descrição de seus objetivos, o capítulo será desenvolvido da seguinte maneira: primeiramente será descrito o modelo concorrencial e regulatório brasileiro pré-crise. Após, será observado o comportamento da economia nacional durante e após a crise do *subprime*. Em seguida, passa-se à análise de fatores tidos pelos estudiosos tanto de Direito quanto de Economia como os principais responsáveis pela solidez da indústria bancária brasileira. Serão criticados alguns desses fatores, utilizando-se do ferramental construído nos capítulos anteriores. Por fim, encerra-se o capítulo com provocações a respeito dos próximos passos de crises e da regulação financeira brasileira.

3.1. Considerações sobre a estruturação do sistema financeiro brasileiro

3.1.1. A evolução do sistema financeiro no país pré-crise: um histórico de concentração e defesa de interesses

A evolução do sistema financeiro brasileiro não é tão rica quanto aquela do norte-americano, tanto em uma notícia histórica quanto em volume de instituições financeiras ou guinadas institucionais.

O Brasil, diferentemente dos Estados Unidos, teve uma história de colonização voltada unicamente para exploração, e não população. Ademais, quando da independência do país, não foi ela conquista de uma revolução social, mas sim de um acerto político, financeiro e de interesses com a metrópole. Além disso, mesmo depois de independente, o país seguiu sendo regido e governado pelo herdeiro legítimo da anterior metrópole e posteriormente por seu sucessor, situação que só se alterou em 1889 com a Proclamação da República. No lugar da monarquia, tomou lugar uma república assumida por militares. Isso fez com que a República, pelo menos em seu início, herdasse toda a tradição, experiência e métodos do Império [238].

---

[238] YAZBEK, Otávio. *Regulação do mercado financeiro e de capitais*. p. 264.

Dessa forma, o Brasil sempre foi comandado por um poder centralizado e por fortes grupos de interesses, precisamente o que temia o povo dos Estados Unidos. Por essa razão, as vontades dos pequenos grupos de poder sempre foram facilmente administráveis e financiáveis de acordo com as respectivas necessidades.

Discorrer sobre a história financeira do Brasil é objeto de amplos trabalhos acadêmicos [239]. Contudo, é interessante ressaltar alguns marcos históricos que demonstram a serventia do sistema financeiro a dados interesses, bem como sua concentração em poucas mãos.

Primeiro exemplo, proverbialmente, é justamente do primeiro banco criado no país. Após a vinda da Família Real, em 12 de outubro de 1808 foi expedido alvará criando um Banco Nacional, que veio a ser o primeiro Banco do Brasil. A Coroa tinha grande dificuldade em conseguir alguma forma de renda, já que Portugal estava tomado pelas tropas de Napoleão e viu-se no banco uma oportunidade. O objetivo da instituição era claro: "atender as necessidades de gasto do governo" e "favorecer certos grupos privados"[240].

Tratava-se de uma instituição com pouquíssima participação do governo no capital, mas completamente submissa a ele, independentemente disso. Foram conferidos muitos privilégios ao banco [241], como desconto de uma taxa de juros sobre todas as exportações e sobre a venda de produtos como pau-brasil e diamantes, afora a total isenção tributária. Ademais, era ele o único depositário do então Reino Unido, além de exercer funções tradicionais de emissão de "bilhetes" (títulos) e moeda, depósito e descontos bancários.

---

[239] São feitas diversas referência no transcorrer da obra a trabalhos que tratam, em maior ou menor grau, do histórico do sistema financeiro brasileiro. Para interessante abordagem da história brasileira sob ótica da atuação bancária (desde o período da independência), veja-se COSTA, Fernando Nogueira da. *Brasil dos Bancos*. Quanto a trabalhos jurídicos que abordam ao assunto, já tentando pinçar material relevante na seara do Direito, destaquem-se a abordagem ampla e referenciada em MULLER, Bianca Abbott. *Concorrência no setor bancário brasileiro*. Dissertação de mestrado: USP, Faculdade de Direito, São Paulo, 2007, capítulo 1 e em PINTO, Gustavo Mathias Alves. *Regulação sistêmica e prudencial no setor bancário brasileiro*. Tese de doutorado: USP, Faculdade de Direito, São Paulo, 2011, capítulo 2.

[240] MULLER, Bianca Abbott. *Concorrência no setor bancário brasileiro*. Dissertação de mestrado: USP, Faculdade de Direito, São Paulo, 2007, respectivamente p. 8 e p. 10.

[241] VON METTENHEIM, Kurt. LINS, Maria Antonieta del Tedesco. The Banco do Brasil. In: VON METTENHEIM, Kurt. *Federal Banking in Brazil: policies and competitive advantages*. p. 59.

Contudo, os gastos da Coroa portuguesa eram vultosos e o Brasil não se mostrou apto a arcar com todas as despesas e luxos da realeza, algo evidenciado pelo déficit da Coroa perante o Banco do Brasil. A volta da família real para Portugal provocou a primeira corrida bancária brasileira, pelo medo gerado. Some-se a esse pânico a má-gestão e utilização precária dos recursos privados em ostentação de consumo e têm-se os principais motivos para quebra do banco, em longo processo de liquidação, que se prolongou de 1829 até 1835 [242].

Nesse limbo, sem a presença de um banco estatal nacional [243], e mesmo com arcabouço regulatório precário [244], começaram a se desenvolver bancos privados em cada uma das então províncias do país, visando o financiamento das atividades locais.

Enquanto no período de atividade do Banco do Brasil, especificamente entre 1808 e 1830, houve elevada inflação e ganhos mínimos de produtividade na economia, no período subsequente, caracterizado por bancos privados regionais, houve queda nos preços e aumento de produtividade [245].

Como o governo do Segundo Reinado (1840-1889) não apreciava a existência e as práticas desses bancos particulares, foi proposta em 1853 a criação de um novo Banco do Brasil.

Para lidar com ambas as questões – a criação de um banco público e limitar o âmbito de ação privado – pensou-se em uma reforma com o objetivo claro de monopolização.

---

[242] RIBEIRO, Benedito; GUIMARÃES. Mário M. *História dos bancos e do desenvolvimento financeiro do Brasil.* p. 41-46.

[243] A ausência de um banco público trouxe consigo várias iniciativas de criação de um novo banco oficial – algumas delas com a ressalva de que não fossem permitidos empréstimos ao governo, haja vista o escândalo e os abusos financeiros do Tesouro durante o período do Reino Unido e, especialmente, no período regencial. RIBEIRO, Benedito; GUIMARÃES. Mário M. *História dos bancos e do desenvolvimento financeiro do Brasil.* p. 41-46 e COSTA, Fernando Nogueira da. *Brasil dos Bancos.* p. 31.

[244] YAZBEK, Otávio. *Regulação do mercado financeiro e de capitais.* p. 263. Havia sido criado em 1850 o Código Comercial brasileiro que dispunha de maneira ainda simples sobre a organização do setor bancário em dois artigos: "Art. 119 - São considerados banqueiros os comerciantes que têm por profissão habitual do seu comércio as operações chamadas de Banco. Art. 120 - As operações de Banco serão decididas e julgadas pelas regras gerais dos contratos estabelecidos neste Código, que forem aplicáveis segundo a natureza de cada uma das transações que se operarem".

[245] PALÁEZ, Carlos Manuel; SUZICAN, Wilson. *História monetária do Brasil: análise da política, comportamento e instituições monetárias.* p. 377.

O novo Banco do Brasil incorporaria todos os bancos privados das províncias e exerceria as mesmas funções que os bancos anteriormente exerciam, além de possuir o monopólio da emissão de notas [246].

Para atingir esse objetivo, acreditava-se que seria necessária a formação de um núcleo forte na capital do país. Dessa forma, o governo optou pela fusão das duas maiores instituições bancárias do Rio de Janeiro, criando, assim, a sede do novo Banco do Brasil[247].

Após a criação do núcleo, houve a unificação de todo o sistema bancário nacional, concentrando todo o poder no governo e afastando os particulares do setor – como consequência, a concessão de crédito restou extremamente limitada [248].

Teve início uma nova era no país, em que "em vez de empresas, mais valia ter um bom amigo no governo para ganhar dinheiro" [249], apesar de novas tentativas de criação de bancos privados no país, como o novo banco do Visconde de Mauá – a Casa Mauá Mac-Gregor.

A situação de controle da estrutura financeira, com vinculação a interesses políticos, não se altera com a Primeira República. Veja-se, por exemplo, que somente foram flexibilizadas as regras para criação de novos bancos e foi a eles concedida a possibilidade de emissão de moeda quando o governo adotou política expansionista para financiamento do café e de novas empresas. Como resultado, teve-se o estouro de uma bolha especulativa, com o descrédito dos bancos junto à população. A solução foi, novamente, a concentração: a fusão do Banco do Brasil com o Banco da República dos Estados Unidos do Brasil, instituição autorizada a funcionar

---

[246] RIBEIRO, Benedito; GUIMARÃES. Mário M. *História dos bancos e do desenvolvimento financeiro do Brasil.* p. 76-77. O monopólio da emissão de seria, inclusive, o objetivo final e oculto da instituição de um novo Banco do Brasil.

[247] COSTA, Fernando Nogueira da. *Brasil dos Bancos.* p. 33 e MULLER, Bianca Abbott. *Concorrência no setor bancário brasileiro.* Dissertação de mestrado: USP, Faculdade de Direito, São Paulo, 2007, p. 14-15, nota de rodapé 25. Note-se que um dos bancos objetos da fusão se chamava *Banco do Brasil* e era de propriedade do então Barão de Mauá (posteriormente Visconde), mas não deve ser confundido com a instituição criada em 1853, considerado oficialmente como o *segundo Banco do Brasil.*

[248] RIBEIRO, Benedito; GUIMARÃES. Mário M. *História dos bancos e do desenvolvimento financeiro do Brasil.* p. 93.

[249] CALDEIRA, Jorge. *Mauá: empresário do Império.* p. 281.

em 1890 e que ganhou força dentro da economia nacional [250]. Observou-se que "o primeiro encontrava-se em situação de insolvência, e o segundo estava bem próximo dela" [251].

É na década de 1920 que surgem os primórdios de intervenção regulatória no sistema financeiro de maneira organizada. A primeira medida regulatória foi a criação da Inspetoria Geral dos Bancos que objetivava fiscalizar as instituições financeiras, por meio da Lei 4.182 de 1920. Não coincidentemente, a mesma Lei impôs regulação diferenciada aos bancos estrangeiros, exigindo níveis mais elevados de capital. Com a Crise de 1929 e o intervencionismo após a Revolução de 1930, o país se tornou ainda mais nacionalista economicamente e restringiu ainda mais a atuação de bancos estrangeiros, exemplificado pelo art. 145 da Constituição de 1937 [252].

O resultado dessas medidas foi proteger os bancos nacionais e expurgar a concorrência dos bancos internacionais – a participação dessas instituições na concessão de empréstimos caiu de 43,9% em 1919 para 17,7% em 1939 e para 6,6% em 1944 [253].

Em uma repetição histórica, a proteção dos interesses do governo e dos bancos nacionais, nesse caso garantida pelo recente arcabouço regulatório, veio em desfavor da concorrência.

Com o espaço deixado pelo encolhimento dos bancos estrangeiros, bem como considerando a inaptidão fiscalizatória do governo e as lacunas regulatórias existentes – por exemplo, bancos poderiam aplicar seus depósitos em empresas de seu próprio grupo econômico e muitas delas tinham capital meramente nominal – vários bancos menores surgiram. Esse crescimento, em especial entre 1940 e 1945, não apresentou um respaldo real na economia ou na prática concorrencial. Como o arcabouço regulatório nacional era limitado, bem como as possibilidades de fiscalização (o mundo

---

[250] MULLER, Bianca Abbott. *Concorrência no setor bancário brasileiro*. Dissertação de mestrado: USP, Faculdade de Direito, São Paulo, 2007, p. 18-20.

[251] COSTA, Fernando Nogueira da. *Brasil dos Bancos*. p. 42.

[252] PINTO, Gustavo Mathias Alves. *Regulação sistêmica e prudencial no setor bancário brasileiro*. Tese de doutorado: USP, Faculdade de Direito, São Paulo, 2011, p. 61-62. O artigo da Constituição assim dispunha: "Art. 145. Só poderão funcionar no Brasil os bancos de depósito e as empresas de seguros, quando brasileiros os seus acionistas. Aos bancos de depósito e empresas de seguros atualmente autorizados a operar no País, a lei dará um prazo razoável para que se transformem de acordo com as exigências deste artigo".

[253] COSTA NETO, Yttrio Corrêa da. *Bancos oficiais no Brasil: origem e aspectos do seu desenvolvimento*. p. 48.

passava pela Segunda Guerra Mundial), a criação de bancos foi mais uma oportunidade encontrada para ganhos rápidos. Não coincidentemente, o período é caracterizado por especulação desenfreada – movimento que veio a gerar, inclusive, um *boom* especulativo no mercado imobiliário das capitais do país [254].

Pessoas alheias à técnica bancária, desconhecedoras dos mais rudimentares princípios de administração, atraídas unicamente pela ideia de lucros fáceis, obtiveram, abusando das facilidades oriundas da inexistência de uma lei bancária rigorosa, cartas-patentes para criação de bancos, e estes surgiram como cogumelos em todo o país. [255]

Para conter esse movimento de proliferação de instituições, o governo editou o Decreto-Lei 6.419 em 1944, restringindo a possibilidade de bancos possuírem agências e filiais, logo antes de criar a Superintendência da Moeda e do Crédito (SUMOC) [256], o novo supervisor governamental.

A grande escala e a utilização política dos bancos públicos eram marcas claras da estrutura bancária brasileira de então. Em 1955, nada menos do que 99% do crédito utilizado pela União vinha do Banco do Brasil – e 90% do total utilizado pela União, dos estados e municípios advinha do BB. Considerando o total de crédito ofertado no mercado, tanto ao setor público quanto ao setor privado, o Banco do Brasil representava, desde 1954 até o início da década de 1970, cerca de 50% de todo sistema bancário nacional [257] – com destaque especial ao financiamento das atividades públicas, reitere-se.

Destaque-se que a reforma que estruturou o sistema financeiro brasileiro nos atuais moldes, a partir de 1964, também tomou forma concentradora.

Havia ficado claro durante o governo de Kubitschek (1956-1961) que o Brasil não possuía capacidade de canalizar a poupança privada para financiamento e que o crescimento obtido sem essa estrutura privada era inflacionário, situação existente ainda em 1964 – a "herança maldita" de

---

[254] COSTA, Fernando Nogueira da. *Brasil dos Bancos*. p. 215-216.

[255] COSTA, Fernando Nogueira da. *Brasil dos Bancos*. p. 214. Essa citação se trata de excerto constante em relatório apresentado pela diretoria do Banco do Brasil em 1945.

[256] MULLER, Bianca Abbott. *Concorrência no setor bancário brasileiro*. Dissertação de mestrado: USP, Faculdade de Direito, São Paulo, 2007, p. 33.

[257] COSTA NETO, Yttrio Corrêa da. *Bancos oficiais no Brasil: origem e aspectos do seu desenvolvimento*. p. 119.

Kubitschek. Considerando o diagnóstico do Programa de Ação Econômica do Governo (PAEG) da inflação como sendo tanto de demanda quanto de custos pelos excessos monetários anteriores e por problemas estruturais, a reforma no sistema financeiro veio com o condão de sustentar o processo de industrialização do país sem gerar um processo inflacionário pelo estímulo ao setor privado da atividade bancária [258].

O arcabouço teórico foi o de relativizar o modelo estruturalista adotado no sistema bancário até então e dar início a um modelo de verticalização, de aprofundamento das instituições financeiras, com aumento de ativos financeiros, como forma de canalizar a poupança privada [259].

Com essa nova visão, a Lei 4.595/64 veio a reestruturar o Sistema Financeiro Nacional. Sob um viés regulador, centralizaram-se competências anteriormente dispersas entre a SUMOC, o Tesouro e o Banco do Brasil no Conselho Monetário Nacional e no recém-criado Banco Central do Brasil.

Sob um viés concorrencial, o sistema bancário passou por um processo de (ainda maior) concentração bancária. Utilizaram-se incentivos fiscais para fusões e aquisições, aumentaram-se as exigências de capital mínimo, alteraram-se as formas e quantidades de recolhimento compulsório e durante um período da década de 1970 foram proibidas as emissões de cartas-patente para a criação de novas instituições. Esse processo fez com que o número de instituições privadas no país, praticamente constante desde a década de 1940[260], caísse de 327 em 1964 para 72 em 1974 e, em razão desse espaço deixado, começassem a surgir bancos estaduais relativamente pequenos em todos os estados da federação [261], com a finalidade de atender às necessidades locais.

Se por um lado as modificações estruturais implementadas pelo novo regime militar fizeram com que se diminuísse sensivelmente o número de instituições financeiras, por outro se ampliou a relevância dos bancos

---

[258] HERMANN, Jennifer. Reformas, endividamento externo e o "milagre" econômico (1964-1973). In: GIAMBIAGI, Fábio; *et al* (org.). *Economia brasileira contemporânea*. p. 76.

[259] YAZBEK, Otávio. *Regulação do mercado financeiro e de capitais*. p. 266-267.

[260] MULLER, Bianca Abbott. *Concorrência no setor bancário brasileiro*. Dissertação de mestrado: USP, Faculdade de Direito, São Paulo, 2007. p. 39. O número se refere a matrizes de bancos, já que o número de filiais e agências cresceu exponencialmente a medida que a rede se expandia ao interior do país.

[261] GREMAUD, Amaury; *et al*. *Economia Brasileira Contemporânea*. p. 596.

dentro da economia nacional. A participação das instituições financeiras no PIB mais do que dobrou de 1964 a 1970 [262].

Assim, a política econômica pós-64 promoveu o oligopólio do setor bancário. Essa política resultou em lucros extraordinários e em uma quantidade de produtos e serviços aquém do que a economia demandava, a um custo maior para toda a sociedade [263].

Esse novo modelo serviu bem aos interesses a que se prestava. A liberdade, autonomia e práticas dos reguladores eram restritas aos limites das vontades do governo militar, sendo sintomática a explosão de vários escândalos ocasionados pelo reiterado desrespeito para com as regulamentações e disposições das autoridades bancárias competentes [264]. Ademais, os bancos privados foram achatados: o crédito privado era irrisório e o financiamento era direcionado segundo o propósito dos militares por meio do BNDE [265].

Com o fim do modelo de cartas-patente, em 1988, houve uma explosão no número de instituições no país, aumentando 59,4% somente em referido ano [266].

Contudo, assim como os outros exemplos de expansão do número de concorrentes no setor bancário brasileiro, essa nova ampliação não significou aumento de competitividade e ganhos de eficiência.

Os bancos brasileiros sobreviviam, no final da década de 1980 e início da década de 1990, graças a receitas inflacionárias. Com a estabilização proporcionada pelo Plano Real, os bancos nacionais enfrentaram sérias dificuldades financeiras, sendo necessários vários planos e programas para

---

[262] GREMAUD, Amaury; et al. *Economia Brasileira Contemporânea*. p. 586. A participação das instituições financeiras no Produto Interno Bruto do Brasil foi de 2,98% do PIB em 1964 para 6,02% do PIB em 1970. A discussão sobre a participação das instituições no PIB será mais amplamente realizada no último tópico do presente capítulo.
[263] TROSTER, Roberto Luis. *Overbanking no Brasil*. p. 4.
[264] YAZBEK, Otávio. *Regulação do mercado financeiro e de capitais*. p. 276.
[265] HERMANN, Jennifer. Reformas, endividamento externo e o "milagre" econômico (1964-1973). In: GIAMBIAGI, Fábio; et al (org.). *Economia brasileira contemporânea*. p. 100-101.
[266] TROSTER, Roberto Luis. *Overbanking no Brasil*. p. 2. Note-se que, apesar do fim do modelo de carta-patente, o Banco Central sempre possuiu capacidade para autorizar o funcionamento de instituições financeiras – hoje, em especial, pela Resolução 4.122 de 2012 e pela Circular 3.649 de 2013 do CMN.

saneamento do setor – concentradores, em sua natureza [267]. Os primeiros a falir foram, justamente, os bancos pequenos e médios recém-criados [268].

Depois de gozar de uma "reserva de mercado" nacionalista desde a década de 1930, o sistema financeiro brasileiro precisou recorrer ao capital e a instituições financeiras estrangeiras, dando-se início a uma nova fase na história financeira do país [269].

Não obstante, a consolidação do sistema em bancos nacionais saudáveis e a introdução de uma suposta concorrência de bancos internacionais não surtiram efeito nos indicadores de bem estar da sociedade sob um viés financeiro. Não houve guerra de preços ou alteração no custo de crédito. Não se melhorou a qualidade ou quantidade de produtos financeiros. O que aconteceu foi o contrário: "os bancos estrangeiros se adaptaram às condições do mercado doméstico" [270].

Apesar desse histórico de concentração, estudos atuais tentam demonstrar que apesar da estrutura do sistema financeiro brasileiro não ser dispersa, ela seria altamente competitiva [271]. Indicadores de concentração (como porcentagem de ativos de propriedade de um pequeno número de bancos) não seriam bons indicadores de competição no setor bancário. Mesmo quando se reconhece que os bancos apresentam retornos acima de níveis competitivos (medidos por variações acima de custos marginais, indicação de poder de mercado), esses lucros seriam resultado dos ganhos de eficiência (escala e escopo) advindos da concentração e não puramente do poder de monopólio [272].

Deve-se notar, primeiramente, que esses estudos deixam de considerar vários fatores importantes na análise da concentração bancária e seus efeitos. Como exemplo, os estudos deixam de considerar diversidade de mercados geográficos, mercados de pessoas físicas e jurídicas, os diferen-

---

[267] A discussão a respeito das reformas advindas da estabilização proporcionada pelo Plano Real será feita no tópico cujo objeto é a caracterização regulatória brasileira pré-crise.
[268] ROCHA, Fernando Alberto Sampaio. Evolução da concentração bancária no Brasil (1994-2000). *Notas técnicas do Banco Central do Brasil*, n. 11. Brasília: Banco Central, 2011. p. 11.
[269] COSTA, Fernando Nogueira da. *Brasil dos Bancos*. p. 414.
[270] MULLER, Bianca Abbott. *Concorrência no setor bancário brasileiro*. Dissertação de mestrado: USP, Faculdade de Direito, São Paulo, 2007. p. 54.
[271] NAKANE, Marcio. A test of competition in Brazilian Banking. *Working paper series 12*, Banco Central do Brasil, 2001.
[272] TONOOKA, Eduardo; KOYAMA, Sérgio. Taxa de juros e concentração bancária no Brasil. *Trabalho para discussão 62*, Banco Central do Brasil, 2003.

tes produtos financeiros e diferentes tratamentos entre grandes e pequenos bancos [273].

Ao final, anote-se que outros estudos trazem interessantes fatos estilizados sobre a estrutura financeira do Brasil. Embora o país possua os maiores bancos da América Latina[274] e uma relação entre número de ativos dos bancos pelo PIB semelhante à dos Estados Unidos, a intermediação ainda é deficitária, já que o país realiza somente metade dos empréstimos, em relação ao PIB, em comparação com os bancos norte-americanos. Demonstra-se, também, que a concorrência se aproxima de uma forma oligopolística [275].

Em números: enquanto em 2000 os cinco maiores bancos privados do país detinham 48% do total de ativos, a porcentagem passou para 76% em 2009 [276], após o saneamento das instituições financeiras da crise do *subprime*.

O que se viu, historicamente, foi que o sistema financeiro apresentou sérios déficits na sua capacidade de intermediação decorrentes de um processo de concentração e utilização voltada ao preenchimento de dados interesses. Isso fez com que a indústria bancária desenvolvesse as características de: (i) elevada participação do Estado, seja pela existência de linhas de poupança compulsória administradas pelas instituições públicas, seja pelo direcionamento dos recursos para as aplicações das instituições públicas; (ii) não-criação de linhas de financiamento de longo prazo por parte do setor privado, em decorrência de vários fatores como o processo inflacionário do país, a captação de recursos excessivamente em curto prazo e

---

[273] Todos os modelos e respectivas críticas são bem abordados em RIBEIRO, Ivan César. *Regulação financeira, poder no mercado e crise financeira*. Tese de doutorado: USP, Faculdade de Direito, São Paulo, 2012. p. 188-194.

[274] Na lista das 2000 maiores empresas do mundo em valor de mercado em 2013, divulgada pela Revista Forbes, o Banco Itaú aparece na 42ª posição geral e 11ª no setor bancário mundial, sendo a primeira instituição financeira da América Latina. Uma posição atrás surge o banco espanhol Santander, com grande atuação no mercado brasileiro. O Banco Bradesco está na 45ª posição no ranking geral. O Banco do Brasil aparece na 67ª posição geral. Em posição mais abaixo ainda surge o Banrisul, banco com grande força regional no sul do país. Vide <http://www.forbes.com/global2000>, acesso em 19/05/2013.

[275] BELAISCH, Agnes. Do brazilian banks compete? *IMF Working paper* 113, maio de 2003.

[276] MEIRELLES, Antônio Chagas. A reforma bancária internacional e a estrutura do sistema bancário brasileiro. *Revista de Direito Bancário e do Mercado de Capitais*. Ano 14, N. 51, jan-mar. 2011. p.181.

o incipiente mercado de capitais; (iii) alta dependência de recursos externos (embora hoje, após as crises cambiais e de dívida externa, o país esteja mais autossuficiente nessa questão); (iv) predomínio de bancos comerciais, sob forma de bancos múltiplos, já que nunca se implementou uma diferenciação na regulação entre espécies bancárias com base nas formas de captação de recurso [277].

3.1.2. Ausência de controle de concentração pela autoridade concorrencial: a polêmica (in)competência do CADE
Corroborando o caráter concentrador delineado no tópico anterior, não há como deixar de notar o arranjo institucional adotado no país para defesa da concorrência no sistema financeiro.

Enquanto o arranjo institucional da maioria dos países do mundo usa de algum sistema de competências concorrentes ou complementares entre a autoridade concorrencial e a autoridade monetária/regulatória, o Brasil é caracterizado como um dos pouquíssimos países que ainda possui uma estrutura de "isenção antitruste", sem que a autoridade concorrencial tenha clara competência, em especial quanto ao controle de estruturas, na análise concorrencial no setor bancário [278].

Embora o conflito de competência tenha sido tratado lateralmente em um caso de 1995 – fusão entre o Banco Francês Brasileiro e Afinco –, foi em 2000, com o processo de composição e associação acionária entre o Banco Finasa, a Brasmetal e o grupo financeiro e de seguros Zurich (Ato de Concentração no CADE, nº. 08012.006762/2000-09), que se enfrentou diretamente a suposta incompetência do CADE.

A Procuradoria Geral do Banco Central publicou, então, parecer (2000/00762/DEJUR/PRIRE) argumentando que seria aquela autarquia a única instituição competente para análise de atos de concentração no setor bancário. A Lei 4.595/64, que reestruturou o Sistema Financeiro Nacional, dispõe que compete *privativamente* ao Banco Central conceder autorização a instituições para que possam "ser transformadas, fundidas, incorporadas ou encampadas" (art. 10, X, "c") e que o BACEN "regulará as condições de concorrência entre instituições financeiras, coibindo-lhes

---

[277] GREMAUD, Amaury; et al. *Economia Brasileira Contemporânea*. p. 594-596.
[278] OLIVEIRA, Gesner. *Concorrência: panorama no Brasil e no mundo*. p. 79-81. Será visto no presente tópico que não se trata de uma isenção antitruste explícita, mas sim de um esvaziamento reiterado das competências da autoridade concorrencial quando se trata do setor bancário.

os abusos (...)" (art. 18, §2º). Seria, então, o caso de prevalência de lei especial sobre lei geral (item 46 do Parecer).

Por outro lado, a Procuradoria do CADE se manifestou pouco tempo depois (Parecer 876/2000) alegando ter competência para análise de concentração no sistema financeiro. A Lei da Concorrência, Lei 8.884/94 então vigente, dispunha que "atos, sob qualquer forma manifestados, que possam limitar ou de qualquer forma prejudicar a livre concorrência, ou resultar na dominação de mercados relevantes de bens ou serviços, deverão ser submetidos à apreciação do CADE" (art. 54). A redação deixava claro que não haveria exceção à regra. Corroborava-se essa determinação ao se anotar que a Lei era aplicável "às pessoas físicas ou jurídicas de direito público ou privado, bem como a quaisquer associações de entidades ou pessoas (...)" (art. 15) [279].

O Ministro Chefe da Casa Civil, em razão dessa disputa, suscitou a existência de conflito de competência junto à Advocacia Geral da União (AGU) – órgão que possui competência, segundo a Lei Complementar 73/93 que organiza a AGU, para "unificar a jurisprudência administrativa, garantir a correta aplicação das leis, prevenir e dirimir as controvérsias entre os órgãos jurídicos da Administração Federal" (art. 4º, XI) e para "exercer orientação normativa e supervisão técnica quanto aos órgãos jurídicos das entidades a que alude o Capítulo IX do Título II desta Lei Complementar" (art. 4º, XIII).

A AGU, então, emitiu parecer (AGU/LA-01/2001) para solucionar a controvérsia. Notando que o conflito de competências "não é aparente, mas sim real", o órgão corroborou o conteúdo do Parecer da Procuradoria do Banco Central. Em suas razões, a AGU argumentou que a Lei 4.595/64 foi recepcionada pela Constituição Federal com a eficácia de lei complementar, não podendo lei ordinária contrariar seus dispositivos (item 52 do Parecer). Além disso, referida lei seria clara e expressa ao impor a competência da análise de atos de concentração ao BACEN, algo corroborado pela Lei 9.447/97 (item 69 do Parecer). Argumentou-se, também, que embora não haja delegação de competências do CADE ao BACEN para punição de condutas anticompetitivas, essa competência poderia ser exercida em

---

[279] Veja-se que a nova Lei da Concorrência, 12.529/2011, manteve as mesmas especificações, sem acrescentar exceções. O art. 15 da antiga lei foi transposto para o art. 31 da nova lei, com a mesma redação inclusive, reiterando a aplicação das disposições concorrenciais a todas as pessoas físicas ou jurídicas, sejam de direito público ou privado.

consequência da interpretação ampla do § 2º do art. 18 da Lei nº 4.595/64 (itens 72 a 74 e item 81 do Parecer).

Como houve a aprovação e publicação do Parecer da AGU com a rubrica presidencial, o Parecer "vincula a Administração Federal, cujos órgãos e entidades ficam obrigados a lhe dar fiel cumprimento", nos termos do art. 40, §1º da Lei Complementar 73/93.

Esse não foi, contudo, o fim da disputa.

O Parecer da AGU foi publicado antes do final do julgamento do Ato de Concentração do Banco Finasa. Em razão do parecer, a relatora Hebe Romano votou pelo envio dos autos ao Banco Central. Por outro lado, o então conselheiro Celso Campilongo pediu vista dos autos e, em seu posterior voto, argumentou que o CADE é autarquia independente; que suas decisões somente poderiam ser revistas judicialmente; que as competências do BACEN e do CADE são complementares, vez que somente o CADE possui a competência de adjudicação; que não há exceção setorial nas competências do CADE; que não haveria subordinação do Conselho ao parecer da AGU, visto que o CADE não é órgão da administração direta. Esse posicionamento acabou por ser o vencedor em Plenário.

Essa situação causa grande insegurança jurídica aos administrados. Atos de concentração posteriores foram submetidos voluntariamente pelos interessados à análise do CADE por cautela [280], enquanto outros atos que foram somente submetidos à autoridade financeira são objeto de demandas judiciais em razão de o CADE ter avocado a competência [281].

---

[280] Vide Ato de Concentração 08012.002350/2011-44, de aquisição de 51% do capital votante (além de parte das ações preferenciais) do Banco Panamericano pelo Banco BTG Pactual.

[281] Vide o caso da compra do BCN pelo Bradesco. O Bradesco comprou o BCN em dezembro de 1997, tendo a operação sido aprovada pelo BACEN em janeiro de 1998. Em abril de 2001 o BCN comprou as ações de propriedade da empresa de administração de ativos Alliance na empresa *BCN Alliance*, que era uma associação anterior formada justa e exclusivamente entre BCN e Alliance. A operação foi apresentada ao CADE dois dias após sua realização (Ato de Concentração nº 08012.002381/2001-23). O Conselho, em maio de 2002, aprovou a operação sem restrições. Contudo, no mesmo ato, o Plenário alegou ter descoberto que o controle do BCN passara ao Bradesco e que isso não havia sido levado ao conhecimento do CADE. Determinou-se, então, a apresentação da operação de compra do BCN pelo Bradesco ao CADE. Sobre essa decisão foi impetrado mandado de segurança pelo Bradesco e pelo BCN, alegando não se tratar de competência do CADE a análise de fusões do mercado financeiro. O Tribunal Regional Federal da 1ª Região reconheceu a competência do CADE (TRF1. AMS 2002.34.00.033475-0/DF). Contudo, a decisão foi revertida no Superior Tribunal de Justiça

Algumas propostas legislativas chegaram a ser discutidas para tentar conciliar a atuação dos dois órgãos ou, pelo menos, encerrar a insegurança trazida pela discussão entre eles. A primeira delas é o Projeto de Lei Complementar 344/2002 que prevê que o primeiro órgão que deverá analisar atos de concentração no sistema financeiro será o BACEN e que caso a autoridade monetária venha a "entender que o ato de concentração não afeta a higidez do sistema financeiro" a matéria deverá ser encaminhada diretamente à autoridade concorrencial. O posterior Projeto de Lei Complementar 265/2007 tem o mesmo conteúdo do projeto anterior referido acima, com a única ressalva de alterar o termo "higidez" por "confiabilidade" [282].

Em que pese a grande relevância das diferentes possibilidades de arranjo institucional e atribuição de competências entre as autoridades regulatória e concorrencial, o que se procura ressaltar no presente tópico é a falta de uma cultura concorrencial no setor bancário brasileiro.

Embora a competência de análise de concentração seja, via de regra, melhor desempenhada por uma autoridade concorrencial separada e independente, visto que haveria maior expertise e menor chance de captura regulatória em razão da diversidade de mercados em que se atua [283], a situação não seria tão prejudicial caso, na conjuntura brasileira, o Banco Central desempenhasse real e efetiva análise antitruste no setor bancário.

O problema é precisamente essa inobservância das construções de defesa da concorrência. Categoricamente, "o Banco Central jamais exerceu sua competência em matéria concorrencial" [284].

Aditando seu voto no Ato de Concentração do Banco Finasa, o então conselheiro Celso Campilongo notou que muitas vezes a autoridade bancária é levada naturalmente a garantir os interesses dos regulados ao invés dos interesses difusos, sendo preferível aos olhos do regulador favorecer a estabilidade de curto prazo do que estimular a concorrência. Critica-se, também, o controle de condutas pelo BACEN, vez que a Lei

(Recurso Especial nº. 1.094.218 – DF). A questão atualmente aguarda julgamento pelo Supremo Tribunal Federal.

[282] O último andamento legislativo do primeiro Projeto é um pedido de urgência datado de 2005, enquanto o segundo Projeto foi encaminhado à Comissão de Constituição e Justiça em fevereiro de 2014.

[283] SAMPAIO, Patrícia; LAVOURINHA, Andréa. Considerações finais: notas sobre concorrência e regulação no setor bancário nacional. In: PORTO, Antônio José; GONÇALVES, Antônio Carlos; SAMPAIO, Patrícia. *Regulação financeira para advogados*. p. 131.

[284] SALOMÃO FILHO, Calixto. *Direito concorrencial: as estruturas*. p. 258.

4.595/64 não tipifica condutas e não prevê penas específicas, mas tão somente algumas penalidades gerais e irrisórias. Sintetizando sua posição, expõe Campilongo:

> Não há exagero nas afirmações aqui feitas. Pergunto: qual o registro, na jurisprudência, na literatura jurídica ou na prática bancária, desde 1964, de análise antitruste de atos de concentração no sistema financeiro feita pelo BACEN, ou de controle de condutas anticoncorrenciais? A resposta é seca e direta: nenhum! [285]

De fato, o sistema financeiro brasileiro foi reestruturado em 1964 por uma reforma de cunho concentrador, feita pelos e para os bancos – que corroborou a tônica da história financeira nacional. As instituições financeiras preferem seguir dentro dessa estrutura concorrencial na qual já estão confortáveis. Excluir a autoridade concorrencial da análise de concentração no setor bancário é somente mais uma manifestação no sentido da manutenção de uma sistemática perpetuada no país já há muito tempo.

3.1.3. Caracterização regulatória brasileira

Conforme exposto anteriormente, o sistema financeiro brasileiro tomou seus atuais contornos estruturais a partir das reformas de 1964, por mais que sempre tenha sido concorrencialmente voltado à concentração.

No que toca à regulação, houve grande guinada na perspectiva basilar de controle sobre a atividade financeira após o Plano Real: passou-se da intervenção direta para a regulação prudencial [286]. Objetivava-se, com o novo marco, proporcionar incentivos adequados para que os bancos brasileiros atuassem de forma sustentável e eficiente, já que a intervenção *ex post* era mais custosa e implicava em sinalizar aos mercados que bancos em apuros seriam repetidamente salvos.

Até o advento do Plano Real, o Brasil era assolado por altíssima inflação e os bancos operavam, em razão disso, de maneira extremamente ineficiente. Antes da implementação do novo modelo de controle finan-

---

[285] CADE. Ato de concentração nº. 08012.006762/2000-09. Aditamento do voto do conselheiro Celso Campilongo. p. 372 dos autos.
[286] DE PAULA, Luiz Fernando; SOBREIRA, Rogério. The 2008 Financial Crisis and banking regulation in Brazil. In: ARESTIS, Philip; SOBREIRA, Rogério; OREIRO, José Luis. *An assessment of the Global Impact of the Financial Crisis*. p. 216.

ceiro, seria necessário um saneamento do setor antes da prática da regulação prudencial.

No aspecto regulatório do Plano Real, especificamente dentro do Programa de Ação Imediata (PAI), o Banco Central passou a exercer um controle mais próximo e rígido em bancos estaduais quanto ao montante mínimo de capital próprio, além de fiscalizar a concessão de empréstimo por essas instituições. Da mesma forma, o BACEN intervinha dentro das estruturas de cada banco em dificuldade de modo a torná-los mais eficientes e competitivos [287].

Com o fim da inflação, proporcionado pelo Plano, os bancos precisaram encontrar outras formas de investimento que não os títulos públicos com ganhos de *floating* [288], que chegaram a representar cerca de 35% das receitas dos bancos em 1990 [289]. Isso fez com que uma série de pequenos bancos viesse a falir, em especial aqueles criados no final dos anos de 1980 com o fim das cartas-patentes, conforme relatado anteriormente.

Como resposta a essa quebra de bancos menos eficientes, e com escopo de evitar uma crise no sistema financeiro, foi lançado em 1995 o Programa de Estímulo à Reestruturação e ao Fortalecimento do Sistema Financeiro Nacional (PROER), por meio da Medida Provisória 1.179 de 1995 [290].

O que se realizou, na prática, foi a adoção de um sistema de soluções jurídicas e financeiras atraentes para que bancos com potencial de aquisição e outros investidores pudessem salvar os bancos com graves problemas financeiros em razão da extinção das receitas inflacionárias.

---

[287] REGO, José Marcio; MARQUES, Rosa Maria (org.). *Economia brasileira*. p. 232.
[288] Como os depósitos à vista realizados junto aos bancos não recebiam remuneração, as instituições conseguiam fácil acesso a recursos praticamente sem custo de captação. Os bancos, então, aplicavam esse dinheiro em títulos (do governo, por exemplo), tendo retorno sem custo, o que se chamou de ganhos de *float* ou *floating*.
[289] MAIA, Geraldo V. S. Reestruturação bancária no Brasil: o caso do PROER. *Notas Técnicas do Banco Central do Brasil*, nº 38, Junho, 2003. p. 03.
[290] A Lei 9.710/98, que positivou uma Medida Provisória, assim definiu o PROER: "Art. 1º - O Programa de Estímulo à Reestruturação e ao Fortalecimento do Sistema Financeiro Nacional, instituído pelo Conselho Monetário Nacional com vistas a assegurar liquidez e solvência ao referido Sistema e a resguardar os interesses de depositantes e investidores, será implementado por meio de reorganizações administrativas, operacionais e societárias, previamente autorizadas pelo Banco Central do Brasil".

Três eram os pilares desse sistema: (i) limitação de elegibilidade, já que somente alguns bancos podiam ser auxiliados pelas mudanças propostas pelo programa; (ii) utilização de determinados princípios gerais, quais sejam, salvaguardar o sistema de pagamentos e penalizar as más condutas bancárias, considerando o *moral hazard* existente no setor; (iii) utilização de engenharia financeira, pela qual se dividiria o banco em dificuldades em duas partes: o banco bom e o banco ruim, sendo a parte boa negociada com outros bancos ou investidores por meio de uma reestruturação societária, enquanto a parte ruim seria, em verdade, considerada uma dívida perante o PROER [291].

O Programa estimulou, assim, a fusão e aquisição de uma série de bancos. Embora o sistema tenha se tornado mais concentrado, o resultado foi o de evitar, de modo bem sucedido, o contágio de instituições financeiras [292].

Outra medida adotada foi o Programa de Incentivo à Redução da Presença do Estado na Atividade Bancária (PROES), em agosto de 1996. Os bancos estaduais, repetidamente utilizados pelos estados para financiar suas despesas, principalmente após o processo de centralização tributária imposta pelo governo militar, representavam 17% do crédito concedido e possuíam 10% dos ativos totais do sistema bancário. Apesar dessa aparente força, eles vieram a ruir rapidamente pela prática de concessão de crédito em desacordo com a boa prática bancária (em especial para os estados) e por também dependerem excessivamente das receitas inflacionárias [293]. Sucedeu-se ao PROES um processo de privatização dos bancos estaduais em duas etapas – "federalização" das dívidas dos estados (e consequentemente dos bancos estaduais), por meio de refinanciamento, e sua posterior e efetiva privatização.

---

[291] MAIA, Geraldo V. S. Reestruturação bancária no Brasil: o caso do PROER. *Notas Técnicas do Banco Central do Brasil*, nº 38, junho, 2003. p. 04-06.

[292] ROCHA, Fernando Alberto Sampaio. Evolução da concentração bancária no Brasil (1994-2000). *Notas técnicas do Banco Central do Brasil*, n. 11. Brasília: Banco Central, 2011. p. 12-13. Os bancos Nacional e Econômico já tinham precisado anteriormente, no próprio ano de 1995, de uma intervenção direta do governo para salvá-los da falência. O Plano permitiu que ambos fossem incorporados por outros bancos (respectivamente Unibanco e Banco Excel) e fossem retirados da tutela direta do Banco Central.

[293] JUNIOR, Cleofas Salviano. *Bancos estaduais: dos problemas crônicos ao PROES*. Brasília: Banco Central do Brasil, 2004. p. 18-38 e p. 69. O livro traz, de maneira bastante compreensiva, a história e análise da operação dos bancos estaduais dentro da economia nacional.

Nesse ambiente, a participação do capital externo foi fundamental para propiciar fontes de financiamento para o ajuste do sistema, bem como para, em tese, aumentar a contestabilidade do mercado financeiro.

As alterações promovidas por meio de intervenção direta do governo propiciaram o saneamento inicial do sistema financeiro, permitindo-se que se passasse a uma regulação não tão incisiva, dentro de um marco econômico liberalizante e com intuito de modernizar e tornar mais eficiente o processo de intermediação financeira.

A mudança no paradigma de regulação brasileiro levou a um sistema que denominaremos conforme as seguintes características: (a) competências regulatórias centralizadas; (b) conservadorismo e caráter proibitivo/restritivo quanto à atuação dos agentes financeiros e (c) flexibilização quanto à ação da autoridade monetária (tanto em caráter normativo por meio da CMN quanto operacionalmente no BACEN) [294].

(a) Centralização de competências regulatórias

Quanto ao primeiro ponto, referente à centralização de competências[295], diferentemente do sistema retalhado, redundante e excessivamente complexo dos Estados Unidos, o sistema regulatório brasileiro é mais simples na sua delegação de competências regulatórias e fiscalizatórias.

Relembrando dos diferentes arranjos de competência possíveis, (i) institucional, (ii) funcional, (iii) integrado e (iv) de regulação por objetivos, vistos no item 1.4.4, supra, no Brasil, a estruturação e divisão de

---

[294] Essa caracterização tríplice apontada é própria do presente trabalho. Descrever detalhadamente todo o marco regulatório financeiro, tanto prudencial quanto sistêmico, no Brasil é matéria suficiente para obra dedicada somente a esta finalidade. Dá-se destaque e se recomenda a tese de PINTO, Gustavo Mathias Alves. *Regulação sistêmica e prudencial no setor bancário brasileiro*. Tese de doutorado: USP, Faculdade de Direito, São Paulo, 2011, por sua sistematização e compilação do referencial teórico e marco regulatório financeiro nacional, além de apontar problemas a serem enfrentados futuramente tanto nacional quanto internacionalmente acerca da dinâmica financeira.

[295] Respeitando-se as construções do Direto Administrativo, a *descentralização* refere-se a subdividir competências em mais de um órgão, enquanto a *desconcentração* refere-se a uma hierarquização dentro um único órgão. Por isso, trata-se de *centralização* e não *concentração* de competências no presente caso. Cf. DI PIETRO, Maria Sylvia Zanella. *Direito Administrativo*. p. 410. Ademais, o termo já é usado na doutrina, vide VERÇOSA, Haroldo Malheiros Duclerc. Brazil's survival of the 2008 global financial crisis: were we that good? *Revista de Direito Mercantil, Industrial, Econômico e Financeiro*, v. 158, 2011, p. 150.

competências não se enquadram claramente em qualquer dos arranjos acima, considerados como *tipo-ideal* [296]. O que há é um sistema híbrido, com poucos órgãos, havendo cooperação e coordenação entre eles. O que importa é a análise do desenvolvimento do processo regulatório e não de sua classificação, visto que cada um dos arranjos acima apresenta vantagens e desvantagens.

O Sistema Financeiro Nacional é composto por dois subsistemas, o normativo e o operativo. No primeiro são congregados os órgãos de regulação e fiscalização enquanto no segundo atuam as instituições financeiras autorizadas pelo Banco Central do Brasil. Dentro do subsistema normativo, que é a partir de onde emana o arcabouço regulatório e de fiscalização, tem-se uma estrutura simples e compreensível: cada órgão normativo (somente três) possui órgãos supervisores vinculados a ele (somente quatro ao todo), no seguinte esquema [297]:

    1. O Conselho Monetário Nacional (CMN) é órgão responsável pela fixação de diretrizes monetárias, creditícias e cambiais. A ele são ligadas as entidades supervisoras do Banco Central do Brasil e da Comissão de Valores Mobiliários;

    2. O Conselho Nacional de Seguros Privados (CNSP) que, redundantemente, regula a política de seguros privados no Brasil, tem como autoridade supervisora de suas determinações a Superintendência de Seguros Privados (Susep);

    3. O Conselho Nacional de Previdência Complementar (CNPC), órgão que regula especificamente os fundos de pensão, tem a Superintendência Nacional de Previdência Complementar (Previc) como autoridade supervisora vinculada.

Embora a estrutura regulatória seja perceptivelmente centralizada em suas competências, deve ser observado que essa aglutinação é ainda maior

---

[296] É digno de nota que os *tipos-ideais* de arranjos de competência regulatórias devem ser considerados, efetivamente, apenas como um arquétipo didático. Veja-se que, caso se considere como *arranjo integrado* apenas aqueles nos quais há um único órgão regulador no setor financeiro, de seguros e mercado de capitais, o Brasil e os Estados Unidos teriam o mesmo arranjo institucional (cf. realizado em CIHÁK, Marin; PODPIERA, Richard. Is One Watchdog Better Than Three? International Experience with Integrated Financial Sector Supervision. *IMF Wornking Paper 06/57*, março de 2006, p. 7) algo completamente distante da realidade, conforme será visto no presente tópico.

[297] BANCO CENTRAL DO BRASIL. *Manual de Supervisão*. Emitido em 27/05/2013. p. 04-06.

do que aparenta. Nota-se que se dá especial atenção a dois nichos específicos no subsistema normativo, o de seguros privados e de pensão complementar, mas que esse foco não se refere à seara bancária. Quanto aos bancos, toda a competência fica limitada às determinações do CMN e supervisão e implementação do BACEN. E mesmo no caso dos seguros, o CMN intervém, caso seja necessário, por meio, por exemplo, de determinação de índices de reserva necessária, para evitar colapsos como o da AIG [298].

O Banco Central exerce suas competências, por excelência, em bancos comerciais, múltiplos, de desenvolvimento, de investimento, caixas econômicas e sociedades de crédito, financiamento e investimento. Contudo, o raio de ação do BACEN vai muito além, sendo ele responsável por outras entidades que atuam no mercado financeiro. É assim com sociedades de créditos imobiliários, as corretoras de títulos e valores mobiliários (o BACEN fiscaliza esses órgãos nas operações de renda fixa, enquanto a CVM fiscaliza as transações com títulos e valores mobiliários), as associações de poupança, as cooperativas de crédito, sociedades de arrendamento mercantil, sociedade de crédito ao microempreendedor, agências de fomento, companhias hipotecárias e até mesmo os Correios, nas transferências vinculadas a vales postais internacionais [299].

Ademais, quando há necessidade, BACEN e CVM, ambas autoridades vinculadas ao CMN, atuam em conjunto em assuntos cujas implicações possam apresentar caráter sistêmico ou possibilidade de atingir as competências dos dois órgãos. Como exemplo, perceba-se que foi assinado em 2002, aditado em 2010 e reiterado em 2014 [300], convênio para cooperação entre a autoridade monetária e a autarquia. Além do intercâmbio de informações e *expertise*, firmou-se como objetivo da cooperação a manifestação prévia do BACEN quanto à elaboração de normas a respeito do mercado de capitais, derivativos e fundos de investimento que viessem a ocasionar efeitos nas determinações prudenciais existentes no sistema (Cláusula Pri-

---

[298] VERÇOSA, Haroldo Malheiros Duclerc. Brazil's survival of the 2008 global financial crisis: were we that good? *Revista de Direito Mercantil, Industrial, Econômico e Financeiro*, v. 158, 2011, p. 151.
[299] Para uma compilação e indicação de todo arcabouço legislativo que imputa essas competências ao BACEN, veja-se BANCO CENTRAL DO BRASIL. *Manual de Supervisão*. Emitido em 27/05/2013. p. 05 e 07.
[300] Conteúdo do Convênio disponível em http://www.bcb.gov.br/pec/appron/apres/Conv%C3%AAnio_CVM_e_BCB.pdf. Acesso em 28/07/2015.

meira, "a"). Por outro lado, a CVM será ouvida antes da edição de normas pelo BACEN que "tenham reflexos no mercado de valores mobiliários" ou afetem a atuação das instituições que operam na distribuição de valores mobiliários (Cláusula Primeira, "b"). Veja-se, por fim, que BACEN e CVM já emitiram dezoito decisões conjuntas sobre assuntos de interesse recíproco, como normas de fundos de investimento, intermediação em operações de câmbio, dentre outras matérias.

Dando continuidade ao processo de integração e cooperação entre as instituições que compõem o Sistema Financeiro Nacional, foi instituído pelo Decreto 5.685 de 2006, o Comitê de Regulação e Fiscalização dos Mercados Financeiro, de Capitais, de Seguros, de Previdência e Capitalização – Coremec. O Comitê tem "a finalidade de promover a coordenação e o aprimoramento da atuação das entidades da administração pública federal que regulam e fiscalizam as atividades relacionadas à captação pública da poupança popular" (art. 1º).

Enquanto nos Estados Unidos existe regulação do Fed, do FDIC, do OCC, dos reguladores estaduais, da SEC e eventualmente de outros reguladores específicos, como foi o caso da extinta OTS para fundos de poupança que atuavam no ramo de crédito imobiliário (vide Fannie Mae e Freddie Mac), no Brasil o Banco Central supervisiona grande gama de instituições que sejam de interesse para o correto funcionamento do sistema financeiro – e, quando necessário, há efetiva e constante troca de informações com outras autoridades regulatórias – demonstrando que a lógica de cada um dos sistemas é completamente diversa e que seus respectivos mecanismos para eficiente regulação são (e devem ser) outros.

(b) Sistema conservador, proibitivo e restritivo

Seguindo na análise das características do sistema regulatório brasileiro, tem-se que ele é conservador, proibitivo e restritivo.

Diz-se que o sistema é proibitivo e restritivo, pois os padrões adotados nas regulações financeiras nacionais são mais firmes até mesmo que as recomendações internacionais, como os Acordos de Basileia, limitando ou as estruturas ou as formas de atuação dos bancos.

Já a partir de 1994 começaram a ser incorporadas na regulação brasileira as regras do Acordo de Basileia I. Por meio da Resolução CMN nº. 2.099 de agosto de 1994, "ficava estabelecido o limite mínimo de capital para constituir banco, bem como limites adicionais conforme o grau de risco dos ativos" [301]. Essa resolução foi, ainda, tornada mais rígida por modificações da Resolução nº. 2.399 de junho de 1997 que aumentou os requerimentos de capital das instituições financeiras, considerando seus respectivos riscos. Enquanto a recomendação do Acordo era de 8% dos ativos ponderados pelo risco, o Brasil adotou, conservadoramente, o percentual de 11%. Mesmo com o patamar regulatório mais elevado, os bancos brasileiros atuam com reservas ainda mais elevadas, em 18% dos ativos ponderados pelo risco, em média, de 2003 a 2008 [302]. A abertura de instituições financeiras deve cumprir, ainda, exigências diferenciadas de capital mínimo, em níveis consideravelmente altos e, por vezes, até mesmo pragmaticamente impeditivos [303].

Seguindo no exame dos requisitos de capital, e tendo em mente os problemas de incentivos que ocorrem com as avaliações das agências de *rating*, a análise do risco de crédito para se chegar ao valor necessário de capitalização da instituição financeira não depende de avaliação de agência externa, mas sim de detalhamentos e critérios estabelecidos pelo Banco Central, que deverão ser seguidos e administrados pelos próprios bancos, conforme tratado no Comunicado BACEN nº 12.746 de 2004 [304]. Trata-se, inclusive, de prática que, embora permitida, não era utilizada e incentivada dentro do Pilar 1 de Basileia II.

Dando sequência à análise, diferentemente da relação entre o sistema financeiro norte-americano e seu mercado imobiliário – dinâmica dentro da qual se adotou padrão de concessão de crédito sem critério com finan-

---

[301] OLIVEIRA, Gesner. *Concorrência: panorama no Brasil e no mundo*. p. 91.
[302] DE PAULA, Luiz Fernando; SOBREIRA, Rogério. The 2008 Financial Crisis and banking regulation in Brazil. In: ARESTIS, Philip; SOBREIRA, Rogério; OREIRO, José Luis. *An assessment of the Global Impact of the Financial Crisis*. p. 217.
[303] Vide Anexo II da Resolução 2.099/1994 do CMN e posterior alteração pela Resolução 2.607/1999. Calixto Salomão Filho aponta que grandes níveis de requerimento de capital mínimo configuram entrave a novos concorrentes no mercado, algo que deixa de ser percebido pelo estrito foco na suposta estabilidade advinda de requerimentos regulatórios mais elevados. Cf. SALOMÃO FILHO, Calixto. Condutas Anticoncorrenciais no Setor Bancário. *Revista de Direito Mercantil, Industrial e Econômico*. n. 114, 1999.
[304] No Comunicado BACEN nº 18.365, que veio a detalhar e explicar alguns dos conceitos do Comunicado BACEN nº 12.746, abriu-se a possibilidade de utilização de base de dados e de metodologias externas, mas somente como fonte complementar (itens 27, 28 e 29), sendo que a responsabilidade pelo atendimento dos critérios do patrimônio de referência ainda é das instituições financeiras.

ciamento da quase totalidade do valor dos imóveis – no Brasil existem normas para regular o risco a que se expõem os bancos em empréstimos imobiliários. Isso se faz por meio da relação entre o valor financiado e o valor do imóvel (chamada de *Loan-to-Value ratio*, ou LTV). Quanto maior for essa relação percentual, maior será a provisão de capital que o banco precisará adotar, conforme delineado na Circular 3.360 de 2007 e posteriores alterações [305].

Limita-se, também, a exposição da instituição financeira ao risco de crédito de um único cliente – o teto é de 25% do patrimônio de referência, conforme normatizado pela Resolução CMN nº. 2.844 de 2001.

Os bancos devem, da mesma forma, adotar um sistema de provisionamento em atenção às expectativas (futuras) do risco de crédito de seus clientes, usando de uma classificação escalonada que vai de AA até H. À medida que um cliente atrasa o adimplemento de sua obrigação, a necessidade de provisionamento dos valores não pagos vai crescendo progressivamente, nos termos da Resolução CMN nº. 2.682 de 1999 – por exemplo, quando o atraso é superior a cento e oitenta dias, o provisionamento deve ser de 100% do valor do contrato. Trata-se de uma medida conservadora, para forçar os bancos a, progressivamente, se ajustarem às suas atuais condições de risco e inadimplência. Autores chegam a ressaltar que não há tendência em se reduzir os níveis exigidos e que, como consequência, os bancos deverão ou ampliar seus negócios em nichos menos arriscados ou, ainda, requisitar boas garantias na concessão de empréstimo, evitando que seu respectivo capital de referência não seja excessivamente elevado [306].

Além dessas questões de cunho estrutural, o controle nas operações bancárias também é mais estrito. A securitização no Brasil tem origem

---

[305] Interessante notar que o Canadá também possui preocupação especial com o percentual do valor do imóvel que é financiado. No país, quando esse percentual é superior a 80%, exige-se dos bancos a realização de um seguro quanto aos valores. Países europeus colocam, em geral, um teto percentual (em geral 80%), sendo que há tendência em alguns deles de se abaixar esse valor após os problemas havidos no mercado imobiliário norte-americano. Cf. LEA, Michael. *Alternative forms of mortgage finance: what can we learn from other countries?* Paper apresentado no Harvard Joint Center for Housing Studies National Symposium. p. 24, 20 e 14, respectivamente.

[306] Para uma análise específica quanto aos cálculos, pesos e especificidades envolvidos no risco de crédito, além das conclusões citadas, veja-se YANAKA, Guilherme; HOLLAND, Márcio. Basiléia II e exigência de capital para risco de crédito nos bancos do Brasil. *Texto para discussão da Escola de Economia de São Paulo (FGV)*, 188, maio de 2009.

mais recente, a partir da década de 1980, e as regras que regulam a matéria são rígidas, com forte ligação ao ativo que lhe dá origem e com fiscalização do BACEN e da CVM [307]. A Resolução CMN nº. 2.686 de 2000, com suas posteriores alterações e revogações, regula de maneira precisa a securitização de recebíveis de bancos, qualquer que seja a forma de captação de recursos.

Dando-se continuidade, há exigências na operação em mercados de balcão. Por meio da Resolução CMN nº. 3.505, determinou-se que todas as operações com derivativos em mercado de balcão estão sujeitas a registro obrigatório, seja em mercado organizado de balcão ou em sistema administrado por bolsa de valores.

Outro exemplo é a fiscalização exercida sobre o desempenho e exposição dos agentes financeiros. Enquanto nos Estados Unidos os chamados testes de stress [308] passaram a ser obrigatórios e realizados com alguma frequência somente após a eclosão da crise [309], no Brasil eles sempre foram uma tônica. Os resultados para a indústria bancária nacional, inclusive, sempre foram robustos e sólidos, por mais que algumas críticas possam ser tecidas a respeito da execução das avaliações no país [310].

Ainda, no Brasil, o Banco Central tem poder de ingerência na estrutura de remuneração de executivos de bancos. Pela Resolução CMN nº. 3.921,

[307] CAMINHA, Uinie. *Securitização*. p. 140-141.
[308] Segundo o BACEN, testes de stress "são utilizados para estimar as potenciais perdas e a nova exigência de capital das instituições financeiras causadas por grandes oscilações nas taxas de juros e de câmbio (risco de mercado)" pelo aumento do risco de crédito". BANCO CENTRAL DO BRASIL. *Relatório de Estabilidade Financeira*. Março de 2013. p. 58. Disponível em < http://www.bcb.gov.br/htms/estabilidade/2013_03/refC2P.pdf>, acesso em 05/06/2013.
[309] BERNANKE, Ben. Implementing a Macroprudential Approach to Supervision and Regulation. *Fed Chicago 47th Annual Conference on Bank Structure and Competition*, May, 2011. p. 08.
[310] PINTO, Gustavo Mathias Alves. *Regulação sistêmica e prudencial no setor bancário brasileiro*. Tese de doutorado: USP, Faculdade de Direito, São Paulo, 2011. p. 216. O autor ressalta que, apesar dos resultados positivos dos Relatórios de Estabilidade Financeira, o sistema de testes de stress no Brasil ainda sofre de problemas como a falta de transparência: não se divulga precisamente a frequência de realização dos testes, tampouco metodologia utilizada ou mesmo o resultado individual de cada instituição financeira. Para além das considerações do autor, veja-se que o Fundo Monetário Internacional elogia o atual desenho dos testes de stress, mas adverte que os testes poderiam ser aprimorados com análises de longo prazo e com a inclusão de instituições financeiras não-bancárias na análise. Sugere-se que mesmo atualmente algumas instituições financeiras devam ser fiscalizadas mais de perto, por já precisarem de maior capitalização. Cf. IMF Country Report No. 13/147. *Brazil: Technical Note on Stress Testing the Banking Sector*, junho de 2013. p. 34-35.

determinou-se que todas as instituições financeiras, à exceção das cooperativas de crédito e sociedades de crédito para micro e pequenas empresas, teriam que seguir ditames básicos no que tange à estrutura de remuneração de seus administradores. O objetivo dessa resolução é alinhar os interesses da instituição com os interesses de seus administradores (art. 2º). Para isso, determinou-se que no mínimo 50% da remuneração variável dos administradores deve ser paga em "instrumentos baseados em ações" (art. 6º, § 1º) e que no mínimo 40% da remuneração variável deve ser diferida no período de três anos (art. 7º, § 1º). Com essas determinações, diminui-se o risco da distribuição de bônus absurdos por operações arriscadas e de curto prazo – como parte considerável da remuneração terá como origem ações, o bônus crescerá caso o banco também cresça; por outro lado, como o pagamento é bastante diferido no tempo, será necessário pensar na boa gestão da instituição por um período razoável de tempo. Cláusulas de "bônus mínimo" foram marcadas como excepcionalidade, em situações específicas como recém contratação ou transferência para outra cidade, e com limite de um ano após o fato que deu origem à garantia (art. 9º). Ainda, bancos organizados como companhias abertas deverão instituir um comitê de remuneração (art. 11) com competências amplas de alteração e fiscalização sobre a remuneração dos administradores (art. 14).

O sistema se mostra, também, restritivo ao delimitar as responsabilidades cíveis dos administradores e controladores de instituições financeiras. A severidade recai em um ponto tido como culturalmente sensível, o patrimônio dos responsabilizados[311].

Quanto a esse tópico, note-se primeiramente que tão logo venha a ser decretado qualquer regime especial aplicável às instituições financeiras[312], os bens de todos os administradores que exerceram suas funções nos doze meses anteriores à decretação ficarão, em sua totalidade, indisponíveis, por força do art. 36, e seu § 1º, da Lei 6.024/74, com exceção dos bens impenhoráveis ou inalienáveis e bens objeto de promessa de alienação desde que o instrumento tenha sido levado a registro no órgão competente (art. 36, §º 3º e 4º de referida Lei).

Ainda, por meio da Lei 9.447/97, estendeu-se aos controladores das instituições a mesma regra a respeito da indisponibilidade de bens aplicável

---

[311] SALOMÃO NETO, Eduardo. *Direito bancário*. p. 720.
[312] São eles: Regime de Administração Especial Temporário (RAET), a intervenção e a liquidação extrajudicial que serão vistos mais adiante.

aos administradores [313]. A medida busca tanto proteger os credores quanto desestimular comportamentos temerários[314]. Contudo, existe uma diferença quanto ao regime dos administradores e dos controladores. Quanto aos administradores, ficarão indisponíveis os bens de quaisquer deles que ocuparam a posição nos doze meses anteriores à decretação. Para os controladores, a regra só vale para aqueles que o sejam na data da decretação, sem a retroatividade de doze meses – algo criticável por permitir comportamentos oportunistas por parte de controladores de bancos em crise ou em vias de intervenção [315].

Quanto à forma de responsabilização, existe a previsão, um tanto mais padrão dentro das construções de responsabilidade civil, do art. 39 da Lei 6.024/74. Dispõe-se no artigo que os administradores de instituições financeiras, bem como os membros do Conselho Fiscal, responderão a qualquer tempo, salvo prescrição extintiva, pelos atos que tiverem praticado ou pelas omissões cometidas. Caso de responsabilidade civil subjetiva: dependente de ato ilícito, dano e nexo de causalidade entre ato e dano [316].

A formatação se altera com o art. 40 da mesma Lei. Prevê-se que "os administradores de instituições financeiras respondem solidariamente pelas obrigações por elas assumidas durante sua gestão, até que se cumpram". Nessa situação, tem-se a responsabilidade objetiva e solidária dos administradores, não considerados os membros do Conselho Fiscal por não serem administradores, por atos de toda a instituição financeira. Administradores responsáveis por uma determinada área serão solidariamente responsáveis por ações de administradores de outras áreas, incentivando-se uma maior participação e fiscalização *interna corporis*. É aqui que se institui

---

[313] MOURA, Alkimar. Regulação nos mercados financeiros e de capitais no Brasil: um sistema à prova de crises? In: LIMA, Maria Lúcia Padua (coord.). *Agenda contemporânea: Direito e Economia, 30 anos de Brasil*, tomo 2. p. 244. O autor ressalta que essas modificações tornaram-se possíveis como decorrências do que havia sido previamente desenvolvido no PROER.

[314] YAZBEK, Otávio. Crise financeira e risco sistêmico: a evolução recente da regulação sistêmica no Brasil. In: LIMA, Maria Lúcia Padua (org.). *Agenda contemporânea: Direito e Economia, 30 anos de Brasil*, tomo 2. p. 98.

[315] SALOMÃO NETO, Eduardo. *Direito bancário*. p. 732.

[316] Deve ser notado que há controvérsia a respeito da subjetividade da responsabilidade do art. 39 para alguns autores, como para Bulhões Pedreira, Arnoldo Wald, dentre outros. Vide revisão de literatura e construção própria feita por VERÇOSA, Haroldo Malheiros Duclerc. *Responsabilidade civil especial nas instituições financeiras e nos consórcios em liquidação extrajudicial.* p. 51-75.

verdadeiramente o que é conhecido como a "responsabilidade especial" em instituições financeiras [317].

Mesmo não sendo o objeto do presente trabalho, destaque-se como breve observação final dentro desse tópico que a responsabilização em âmbito penal não recebe os mesmos elogios que recebe em âmbito civil – argumenta-se, por exemplo, que há um caráter excessivamente político nas normas da Lei 7.492/86, tentando reprimir práticas já crimininalizadas, fazendo com que se perca a precisão de conceitos penais e dificultando a aplicação da Lei, bem como a higidez de seus tipos [318].

(c) Flexibilidade de atuação da autoridade monetária

Por fim, veja-se que a atuação da autoridade monetária brasileira pode se dar de maneira flexível, seja em caráter normativo por meio do CMN ou em caráter operacional por meio do BACEN, de acordo com as necessidades e condições econômicas existentes.

Pela especialidade da intermediação financeira e suas características sistêmicas, em comparação a outras atividades econômicas, os mecanismos existentes para cuidar dos bancos em crise são diferenciados das ferramentas tradicionais da recuperação judicial e da falência. Com bancos, inclusive, são adotadas medidas para possíveis diversas fases de dificuldade. São instituídos mecanismos para (i) previamente, diminuir as chances de ocorrência crise, como seguros de depósito; (ii) em situações de menor gravidade, garantir provisões de liquidez para instituições saudáveis, mas com problemas pontuais; (iii) em situações mais graves, adotar, com ingerência estatal, soluções de mercado para evitar a quebra de instituições e, por fim, (iv) adotar procedimentos especiais, mais técnicos e céleres que os previstos na legislação falimentar, de intervenção e liquidação [319].

A Lei 9.447/97 conferiu ao BACEN a competência para, em análise discricionária, determinar que instituições passando por dificuldades financeiras (enquadráveis nos arts. 2º e 15 da Lei 6.024/74) se capitali-

---

[317] VERÇOSA, Haroldo Malheiros Duclerc. *Responsabilidade civil especial nas instituições financeiras e nos consórcios em liquidação extrajudicial*. p. 57.
[318] SALOMÃO NETO, Eduardo. *Direito bancário*. p. 640. Referida Lei também é conhecida como Lei dos Crimes de Colarinho Branco.
[319] SALOMÃO NETO, Eduardo. *Direito bancário*. p. 669 e p. 693.

zem, transfiram seu controle acionário ou se reorganizem societariamente, até mesmo por meio de fusão ou aquisição [320].

Note-se, também que "o Banco Central do Brasil, em avaliação discricionária das circunstâncias de cada caso, poderá determinar a adoção das medidas prudenciais preventivas", que são: (i) adoção de controles e procedimentos operacionais adicionais; (ii) redução do grau de risco das exposições a determinados investimentos; (iii) observância de valores adicionais ao patrimônio de referência; (iv) observância de limites operacionais mais restritivos; (v) recomposição de níveis de liquidez; (vi) adoção de administração em regime de cogestão; (vii) a limitação ou suspensão de pagamentos aos administradores das instituições financeiras; (viii) a limitação ou suspensão de práticas operacionais e comerciais, como a venda de determinados produtos ou abertura de novas linhas de negócios; e (ix) alienação de ativos, vide a Resolução CMN nº. 4.019 (em especial art. 2º, que define a competência e art. 3º que enumera as possíveis práticas para aplicação das competências definidas anteriormente).

Discricionariedade também é conferida ao Banco Central durante os procedimentos especiais a que se submetem as instituições financeiras – e outras que estão sujeitas à supervisão do BACEN. Quanto ao Regime de Administração Especial Temporário (RAET) [321], a autoridade tem discricionariedade para (i) autorizar o conselho diretor a praticar atos que

---

[320] Cf. art. 5º da Lei 9.447/97, respectivamente nos incisos I, II e III. O artigo dispõe que "é facultado ao Banco Central do Brasil, visando assegurar a normalidade da economia pública e resguardar os interesses dos depositantes, investidores e demais credores, sem prejuízo da posterior adoção dos regimes de intervenção, liquidação extrajudicial ou administração especial temporária, determinar as seguintes medidas", elencando-se, em seguida, as três medidas referidas no corpo do texto.

[321] Instituído pelo Decreto-lei 2.321/87, o Regime de Administração Especial Temporário (RAET) é a forma mais branda de intervenção do BACEN na instituição financeira. O regime será decretado caso venha a se constatar qualquer das condições previstas no art. 1º do Decreto, que inclui a existência de passivo a descoberto, descumprimento de normas relativas a reservas bancárias, gestão temerária ou fraudulenta ou quando se verificarem as condições de intervenção previstas no art. 2º da Lei 6.024/74. Por esse regime, as atividades do banco não são suspensas, tão somente se substitui a administração existente, bem como o conselho fiscal, por conselho de administração, ou por empresa terceirizada especializada na matéria, indicado pela autoridade monetária, que atuará com amplos poderes de gestão, mas durante um lapso temporal limitado (mesmo que não tenha sido fixado teto no Decreto). O objetivo do instituto é o de se colocar rapidamente os bancos auxiliados de volta em situação de regularidade.

ultrapassem os limites da gestão ordinária; (ii) atribuir da administração a empresa especializada e não a conselho diretor; (iii) optar dentre as opções de reorganização societária, desapropriação de ações ou, ainda, a liquidação e (iv) fazer cessar o regime de administração especial caso se considere que a situação do banco se encontra normalizada. Quanto à intervenção[322], a autoridade bancária tem discricionariedade para (i) permitir que o interventor decida ou não sobre oneração de patrimônio e sobre contratação e demissão de pessoal e (ii) decidir sobre a continuidade do procedimento de intervenção, sua cessação ou pela decretação de liquidação extrajudicial. No caso da liquidação extrajudicial [323], considera-se que a discricionariedade da autoridade é total ao decidir a continuidade ou cessação do processo de liquidação [324].

A resposta regulatória à crise financeira também demonstrou a maleabilidade do sistema brasileiro ao incorporar novas medidas que deram vazão a alguns dos problemas advindos da crise.

No bojo das discussões a respeito de Basileia III, como será visto ao final do livro, o CMN pautou parte de seu foco regulatório em requerimentos de capital contracíclicos, definidos subjetivamente – em períodos de prosperidade econômica, abundância de crédito e maior prazo de maturação de contratos, exigem-se maiores níveis de capital para a composição do patrimônio de referência; por outro lado, em períodos recessivos, dimi-

---

[322] A figura da intervenção é disciplinada pela Lei 6.024/74 a partir do art. 2º. Assim como no RAET, na intervenção há a destituição da administração, sendo nomeado interventor pelo BACEN. Também há a limitação de tempo de intervenção, sendo de seis meses podendo ser prorrogado por mais seis meses. Contudo, a intervenção é utilizada quando a situação do banco denota uma situação mais grave e o objetivo do instituto é o de evitar o agravamento da situação da instituição. Por isso, a intervenção suspende a exigibilidade das obrigações vencidas, suspende a fluência dos prazos das obrigações vincendas e torna inexigíveis os depósitos existentes à época da decretação. Como se percebe, há alguma aproximação entre a intervenção e o RAET a ponto de Fábio Konder Comparato considerar que a intervenção foi eliminada pelo RAET. A escolha entre qual dos dois é aplicável é escolha discricionária do BACEN, por mais que isso seja criticável conforme será visto no ponto 3.2.6 infra. Vide SALOMÃO NETO, Eduardo. *Direito bancário*. p. 706, nota de rodapé 71 e p. 701.

[323] A liquidação extrajudicial também é disciplinada na Lei 6.024/74, a partir do art. 15. Trata-se do instituto final para resolução da instituição e pode ser decretada no caso de comprometimento das condições financeiras, de violação de normas estatutárias, legais ou regulamentos do BACEN e CMN ou sofrer prejuízos excessivos. É nomeado liquidante com amplos poderes, mas tão somente voltados a realizar o ativo e pagar o passivo.

[324] SALOMÃO NETO, Eduardo. *Direito bancário*. p. 706 e p. 709.

nui-se a exigência de capital para que haja maior liberação de recursos pelos bancos. Isso foi feito, por exemplo, no financiamento de automóveis: quando o volume de crédito para consumo em automóveis atingiu níveis considerados elevados em 2010, dobraram-se os requerimentos de capital para esse tipo de empréstimo em relação aos níveis então praticados; em 2011, estabilizado o volume de crédito, voltou-se ao patamar de exigências anterior [325].

Também merece destaque o fato de a flexibilidade regulatória não se limitar à atuação de bancos. Por exemplo, por meio da Resolução CMN nº. 3.656 (revogada, mas cujos dispositivos foram consolidados no novo estatuto do Fundo Garantidor de Crédito, constante na Resolução CMN nº. 4.222), ampliaram-se os limites de investimento do FGC, bem como se permitiu que o Fundo viesse a adquirir as carteiras de crédito dos bancos menores e com dificuldade em obtenção de recursos (e que, portanto, tinham maior risco embutido).

A Medida Provisória 442 de 2008, convertida na Lei 11.882 de 2008, conferiu poderes ao CMN para que normatizasse outras questões importantes relativas à operação bancária, como "estabelecer critérios e condições especiais de avaliação e de aceitação de ativos" como garantia ou como forma alternativa de pagamento nas operações de redesconto (art. 1º, I) ou "afastar, em situações especiais e por prazo determinado" as exigências quanto à regularidade fiscal de instituições financeiras (art. 1º, II).

Na questão da remuneração dos gestores, a já mencionada Resolução CMN nº. 3.921 indica que o BACEN poderá, a qualquer tempo, requerer informações que demonstrem que os incentivos fornecidos aos administradores levam em consideração os devidos aspectos de gestão de risco ou adequação de capital (art. 17). Caso a autarquia avalie que os incentivos não estão devidamente alinhados, poderá ela determinar medidas para compensar o que se considerar como risco adicional (art. 18).

---

[325] MARTINS, Bruno; SCHECHTMAN, Ricardo. Loan pricing following a macroprudential within sector capital measure. *Working paper series 323*, Banco Central do Brasil, agosto de 2013. p. 4-6.

3.2. Análise (e desmistificação) de algumas das justificativas para a "solidez" do sistema financeiro brasileiro

3.2.1. A economia brasileira em perspectiva durante a crise: desempenho econômico e fatores externos à estrutura bancária

(a) Fatos e dados

O Brasil não sentiu os efeitos da crise internacional da mesma maneira que outros países ao redor do mundo, tanto no lado financeiro quanto no lado real da economia.

De início, ocorreu um período de descolamento (*decoupling*) entre o Brasil, juntamente com outros países emergentes, e grande parte dos países tidos como desenvolvidos. Enquanto as variáveis financeiras e macroeconômicas de alguns países já indicavam ruptura e um movimento de contração econômica, o Brasil percebia os efeitos da crise de maneira limitada.

Isso não implica, porém, em dizer que o país não atravessou um período de dificuldade – por mais que tenha havido relutância inicial em se admitir a existência de efeitos da crise internacional na economia nacional.

Com as expectativas negativas a respeito da recessão norte-americana e europeia, há um reagrupamento dos países – trajetórias de variáveis macroeconômicas e financeiras voltaram a seguir o mesmo sentido –, com a maioria sentindo, em diferentes graus de intensidade, os efeitos do colapso internacional.

Contudo, apesar de profundos, os efeitos da crise não duraram muito tempo [326]. Já em 2009, alguns países dão os primeiros passos em sentido de sair da espiral recessiva, com destaque especial para países emergentes, dentre eles o Brasil [327].

---

[326] DE PAULA, Luiz Fernando; SOBREIRA, Rogério. The 2008 Financial Crisis and banking regulation in Brazil. In: ARESTIS, Philip; SOBREIRA, Rogério; OREIRO, José Luis. *An assessment of the Global Impact of the Financial Crisis*. p. 209.

[327] A explicação de descolamento e reagrupamento dos países, com a divisão da crise em *fases*, consta em DOOLEY, Michael; HUTCHINSON, Michael. Transmission of the U.S. subprime crisis to emerging markets: evidence on the decoupling-recoupling hypothesis. *NBER Working paper series*, 15120, junho 2009. p. 3-7. Conclui-se no trabalho que há evidências que suportam a hipótese de descolamento inicial. Veja-se que trabalhos posteriores acrescentaram a rápida retomada de crescimento dos países emergentes, vide SOUSA, Mariana Orsini Machado. *A*

GRÁFICO 6 – VARIAÇÃO PERCENTUAL DO PRODUTO INTERNO BRUTO, 2006-2010

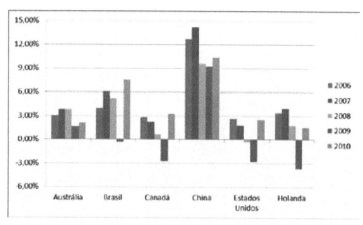

Fonte: Autor. Dados do Banco Mundial.

Como se percebe, o Brasil se saiu melhor que muitos países, principalmente alguns daqueles tidos como mais desenvolvidos. E sua recuperação foi mais rápida e sensível. Porém, há de se reconhecer que o país teve uma recessão em 2009. E mesmo em comparação com outros países em desenvolvimento seu desempenho foi, por vezes, inferior.

Da mesma forma, a evolução da taxa de desemprego [328] é de observação elucidativa.

---

crise norte-americana do subprime *– medindo o contágio para os BRICS*. Dissertação de mestrado. FEA-USP/SP. 2011. p. 9-10.

[328] No Brasil são utilizados vários índices para se mensurar o desemprego, cada um com metodologia própria e diversa e que, em decorrência disso, apresenta valores discrepantes dos demais. Para não incorrer em quaisquer problemas metodológicos ou ter que comparar a evolução das taxas de desemprego entre países – o que por si só é um problema, já que um aumento proporcionalmente grande no desemprego em um país com baixas taxas pode ser menor em termos absolutos que o aumento relativamente pequeno no desemprego em um país com altas taxas – foram utilizados os dados do Banco Mundial para todos os países. Os valores representam as estimativas dos países para a porcentagem da população economicamente ativa que está desempregada. Não há dados do desemprego do Brasil para o ano de 2010 no banco de dados.

GRÁFICO 7 – VARIAÇÃO PERCENTUAL DA TAXA DE DESEMPREGO, 2006-2009

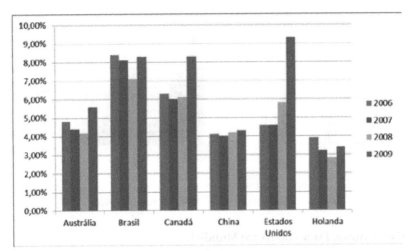

Fonte: Autor. Dados do Banco Mundial.

A observação das informações sobre o desemprego reitera as análises feitas quanto ao desempenho do PIB, embora os efeitos tenham sido mais visíveis nesse último do que no primeiro.

(b) Críticas: fatores externos à estrutura bancária e deficiências históricas

Apesar dos fatos demonstrarem o impacto relativamente diminuto do choque internacional, o desempenho econômico brasileiro, no lado real da economia, é resultado de uma série de fatores que não se limita à atividade bancária.

Primeiramente, usando do referencial de Hyman Minsky construído no primeiro capítulo, deve-se compreender que diferentes países situavam-se em diferentes posições financeiras. Sintomaticamente, percebe-se que a proporção da dívida privada (crédito) em relação ao PIB é muito menor no Brasil que nos Estados Unidos: enquanto no Brasil a dívida privada se situa ao redor de 50% do PIB desde os anos que antecederam a crise, nos Estados Unidos a relação passava de 210% [329]. E enquanto uma crise finan-

---

[329] Dados consultados na base do Banco Mundial. A análise a seguir realizada é corroborada por LANE, Philip; MILESI-FERRETTI. The cross-country incidence of the global crisis. *IMF*

ceira relacionada a crédito (ou endividamento) somente poderá ocorrer em uma economia em estágio Ponzi, economias em estágios menos "avançados" de endividamento responderão melhor a políticas para mitigação dos efeitos negativos de uma crise [330]. Dentro desse pequeno espectro, a solidez brasileira seria decorrente da baixa concessão de crédito. Trata-se de duas faces de uma mesma moeda: se por um lado se tem uma segurança sistêmica, por outro lado se tem uma ineficiência sistemática – crédito caro e não democratizado.

Dentro do mesmo referencial, note-se que existiram nos Estados Unidos efeitos de falta de liquidez e falta de confiança no sistema financeiro. As instituições tiveram sérias dificuldades em manter seus compromissos por falta de recursos. Em ato contínuo, os correntistas e investidores perderam a confiança nas instituições financeiras. No Brasil, por outro lado, o que houve foi uma menor crise de liquidez, em razão do racionamento do crédito internacional e da aversão ao risco por parte dos bancos brasileiros, não chegando a haver uma crise de confiança [331].

Em verdade, essa aversão ao risco, no máximo, trouxe consigo uma inversão da crise de confiança: eram os bancos que não tinham confiança no mercado, em razão dos riscos de contraparte (que eram problema nos Estados Unidos no *subprime*). O resultado foi que, apesar de algumas medidas visando ampliar a base monetária por parte do Banco Central, os bancos prefeririam manter o dinheiro entesourado ou investi-lo em títulos do governo do que emprestá-lo [332]. E quanto a essa questão, os bancos públicos

Working Paper WP/10/171, julho de 2010. p. 10-11.
[330] DEZORDI, Lucas. *A condução das políticas econômicas em um ambiente de fragilidade financeira: uma abordagem pós-keynesiana.* Tese de doutorado: UFPR/PR, 2010. p. 104 e 108.
[331] DE PAULA, Luiz Fernando; SOBREIRA, Rogério. The 2008 Financial Crisis and banking regulation in Brazil. In: ARESTIS, Philip; SOBREIRA, Rogério; OREIRO, José Luis. *An assessment of the Global Impact of the Financial Crisis.* p. 227.
[332] A relutância dos bancos em emprestar dinheiro em um ambiente com alto risco de crédito não é exclusividade brasileira. Os próprios Estados Unidos passaram por situação semelhante em 1990 e 1991. Depois de terem realizado maus empréstimos no final da década de 1980, e com a perspectiva de que seus clientes pudessem não pagar o crédito tomado (risco de contraparte), os bancos cessaram a concessão de novos empréstimos, mesmo com a redução da taxa básica de juros. A opção adotada pelas instituições americanas foi a mesma dos bancos brasileiros após a crise do *subprime*: comprar títulos públicos. A solução governamental adotada para resolver esse problema foi o de cortar, ainda mais, os juros. E os empréstimos voltaram a crescer a partir de 1992. Vide DORNBUSCH, Rudiger; FISCHER, Stanley. *Macroeconomics.* p. 127-128.

desempenharam importante função em permitir a transmissão da política monetária, conforme será analisado no tópico seguinte.

Atente-se, também, para as diferenças na condução da política monetária nos anos anteriores ao estouro da bolha imobiliária. Enquanto os Estados Unidos adotaram uma política monetária frouxa desde a bolha das empresas de internet no início dos anos 2000, abandonando a regra de Taylor [333] por motivos políticos e ajudando a estimular o crescimento de uma bolha [334], o Brasil "manteve as decisões de política monetária voltadas para seu objetivo macroeconômico: promover a convergência da inflação para trajetória de metas" [335] com o contrapeso de não permitir crescimentos maiores do PIB.

Acrescente-se que países com empresas dependentes de capital de terceiros para financiamento de suas atividades sofreram mais sensivelmente os efeitos da crise [336]. Os problemas foram acentuados quando o financiamento advinha de capital estrangeiro. Como consequência das dificuldades enfrentadas por empresas nacionais com a repentina escassez de crédito internacional, problemas de liquidez internacionais foram "importados" para o mercado de crédito doméstico por meio de um mecanismo não financeiro. Dessa forma, percebe-se que a estrutura de capital das empresas é fator relevante na avaliação dos efeitos da crise [337].

Em sintonia com a última constatação, países com maior abertura comercial, maior exposição internacional (déficit na conta de transações correntes) e menores níveis de reservas internacionais sofreram mais os efeitos da crise [338]. Poder-se-ia, com isso, argumentar que o fechamento

---

[333] A regra de Taylor é uma constatação empírica de que caso a inflação venha a se elevar em x pontos percentuais, a elevação da taxa de juros para combater essa elevação de preços deve ser superior a esse percentual x. Vide, TAYLOR, John. Discretion versus policy rules in practice. *Carnegie-Rochester Conference Series on Public Policy, 39*, 1993. p. 202.

[334] TAYLOR, John. The financial crisis and the policy responses: an empirical analysis of what went wrong. *NBER Working paper series n. 14631*, janeiro, 2009. p. 02-06.

[335] MESQUITA, Mário; TORÓS, Mário. Gestão do Banco Central no Pânico de 2008. In: GARCIA, Marcio. GIAMBIAGI, Fábio (org.). *Risco e regulação: Por que o Brasil enfrentou bem a crise financeira e como ela afetou a economia mundial*. p. 196.

[336] TONG, Hui; WEI, Shang-Jin. Real effects of the subprime mortgage crisis: is it a demand or a finance shock? *IMF Working Paper WP/08/186*, julho de 2008.

[337] TONG, Hui; WEI, Shang-Jin. The composition matters: capital inflows and liquidity crunch during a global economic crisis. *NBER Working paper series n. 15207*, agosto de 2009.

[338] SOUSA, Mariana Orsini Machado. *A crise norte-americana do subprime – medindo o contágio para os BRICS*. Dissertação de mestrado. FEA-USP/SP. 2011. p. 17-18.

comercial brasileiro e seu modelo econômico exportador, historicamente criticados por permitirem a reprodução de indústrias nacionais ineficientes, pouco competitivas e que drenam outras indústrias, foram fatores de peso ao auxiliarem a dita solidez da economia nacional.

Ainda, a China desempenhou papel importante durante e após a crise. O país foi uma das âncoras que possibilitou a estabilidade de Brasil, Índia e Rússia [339]. Os crescentes laços comerciais entre os países emergentes possibilitaram um auxílio recíproco. Em especial, os índices de crescimentos muito elevados da China, que podem ser analisados nos gráficos acima, mesmo dentro de um ambiente internacional recessivo, conferiram a outros países um parceiro gigantesco em tamanho e econômica e financeiramente estável, enquanto o restante do mundo precisava solucionar seus próprios problemas.

Quanto ao lado bancário, o sistema se mostrou sólido, mas não passou incólume por toda a turbulência internacional, conforme se verá em momento oportuno.

3.2.2. A atuação dos bancos públicos

(a) Fatos e dados

Os bancos públicos brasileiros, que se acreditava serem capturados por elites econômicas e por atuarem sem qualquer base teórica econômica que os sustentasse [340], tiveram papel de inegável relevância durante e após o *subprime*.

O CMN e o BACEN, como visto, adotaram várias medidas para tentar conter os efeitos da crise financeira internacional dentro do país. Sumarizando os itens já apontados: os juros foram reduzidos, ampliou-se o acesso às ferramentas de redesconto, permitiu-se que o BACEN interviesse no esquema de remuneração de administradores de bancos, retirou-se por

---

[339] SOUSA, Mariana Orsini Machado. *A crise norte-americana do subprime – medindo o contágio para os BRICS*. Dissertação de mestrado. FEA-USP/SP. 2011. p. 92.
[340] VON METTENHEIM, Kurt. Government Banking Theory. In: VON METTENHEIM, Kurt. *Federal Banking in Brazil: policies and competitive advantages*. p. 05.

um tempo as exigências de regularidade fiscal dos bancos e até mesmo se dispensou o recolhimento do depósito compulsório pelos bancos [341].

Apesar dessas medidas prudenciais e da tentativa de se estimular a concessão de crédito para manter a economia aquecida, os bancos privados se mantiveram avessos ao risco em decorrência dos problemas de inadimplência no mercado internacional. Por mais que o governo tentasse, a política monetária não se transmitia ao lado real da economia com a mesma facilidade.

Entram em ação com força, então, os bancos públicos. A atuação de empresas estatais pode ter, por si só, "contornos regulatórios, a partir da interação direta com os demais participantes do mercado" [342], sendo tentativa de mudança estrutural. E no caso da crise do *subprime*, a intervenção surtiu efeito, ao viabilizar um arranjo institucional que não seria possível em um ambiente de insegurança jurídica e que garantiu a execução da política monetária governamental e estimulou a concorrência no mercado[343], principalmente na concessão de crédito.

De 2008 para 2009, o crédito concedido pelo Banco do Brasil cresceu mais de 40%, o da Caixa Econômica Federal cresceu 36,92% e o do BNDES cresceu 49%. Os bancos federais, que emprestaram 12,8% do PIB em 2008, passaram a emprestar 18,2% do PIB em 2009 [344].

Dando sequência à ampliação do alcance das instituições financeiras públicas, a Medida Provisória 443 de 2008, convertida na Lei 11.908/2008, autorizou o Banco do Brasil e a Caixa Econômica Federal a constituírem subsidiárias integrais e empresas controladas para, diretamente ou por meio de suas controladas, "adquirir participação em instituições financeiras, públicas ou privadas, sediadas no Brasil, incluindo empresas dos ramos securitário, previdenciário, de capitalização" (art. 2º) e de outras atividades relacionadas. O objetivo era de, primeiramente, garantir que o

---

[341] MOURA, Alkimar. Regulação nos mercados financeiros e de capitais no Brasil: um sistema à prova de crises? In: LIMA, Maria Lúcia Padua (coord.). *Agenda contemporânea: Direito e Economia, 30 anos de Brasil*, tomo 2. p. 251.

[342] PINTO JUNIOR, Mario Engler. Organização do setor público empresarial: articulação entre Estado e companhias controladas. In: DE ARAUJO, Danilo B. S. G.; et al. *Os grupos de sociedades: organização e exercício da empresa.* p. 335.

[343] CASTELAR PINHEIRO, Armando. Bancos públicos no Brasil: para onde ir? In: CASTELAR PINHEIRO, Armando; OLIVEIRA FIHO, Luiz Chrysostomo. *Mercado de capitais e bancos públicos: análise e experiências comparadas.* p. 165 e 167.

[344] COSTA, Fernando Nogueira da. *Brasil dos Bancos.* p. 480.

sistema financeiro se manteria estável. Em um segundo momento, com a fusão do Itaú e do Unibanco – criando o maior conglomerado financeiro do hemisfério sul do mundo –, surgiu, também, o escopo de se recuperar a posição perdida pelo Banco do Brasil.

O Banco do Brasil adquiriu o Banco do Estado de Santa Catarina (BESC), o Banco do Estado do Piauí (BEP), o Banco Nossa Caixa e 49,99% do capital votante do Banco Votorantim. A aquisição do Nossa Caixa foi, em especial, importante por tornar o Banco do Brasil a instituição com maior número de agências no estado de São Paulo [345], além de apresentar possíveis efeitos anticoncorrenciais [346].

Apesar da rápida resposta dos bancos públicos ter sido um dos fatores que auxiliaram na ampliação da concessão de crédito dentro do país, ocorreu também a consolidação do processo de concentração bancária – exemplificativamente, veja-se que após as fusões bancárias havidas para saneamento do sistema financeiro, o BNP Paribas, banco de investimento que no Brasil possui somente quatro agências, entrou na lista de dez maiores instituições do país [347].

E esse papel de protagonismo foi mantido mesmo muito após ter se encerrado o ciclo recessivo da crise [348].

(b) Críticas: teorias sobre bancos públicos, histórico nacional e experiência internacional

Apesar de a experiência brasileira, dentro do contexto de crise internacional, ter demonstrado como instituições financeiras públicas podem ser utilizadas na implementação de políticas públicas, na transmissão da

---

[345] COSTA, Fernando Nogueira da. *Brasil dos Bancos*. p. 476-477.
[346] A aquisição foi objeto do Ato de Concentração 08012.011736/2008-41 junto ao CADE. A operação foi aprovada, mas foi necessária a assinatura de um Termo de Compromisso de Desempenho do Banco do Brasil com a autoridade concorrencial visando garantir a informação dos clientes da Nossa Caixa a respeito da portabilidade de contas e créditos para outras instituições financeiras que não o Banco do Brasil. Ainda, exigiu-se que o serviço fosse prestado de maneira gratuita durante o prazo de quatro anos. Esse Termo foi utilizado em razão de, após a fusão, o Banco do Brasil ficar com porcentagem superior a 40% do total de depósitos em cento e cinquenta e sete cidades do estado de São Paulo.
[347] COSTA, Fernando Nogueira da. *Brasil dos Bancos*. p. 478.
[348] FOLHA DE S. PAULO. *Empréstimos de bancos públicos sobem o triplo de bancos privados*. 26 de janeiro de 2013.

política monetária e, como consequência, no auxílio à contenção das mazelas de crises financeiras, o modelo de bancos estatais deve ser analisado dentro de um contexto amplo.

Se por um lado a *abordagem desenvolvimentista* para o controle estatal de bancos se baseia na existência de falhas de mercado que devem ser corrigidas por um agente público no mercado, principalmente em países subdesenvolvidos, a *abordagem política* vê a utilização de bancos públicos antes como um subterfúgio dos detentores do poder político para conceder cargos e benefícios a seus aliados do que como uma alternativa viável para o desenvolvimento nacional.

Análises empíricas sugerem que a abordagem política tem mais aderência com a realidade: bancos públicos são ineficientes, politizam seus processos e consequentemente alocam mal seus recursos, impedindo ou desacelerando o crescimento tanto econômico quanto financeiro [349].

Em artigo anterior à crise, constatou-se que setores bancários inchados e concentrados são típicos de sistemas financeiros subdesenvolvidos e que, nesses casos, os bancos públicos tendem a prevalecer e desempenhar papel relevante em períodos de crise[350] - como se viu no Brasil a partir de 2008.

Já a evidência brasileira antes da crise sugere que os bancos públicos do país são mais ineficientes que os bancos privados, possuindo carteira de crédito mais arriscada, exposição maior a grandes tomadores, além de direcionarem boa parte de seus recursos para financiamento de atividades públicas. Tampouco se constatou efeito positivo da atuação bancária pública no crescimento do país – com exceção do PIB agrícola em alguns estados [351]. No mesmo sentido, constatou-se que a presença de bancos públicos não altera as práticas dos bancos privados – inexiste interação pró-competitiva entre instituições financeiras de natureza diversa (públicas e privadas). Por outro lado, a inserção de um rival privado afetaria, sim, o comportamento dos demais concorrentes [352]. Outra pesquisa sugere que

---

[349] LA PORTA, Rafael; LOPEZ-DE-SILANEZ, Florencio; SHLEIFER, Andrei. Government ownership of banks. *The Journal of Finance*, Vol. 57, No. 1 (Feb., 2002), p. 265-301.

[350] RUIZ-PORRAS, Antonio. Banking Competition and Financial Fragility. *MPRA Paper* nº. 5673, novembro de 2007. p. 31-32.

[351] CASTELAR PINHEIRO, Armando. Bancos públicos no Brasil: para onde ir? In: CASTELAR PINHEIRO, Armando; OLIVEIRA FIHO, Luiz Chrysostomo. *Mercado de capitais e bancos públicos: análise e experiências comparadas*. p. 241-243.

[352] COELHO, Christiano; PINHO DE MELLO, João Manoel; REZENDE, Leonardo. Do public banks compete with private banks? Evidence from concentrated local markets in

a introdução de um banco público em um dado mercado faz com que os lucros dos bancos privados concorrentes venham a crescer 1,2%, enquanto a introdução de um concorrente privado faz com que o lucro dos concorrentes diminua entre 0,5% a 1% [353].

Essas constatações remetem ao histórico de concentração existente no setor bancário brasileiro, vide delineamento supra, realizado nesse mesmo capítulo.

O Brasil sempre possuiu grandes bancos públicos e isso foi repetidamente um entrave para o desenvolvimento financeiro do país. Mesmo quando o descaso na gestão levou bancos estatais à falência e estimulou indiretamente a criação precária de bancos privados, o Estado tomou a decisão política de estatizar todo o sistema, vide a reforma bancária de 1853.

E mesmo a partir de 2008 a intervenção do Estado no mercado de crédito, por intermédio das instituições públicas, recebeu críticas. Provocativamente, sugere-se que os bancos públicos brasileiros passaram de "bombeiros" para "emprestadores de primeira instância". Nota-se que é de difícil dimensionamento qual a medida exata de ingerência externa no mercado de crédito que não venha a causar distorções e ineficiências. Argumenta-se, também, que o crédito por muitas vezes foi subsidiado no país, impondo um custo social, não devendo ser essa a prática padrão dos bancos públicos. Por fim, percebe-se o risco de captura política das decisões de crédito que poderão atrasar o período de ajuste econômico pós--estabilização [354]. Alguns autores consideram a experiência brasileira com bancos públicos "um repetido desastre" [355], sendo que até mesmo o Banco do Brasil precisou ser capitalizado pelo Tesouro na década de 1990. Nessa visão, o investimento no modelo de bancos públicos, mesmo após 2008, seria um retrocesso.

A experiência internacional durante a crise do *subprime* corrobora parte dessa argumentação e ainda a complementa: além de a gestão de bancos

Brazil. *Texto para discussão*, Economia PUC-RIO, 551. Junho de 2011.
[353] SANCHES, Fábio Miesse; SILVA JUNIOR, Daniel. *Public banks improve private banks performance: evidence from a dynamic structural model*. London School of Economics Job Market Paper, novembro de 2012. p. 30.
[354] CASTELAR PINHEIRO, Armando. Bancos públicos: bombeiros na crise ou emprestadores de primeira instância? In: BACHA, Edmar; GOLDFAJN, Ilan (org.). *Como reagir à crise? Políticas econômicas para o Brasil*. p. 48-52.
[355] LARA RESENDE, André. A crise e o desenho do sistema financeiro. In: BACHA, Edmar; GOLDFAJN, Ilan (org.). *Como reagir à crise? Políticas econômicas para o Brasil*. p. 76.

públicos normalmente ser mais ineficiente, muitas vezes o alcance dos bancos públicos não é suficiente para mitigar os efeitos de más práticas por parte das instituições privadas.

A Alemanha, por exemplo, possui um sistema financeiro que atribui papel de relevância aos bancos públicos – 40% do total de ativos financeiros são de propriedade de tais instituições. No país, os efeitos da crise foram severos, tanto em respeito à necessidade de prestar ajuda a instituições financeiras em dificuldade quanto à desaceleração da atividade econômica (o PIB retraiu 5,1% em 2009).

Alega-se que um dos motivos para os impactos profundos no sistema financeiro e na economia alemães foi a má-gestão dos bancos regionais (*Landesbanken*). Esses bancos estavam altamente expostos aos ativos tóxicos da crise do *subprime*. Os bancos sofriam de forte ingerência política, recebiam uma série de garantias governamentais, mas sequer possuíam gestores capacitados – acentuando os problemas de risco moral. Precisou haver, então, o salvamento das instituições por meio de maciços gastos governamentais [356].

Em comparação com os bancos privados, os bancos públicos alemães tiveram resultados muito piores em termos de perdas financeiras, reforçando o histórico do sistema financeiro do país. Uma das explicações é que os impactos de crises em bancos possuem relação direta com a aptidão do conselho de administração das instituições. No caso dos bancos públicos, a escolha de grande parte dos membros do conselho é política e acaba limitando a capacitação e as escolhas técnicas da diretoria [357].

De maneira análoga ao que ocorre na Alemanha, a Suíça atribui importância especial aos bancos públicos. A Suíça possui um sistema financeiro concentrado, com dois bancos – o UBS e o Credit Suisse – detendo dois terços do total de ativos financeiros existentes dentro do país (descontadas as atividades exercidas no exterior). Além deles, existem no país trinta e sete bancos estatais, com destaque para vinte e três bancos can-

---

[356] HÜFNER, Felix. The German banking system: lessons from the financial crisis. *OECD Economics Department Working Papers* n. 778, ECO/WKP(2010)44, julho de 2010. p. 4 e 7-11. Os dados acerca da participação das instituições públicas no total do setor bancário também foram retirados desse artigo. O dado sobre a retração da economia alemã foi retirado da base de dados do Banco Mundial.

[357] HAU, Harald; THUM, Marcel. Subprime crisis and board (in-)competence: private vs. public banks in Germany. *CESifo Working Paper* n. 2640. Abril de 2009, p. 24.

tonais – que respondem por cerca de 30% dos ativos –, tendo surgido depois de pressões populares ainda no século XIX para se evitar a concentração de poder existente nos poucos bancos privados (que selecionavam aqueles que receberiam crédito e a qual preço) [358].

Ocorre que o problema Suíço foi dúplice. Além de os bancos cantonais não possuírem a mesma eficiência dos bancos privados [359], eles tampouco possuíam tamanho e força suficientes para conseguir exercer pressão competitiva ou fornecer garantias ao sistema financeiro como um todo. Em verdade, os bancos cantonais foram os vencedores suíços *após* a crise, tendo em vista um volume de capital sem precedentes aportado aos bancos públicos, em razão da desconfiança da população com os grandes bancos privados[360].

Para sanear o sistema financeiro e tentar conter o período recessivo no país, cujo PIB caiu cerca de 2% em 2009, a alternativa suíça precisou ser aquela tradicional: pacote de salvamento aos grandes bancos, acrescido de exigências de maior capitalização [361].

As evidências nacionais e internacionais sugerem, dessa forma, que a existência e atuação de bancos públicos *per se* não é, desde antes da crise de 2008-2009, sinônimo de garantia em face de colapsos financeiros. Trata-se de mais uma possível ferramenta do que uma opção infalível.

É certo que a comparação direta de eficiências entre bancos públicos e privados não é justa, vez que os primeiros não buscam somente o lucro, mas também algum objetivo definido politicamente e que não é devidamente atendido pela iniciativa privada. Inclusive, estudos sugerem que, em períodos de crise, bancos públicos são menos avessos ao risco, ampliam a concessão de empréstimos, e tem papel fundamental em impedir a propagação de colapsos financeiros para o lado real da economia, bem como em servir de âncora no período de recuperação pós-crise. Em suma, ban-

---

[358] NOVAES, ANA. Intermediação financeira, bancos estatais e mercado de capitais: a experiência internacional. In: CASTELAR PINHEIRO, Armando; OLIVEIRA FIHO, Luiz Chrysostomo. *Mercado de capitais e bancos públicos: análise e experiências comparadas.* p. 81-87.
[359] NOVAES, ANA. Intermediação financeira, bancos estatais e mercado de capitais: a experiência internacional. In: CASTELAR PINHEIRO, Armando; OLIVEIRA FIHO, Luiz Chrysostomo. *Mercado de capitais e bancos públicos: análise e experiências comparadas.* p. 87. Os juros cobrados pelos bancos cantonais eram mais altos que o cobrado pelos bancos privados, pois os bancos públicos repassavam ao clientes porcentagem maior de seus custos operacionais.
[360] Vide relatório da Consultoria AT Kearney. *Retail banking in time of crisis: A five-pronged strategy for success after the financial downturn.* Chicago, 2010. p. 3.
[361] THE GUARDIAN. *Switzerland unveils bank bail-out plan.* 16 de outubro de 2008.

cos públicos são fulcrais para execução de quaisquer políticas monetária e fiscal bem sucedidas em períodos de quebras financeiras[362].

Contudo, a utilização política e a defesa de alguns interesses por parte das instituições financeiras públicas brasileiras mostram que ainda há longo caminho a ser percorrido a fim de se aperfeiçoar a prática bancária estatal dentro do país.

Caso se considere adequado o modelo com existência de bancos públicos, é necessário inicialmente se calibrar o tamanho das instituições financeiras estatais. Bancos públicos muito grandes podem expor o sistema a soluções não eficientes e a custos mais altos, em vista da maior ineficiência operacional sugerida por vários estudos – além dos maiores riscos de expropriação política das instituições. Bancos muito pequenos, por sua vez, podem não exercer pressão competitiva sobre bancos maiores e podem não ser suficientes como garantia ao sistema financeiro.

No Brasil, ainda, faz-se necessária uma análise criteriosa de mecanismos de governança nos bancos públicos para que as empresas não sejam mero balcão de negócios de cargos públicos. Pesquisa com membros dos conselhos de administração de empresas estatais constatou que a principal mudança que deve ser posta em prática é a independência do conselho, com objetivo claro de se ampliar a eficiência. E isso depende antes da forma como o Estado define sua atuação dentro da estatal do que de algum arcabouço legal específico [363].

A OCDE recomenda, em seu guia de melhores práticas para empresas estatais [364], que a responsabilidade dos conselheiros seja claramente estipulada e que todos sejam responsabilizados assim como os conselheiros de empresas privadas (capítulo VI). Além disso, o conselho deveria ser responsável pela nomeação e destituição da diretoria. E mesmo essa visão, que busca implementar práticas que buscam níveis mais elevados de eficiência, não escapa de críticas [365].

---

[362] BREI, Michael; SCHCLAREK, Alfredo. Public bank lending in times of crisis. *Journal of Financial Stability*, 2013, vol. 9, issue 4. p. 820-830.

[363] FREDERICK, Richard. Enhancing the role of the boards of directors of state-owned enterprises. *OECD Corporate Governance Working Papers*, No. 2, 2011. p. 3 e 8.

[364] Organisation for Economic Co-operation and Development (OECD). *Guidelines on Corporate governance of State-Owned Enterprises* (2005).

[365] Crítica de caráter mais publicista e focada no interesse público é a de Mário Engler Pinto Junior. Segundo ele, os princípios da OCDE deixam de levar em conta o próprio motivo de existência das estatais: ingerência em setores estratégicos e de forma concentrada. Para ele

Outras propostas foram dadas por alguns autores para lidar com as deficiências dos bancos públicos brasileiros. Enquanto a melhor alternativa para acabar com o uso político de alguns bancos regionais de desenvolvimento seria a extinção ou incorporação por outro banco público melhor estruturado, a sugestão para os dois maiores bancos brasileiros são controversas: para a Caixa Econômica Federal sugere-se ou sua incorporação pelo Banco do Brasil ou a abertura de seu capital seguida pela introdução de mecanismos de governança, enquanto para Banco do Brasil, além de novos mecanismos de governança, coloca-se como imperativo a separação clara de suas funções de banco comercial daquelas de auxílio ao Tesouro Nacional. Por fim, sugere-se que o Banco do Brasil foque sua atuação na garantia de acesso de toda população a serviços bancários e "postar-se como linha auxiliar do Banco Central no combate a crises financeiras" [366].

A discussão nessa área pode ser frutífera e longa. O arranjo institucional com a presença de bancos públicos oferece uma rede não-convencional de segurança ao sistema financeiro, além de possibilitar a colocação de políticas públicas em prática. Contudo, o arranjo atualmente existente no Brasil precisa ser aperfeiçoado. As melhores formas para a consecução desse objetivo ainda estão abertas ao debate.

o "Estado não pode dispensar a influência legítima sobre o comportamento dos conselheiros de administração eleitos com força do voto majoritário, que formam – ou deveriam formar – um grupo coeso, capaz de atuar de modo coordenado nos limites de sua competência institucional, para assegurar que a gestão da companhia seja ao mesmo tempo eficiente e comprometida com o interesse público que justificou sua criação". PINTO JUNIOR, Mario Engler. Organização do setor público empresarial: articulação entre Estado e companhias controladas. In: DE ARAUJO, Danilo B. S. G.; et al. *Os grupos de sociedade: organização e exercício da empresa*. p. 352. O problema desse posicionamento é acreditar que um conselho indicado meramente por critérios políticos terá a mesma efetividade de um conselho profissional. O autor faz ressalvas quanto a isso, como afirmar que os conselhos foram "ou deveriam formar" grupos coesos, mas não trata propriamente do assunto.

[366] BACHA, Edmar. Bancos públicos: o que fazer? In: CASTELAR PINHEIRO, Armando; OLIVEIRA FIHO, Luiz Chrysostomo. *Mercado de capitais e bancos públicos: análise e experiências comparadas*. p. 267-268. Posicionamento semelhante quanto à possibilidade de extinção da CEF e dos novos rumos do BB pode ser visto em VERÇOSA, Haroldo Malheiros Duclerc. *Bancos centrais no direito comparado*. p. 442.

3.2.3. Concentração como fator de solidez

(a) O argumento

Fator levantado como razão de solidez do sistema financeiro brasileiro é sua concentração e resiliência a choques. Os fundamentos teóricos para essa constatação foram discutidos nos tópicos 1.3.1. e 1.3.2. supra. O turbilhão financeiro de 2008 teria sido mais um acontecimento que fortaleceria essa construção teórica.

Até mesmo para autores mais liberais, nessa última crise teriam sido evidenciados os "efeitos perniciosos da concorrência" [367] sobre a solidez financeira.

A experiência internacional, por sua vez, teria demonstrando se tratar de uma constante: sistemas concentrados seriam mais sólidos, enquanto sistemas dispersos, como supostamente o sistema americano, seriam mais suscetíveis a insolvências bancárias. Nessa visão, por exemplo, considera-se que "os oligopólios estáveis na Austrália e no Canadá foram resilientes à crise atual, o que dá suporte a essa ideia" [368].

Pela proximidade geográfica, pelas várias semelhanças culturais e pela abertura comercial recíproca, o Canadá é paradigma relevante de comparação da economia norte-americana. Trata-se de cotejo, inclusive, que em muito precede o *subprime* [369] e que tomou mais força após as quebras de 2008-2009 [370].

O sistema canadense é concentrado, dominado por cinco grandes bancos – a Associação de Banqueiros do Canadá (*Canadian Bankers Association*) considera que são seis. Em termos de propriedade de ativos, a evolução dos cinco maiores bancos (C5) para incorporar o sexto maior (C6) só amplia

---

[367] POSNER, Richard. *A failure of capitalism*. p. 130.
[368] BLUNDELL-WIGNALL, Adrian; ATKINSON, Paul. Origins of the financial crisis and requirements for reform. *Journal of Asian Economics*. Vol. 20, 2009. p. 546. Tradução livre pelo autor.
[369] BORDO, Michael; ROCKOFF, Hugh; REDISH, Angela. The U.S. banking system from a northern exposure: stability versus efficiency. *The Journal of Economic History*, Vol. 54, No. 2, Papers Presented at the Fifty-Third Annual Meeting of the Economic History Association (Jun., 1994), p. 325-341.
[370] BORDO, Michael; ROCKOFF, Hugh; REDISH, Angela. Why didn't Canada have a banking crisis in 2008 (or in 1930, or 1907, or...)? *NBER Working Paper Series* 17312, agosto de 2011.

os ativos totais do grupo em 5,2%. De C6 para o C8 o aumento é quase irrisório, 1,4% [371].

O argumento é o de que, basicamente, o Canadá é uma "notável exceção" à regra de países afetados pela crise do *subprime*, justamente pelo sistema canadense ser estruturado "com grandes instituições financeiras cujo tamanho e diversificação ampliaram sua robustez" [372]. Os bancos do país não precisaram de pacotes de salvamento para se manter operando durante e após a crise.

No mesmo sentido, outro exemplo trazido como sendo de sucesso é o australiano. A estrutura bancária australiana, assim como a canadense, é concentrada. Dominada por quatro grandes bancos, o país ainda possui a chamada "política dos quatro pilares", por meio da qual nenhum desses quatro grandes bancos pode tentar adquirir parte de qualquer de seus outros maiores concorrentes.

Acreditava-se que poucos bancos, e maiores em tamanho por meio da política dos quatro pilares, foram a salvação da economia australiana [373]. A política de se evitar a fusão ou a coordenação entre os quatro maiores bancos, pensada inicialmente como meio de se estimular a concorrência e evitar a colusão entre as instituições, acabou sendo útil ironicamente pelo efeito adverso: limitou-se a concorrência [374].

(b) Críticas: estruturais, econômicas e a experiência internacional

De início já deve ser apontado o equívoco na caracterização do sistema financeiro norte-americano como sendo competitivo. Toda a argumentação a respeito disso se encontra nos pontos 1.3.3 e 2.1.3 supra.

Isso, por si só, já esvaziaria em grande medida a argumentação da concentração como fator de solidez – tendo em vista que pulverização e concentração no mercado financeiro não são boas *proxys* para competitividade.

---

[371] CANADIAN BANKERS ASSOCIATION. *Bank financial results: 2012-2013 Fiscal Year*. Janeiro de 2014.

[372] BORDO, Michael; ROCKOFF, Hugh; REDISH, Angela. Why didn't Canada have a banking crisis in 2008 (or in 1930, or 1907, or...)? *NBER Working Paper Series* 17312, Agosto de 2011. p. 2-3. Tradução livre do autor.

[373] THE AUSTRALIAN. *Four pillars policy our shield against crisis*. 03 de março de 2009.

[374] MACFARLANE, Ian. The crisis: causes, consequences and lessons for the future – the Australian perspective. In: *Australian Securities and Investment Commition (ASIC) Summer School Report*, 2009. p. 44. Observe-se, o autor é ex-presidente do banco central australiano.

Nada obstante, a análise merece ser mais bem elaborada, tanto sob uma perspectiva externa quanto interna.

Externamente, a evidência internacional não permite inferir se, de fato, a concorrência excessiva foi uma causa da crise. Enquanto alguns países possuem estruturas concentradas tidas como vencedoras, outros países com poucos e grandes bancos, como Holanda e Suíça, sofreram intensamente as mazelas das quebras internacionais [375].

Especialmente quanto aos modelos "de sucesso" canadense e australiano, há questões a serem levantadas.

Quanto ao setor bancário canadense, deve-se desfazer a noção enraizada de que o sistema concentrado do país é anticompetitivo e imune a quebras. Primeiramente, constatou-se que, apesar de concentrado, o setor é altamente competitivo [376]. E além de os bancos já terem passado por dificuldades no passado, argumenta-se que muito da solidez é em razão da tolerância e benevolência das autoridades financeiras com os bancos no país[377].

Ademais, há fatores de solidez que passam ao largo da concorrência. Os bancos canadenses atuam de maneira muito prudente na concessão de crédito e são fortemente regulados quanto ao uso de produtos financeiros complexos e estruturados, algo evidente ao se observar a composição do crédito imobiliário canadense: apenas 4,4% dos empréstimos hipotecários são derivados de securitização [378] – grande problema com a crise do *subprime*.

Relevante notar que, apesar de não ter havido corrida bancária no Canadá, isso não impediu que o sistema financeiro funcionasse como mecanismo de transmissão do colapso financeiro para o lado real da economia, conforme se observa no Gráfico 06 supra, mostrando a recessão

---

[375] ORGANIZATION FOR ECONOMIC COOPERATION AND DEVELOPMENT (OECD). *Competition, concentration and stability in the banking sector.* Setembro de 2010. p. 9-10.

[376] SHAFFER, Sherrill. A Test of Competition in Canadian Banking. *Journal of Money, Credit and Banking*, Vol. 25, No. 1 (fev., 1993). p. 49-61 e NATHAN, Alli; NEAVE, Edwin. Competition and contestability in Canada's financial system: empirical results. *Canadian Journal of Economics*, Vol. 22, N. 3. (ago, 1989). p. 576-594.

[377] KRYZANOEWSKI, Lawrence; ROBERTS, Gordon. Canadian banking solvency, 1922-1940. *Journal of Money, Credit and Banking*, 25, (ago. 1993), p. 361.

[378] CRAWFORD, Allan; MEH, Césaire; ZHOU, Jie. The residential mortgage market in Canada: a primer. In: BANK OF CANADA (org.). *Financial System Review*, Dec. 2013. p. 54.

vivida no país em 2009 – os movimentos de queda e recuperação seguem muito proximamente o dos Estados Unidos.

Quanto à Austrália, vários fatores alheios à estrutura bancária favoreceram a posição do país, assim como ocorreu no Brasil. Mesmo as autoridades monetárias australianas notaram que outros fatores foram relevantes para tornarem o sistema financeiro e a economia como um todo mais sólidos: a política monetária tinha margem para atuação; a Austrália mantinha grande parte de suas relações comerciais com países da Ásia, e não europeus ou com os Estados Unidos; a fonte de financiamento dos bancos era fornecida pelos pequenos poupadores individuais e não por investidores institucionais [379].

Seguindo, tanto no Canadá quanto na Austrália, os bancos eram mais criteriosos na concessão de crédito. Não havia um mercado *subprime* nos países, e por isso, mesmo os empréstimos imobiliários tidos como mais arriscados (e que mesmo assim não seriam considerados *subprime* nos Estados Unidos) eram irrisórios [380]. Ao contrário do que ocorre nos Estados Unidos, em ambos os países os juros incidentes sobre financiamento imobiliário não são dedutíveis no Imposto de Renda [381].

Voltando a atenção sobre a experiência brasileira, as críticas a respeito da relação entre concentração e resiliência a choques são dúplices: a crítica de cunho histórico-estrutural e a crítica de cunho econômico.

A crítica estrutural foi construída ao longo do ponto 3.1.1 acima: a concentração no setor bancário brasileiro nunca buscou a eficiência e estabilidade. Se algo pode ser tirado como lição da história da indústria é que a concentração não foi a escolha de um modelo pela estabilidade e segurança proporcionadas. A constância das quebras bancárias ocasionadas por desmandos e ineficiência na gestão financeira indica isso. A concentração financeira se tratou de opção política que objetivava atender de modo mais fácil e ágil a determinados interesses – que variaram em cada período.

---

[379] MACFARLANE, Ian. The crisis: causes, consequences and lessons for the future – the Australian perspective. In: *Australian Securities and Investment Commition (ASIC) Summer School Report*, 2009. p. 42-46.
[380] LEA, Michael. *Alternative forms of mortgage finance: what can we learn from other countries? Paper* apresentado no Harvard Joint Center for Housing Studies National Symposium. p. 09.
[381] LEA, Michael. *Alternative forms of mortgage finance: what can we learn from other countries? Paper* apresentado no Harvard Joint Center for Housing Studies National Symposium. p. 11.

Bancos foram utilizados para financiar os gastos abusivos da Coroa. Quando a ineficiência da única instituição financeira do país fez com que ela se tornasse insolvente, os bancos privados que surgiram foram estatizados para fazer o poder financeiro retornar ao governo. Bancos foram utilizados de maneira direcionada para financiamento dos ciclos econômicos brasileiros e para manutenção de um sistema econômico extrativista e exportador. Bancos favoreceram e fizeram parte do surgimento de grandes grupos empresariais. Bancos construíram o arcabouço que hoje os regula e fiscaliza. Eficiência e estabilidade podem, de fato, ter se tornado preocupação e objetivo governamental a partir de 1994. Até então, contudo, tratava-se apenas de retórica legitimadora.

A segunda crítica que se faz à concentração do setor bancário brasileiro é econômica e se refere diretamente à ineficiência presente no sistema.

Em primeiro lugar, os bancos brasileiros atingiram um *grau não eficiente de participação no mercado*. Com isso, quer-se dizer que os bancos tentam operar além das economias de escala necessárias ao setor com intuito de garantir que o regulador os considere grandes demais para quebrar. No Brasil, o movimento existe desde antes da crise, mas é sintomática a migração dos depósitos dos pequenos para os grandes bancos principalmente desde 2008, a partir de quando passa a imperar a insegurança dos poupadores sobre a garantia de seus depósitos. Como consequência desse tamanho superior ao nível de eficiência, tem-se que as instituições podem conseguir ganhos decorrentes da captura do regulador e da expropriação de acionistas externos e minoritários [382].

Segundo ponto é a *saturação anticompetitiva de mercados*. Os bancos brasileiros se utilizam de seu tamanho para ampliar suas bases de atuação, mesmo que isso se dê em níveis ineficientes – como pelo aumento excessivo no número de agências ou pela criação de muitos fundos de investimento independentemente da qualidade na gestão – criando barreiras à entrada de novos concorrentes [383]. Afasta-se a concorrência de possíveis novos entrantes pela introdução de novos custos na indústria, mesmo

---

[382] RIBEIRO, Ivan César. *Regulação financeira, poder no mercado e crise financeira*. Tese de doutorado: USP, Faculdade de Direito, São Paulo, 2012. p. 206-228. Para o autor, a migração dos pequenos bancos "decorre da garantia implícita do socorro do governo para as grandes instituições". p. 220.

[383] RIBEIRO, Ivan César. *Regulação financeira, poder no mercado e crise financeira*. Tese de doutorado: USP, Faculdade de Direito, São Paulo, 2012. p. 229-242. O autor analisa que a ampliação

que esses custos sejam ineficientes para as grandes instituições já atuantes no setor.

Por fim, há o movimento de *bloqueio de modernização pró-competitiva*. Trata-se, aqui, de práticas mais conhecidas no direito concorrencial, como a negação de acesso a dadas infraestruturas, colusão tácita, entre outras, e o resultado é o impedimento de modernização do setor. Exemplos dados são o da negativa de acesso de outras instituições ao sistema de pagamentos e, ainda, comportamentos estratégicos que aumentaram tarifas no setor bancário nacional [384].

Observa-se a margem de ganhos dos bancos pela evolução dos *spreads* brasileiros em comparação aos outros países trazidos no presente trabalho.

GRÁFICO 8 – EVOLUÇÃO DO *SPREAD* BANCÁRIO
EM PAÍSES SELECIONADOS (2003-2012)

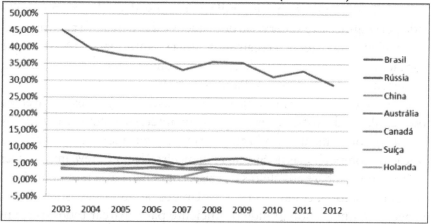

Fonte: Autor. Dados do Banco Mundial.

Expandindo os parâmetros de comparação, a base de dados do Banco Mundial aponta que, dos 121 países com dados disponíveis para o último ano levantado (2012), o Brasil é o país com o segundo maior *spread* bancário do mundo, atrás somente de Madagascar. Além disso, o país está mais de sete

---

no número de agências bancárias não possui "um propósito empresarial específico" e o efeito disso na prática é análogo a um bloqueio de canais de distribuição aos concorrentes.

[384] RIBEIRO, Ivan César. *Regulação financeira, poder no mercado e crise financeira*. Tese de doutorado: USP, Faculdade de Direito, São Paulo, 2012. p. 242-246.

pontos percentuais à frente do terceiro colocado (Malawi), e mais de vinte pontos percentuais acima da média mundial (de cerca de sete por cento).

Por toda crítica elaborada nesse tópico, observa-se não ser possível colocar a concentração como fator cabal indicativo de solidez de dado setor bancário. Não há consenso entre os estudiosos e a experiência internacional trouxe exemplos tanto positivos quanto negativos da relação entre concentração e resiliência.

No caso brasileiro, elucubrações a esse respeito são ainda mais preocupantes, vez que a concentração brasileira nunca teve por objeto a estabilidade, bem como há hoje sinais de ineficiência gerada pela consolidação bancária.

3.2.4. Centralização de competências e arranjos institucionais regulatórios

(a) O argumento

Para alguns autores, "a crise indicou a necessidade de a responsabilidade pela regulação e supervisão dos bancos e das demais firmas financeiras de relevância sistêmica recair sobre uma só autoridade" [385], sendo que a opção, vezes por economia de custos ou comodidade, é a de se manter essa estrutura concentrada no Banco Central.

Quanto ao Brasil, por mais que não haja um único órgão responsável por toda regulação de instituições que possuam interesse sistêmico (*abordagem integrada*), conforme delineado anteriormente, considera-se que a centralização de competências no Sistema Financeiro Nacional teve implicações positivas no combate aos efeitos da crise: como não havia redundância ou lacuna regulatória, como nos Estados Unidos, as autoridades envolvidas forneceram um escudo grande o suficiente para abarcar todos os agentes e operações sistemicamente relevantes [386]. Essa centralização permite

---

[385] LOYOLA, Gustavo. O futuro da regulação financeira. GARCIA, Marcio; GIAMBIAGI, Fábio (org.). *Risco e regulação: Por que o Brasil enfrentou bem a crise financeira e como ela afetou a economia mundial.* p. 69.

[386] VERÇOSA, Haroldo Malheiros Duclerc. Brazil's survival of the 2008 global financial crisis: were we that good? *Revista de Direito Mercantil, Industrial, Econômico e Financeiro,* v. 158, 2011, p. 150.

que o perímetro de regulação financeira possa ser, com alguma facilidade, ampliado ou reduzido de acordo com o interesse público [387].

Trata-se de discussão antiga que foi reavivada. Em um período de crescente conglomeração e de similaridade entre diversas práticas financeiras, as abordagens regulatórias mais tradicionais, quais sejam a *institucional* e *funcional*, se mostravam obsoletas. A primeira, que leva em consideração a natureza jurídica do ente a ser supervisionado para que se defina a competência regulatória, foi ultrapassada em razão de a forma jurídica poder se tratar de mera ficção – e, dessa feita, agentes que operam da mesma forma seriam supervisionados por diferentes órgãos. A *abordagem funcional*, por outro lado, definiria a competência regulatória com base nas funções exercidas pelo ente a ser supervisionado. Os problemas dessa visão são a obscuridade da definição funcional (que acaba passando por critérios subjetivos) e a possibilidade de se criarem zonas cinzentas onde não se sabe ao certo como enquadrar.

Depois da crise asiática de 1997, e visando solucionar os problemas advindos das duas abordagens trazidas acima, vários países passaram a adotar um *sistema integrado* de regulação: uma só agência atuava na regulação de todos os agentes tidos como sistemicamente relevantes.

Mesmo após essa movimentação internacional visando à centralização regulatória, os Estados Unidos mantiveram-se firmes em seu modelo com vários agentes reguladores, sem competências excludentes – defendeu-se, até, tratar-se de opção economicamente superior do que a *abordagem integrada*, vez que os reguladores eram forçados a se especializarem e a serem mais eficientes [388].

A ideia é que a crise de 2008 possa vir a ser um novo marco na direção de integração regulatória [389], sepultando o modelo de regulação segmentada e difusa, ou, ao menos, forçando a discussão a respeito de mecanis-

---

[387] MOURA, Alkimar. A separação entre as funções de estabilização e regulação no Brasil. In: CARNEIRO, Dionísio Dias; DE BOLLE, Monica Baumgarten (org.). *A reforma do sistema financeiro americano: nova arquitetura internacional e o contexto regulatório brasileiro.* p. 124.
[388] ROSEN, Richard. Is Three a Crowd? Competition among Regulators in Banking. *Journal of Money, Credit and Banking*, Vol. 35, No. 6, Part 1 (Dec., 2003), p. 996.
[389] GENG, Jing; XIE, Wenjuan; ZHANG, Guibin; ZHOU, Honggeng. Challenges for the Unified Financial Supervision in the PostCrisis Era: Singaporean Experience and Chinese Practice. *Journal of Financial and Economic Practice*, Vol. 11, No. 2. p. 28-50.

mos de cooperação e coordenação institucional quando não se adotar um modelo integrado.

(b) Considerações críticas

A centralização regulatória parece, de fato, ter sido fator que pesou favoravelmente ao Brasil durante o período de recessão a partir de 2008 e essa constatação merece atenção e devido destaque.

Mesmo assim, críticas existem. Elas são muitas vezes necessárias para que não se permita complacência acadêmica ou administrativa com várias questões atinentes a esse ponto, conforme se verá.

Note-se, de início, que existe um movimento de unificação de autoridades regulatórias ao redor do mundo, algo de fato intensificado pós 2008. Mesmo em países onde não houve quebras de bancos, vide Canadá [390] e China [391], as principais recomendações de política no período de reconstrução financeira envolviam algum grau de unificação regulatória.

Em sentido semelhante, o sistema financeiro brasileiro, caracterizado por uma centralização de competências e acordos de cooperação entre os poucos órgãos regulatórios, recebe críticas quanto à insuficiência de integração – apesar de estarem no caminho correto, considera-se como "tímida" a estrutura de coordenação atual, sendo necessária a implementação de algum outro sistema [392].

Não obstante, a comparação entre os países que adotam e os que não adotam uma abordagem regulatória integrada não indica qualquer superioridade quanto à higidez financeira.

De pronto deve ser ressaltado que a categorização de sistemas regulatórios em "integrados", "semi-integrados" e "setoriais", como divisão e

---

[390] IMF. *Canada Financial Stability Assessment Update*. IMF Country Report No. 08/59, fevereiro de 2008. No Canadá, os territórios e províncias possuem seus próprios reguladores de títulos e ações (treze ao total). A recomendação inicial do Fundo Monetário Internacional era a de que todos os reguladores do país fossem unificados em um só. Contudo, houve uma mudança de foco e de recomendação, conforme será visto adiante, ainda dentro do presente tópico.

[391] GENG, Jing; XIE, Wenjuan; ZHANG, Guibin; ZHOU, Honggeng. Challenges for the Unified Financial Supervision in the PostCrisis Era: Singaporean Experience and Chinese Practice. *Journal of Financial and Economic Practice*, Vol. 11, No. 2. p. 28-50.

[392] MESSA, Theodoro. Crise e regulação no sistema financeiro brasileiro. BACHA, Edmar; GOLDFAJN, Ilan (org.). *Como reagir à crise? Políticas econômicas para o Brasil*. p. 83.

classificação realizada por Chiak e Popdiera [393], é limitada ao não perceber diversas outras características que moldam a atuação dos órgãos reguladores, bem como a amplitude de suas competências. Sob essa divisão, Brasil e Estados Unidos adotariam o mesmo sistema: setorial. Como amplamente elucidado no presente trabalho, os sistemas são completamente diversos, por mais que não possuam único regulador.

Segundo, na lista acima apontada, construída por Chiák e Popdiera, dois exemplos chamam atenção pelo seu papel de destaque na crise de 2008.

O primeiro deles é o do Reino Unido. O sistema foi unificado em 1997, criando-se a *Financial Services Authority* (FSA), que aglutinou nove organismos que atuavam de maneira separada anteriormente [394]. O sistema era tido internacionalmente como a "menina dos olhos" da regulação financeira. Referida unificação regulatória não impediu, contudo, que houvesse a quebra do Northern Rock e do HBOS, ambos resgatados e nacionalizados. Questionando-se, então, esse modelo regulatório, foram propostas mudanças nas competências financeiras das autoridades do Reino Unido. Por meio do *Banking Act* de 2009, devolveu-se ao *Bank of England* a competência para supervisão de risco sistêmico, enquanto a FSA ainda desempenharia papel importante, mas mais voltado para regulação prudencial de bancos considerados individualmente [395]. Posteriormente, com o *Financial Services Act* de 2012, implementado em 2013, a FSA foi dissolvida, com a criação de dois órgãos responsáveis pela regulação prudencial e pela análise de condutas no mercado financeiro, respectivamente a *Prudential Regulation Authority* e a *Financial Conduct Authority*, encerrando-se efetivamente a experiência de unificação regulatória no Reino Unido.

Analogamente, a Islândia possuía uma abordagem regulatória integrada, adotada em 1999, com a criação do *Financial Supervisory Authority* (com acrônimo FME), autoridade de supervisão que não desempenharia funções de ordem monetária (estabilização), deixadas para o Banco Central do país. Apesar disso, algumas competências ainda ficaram espalhadas

---

[393] CIHÁK, Marin; PODPIERA, Richard. Is One Watchdog Better Than Three? International Experience with Integrated Financial Sector Supervision. *IMF Wornking Paper 06/57*, março e 2006, p. 7

[394] MESSA, Theodoro. Crise e regulação no sistema financeiro brasileiro. BACHA, Edmar; GOLDFAJN, Ilan (org.). *Como reagir à crise? Políticas econômicas para o Brasil.* p. 83.

[395] PINTO, Gustavo Mathias Alves. *Regulação sistêmica e prudencial no setor bancário brasileiro.* Tese de doutorado: USP, Faculdade de Direito, São Paulo, 2011, p. 247.

e não muito claras dentro de um espectro de ministérios [396]. A unificação regulatória não impediu um processo de privatização total do setor no início dos anos 2000, tampouco a escalada da alavancagem dos bancos, baseada em exposição externa. Os ativos dos bancos cresceram de maneira desmedida (e sem fundamento econômico), chegando a ser onze vezes maiores que o PIB do país (em 2008, sendo que eram iguais ao PIB em 2000), tendo como contrapartida um passivo de curto-prazo [397]. A concessão de crédito imobiliário também era realizada de maneira desregrada, podendo ser financiada porcentagem perto do valor total dos imóveis [398].

Quando houve o estouro da bolha imobiliária e o enxugamento da liquidez internacional, os três grandes bancos da Islândia, que haviam sido privatizados, precisaram ser nacionalizados a duras penas. O país teve maiores dificuldades de recuperação: período recessivo em 2009, o desemprego sempre próximo de 3% da população economicamente ativa saltou para mais de 7% [399]. A recuperação do país só teve início a partir de 2011. Interessante notar que a população teve participação no processo decisório de políticas de salvamento de bancos e de pagamento de débitos internacionais por meio de referendos em 2010 e 2011.

Percebendo que a unificação regulatória poderia ser simplesmente ilusória e não a única alternativa viável, o Fundo Monetário Internacional passou a recomendar não somente a abordagem integrada, mas também a possibilidade de se ampliar a coordenação e cooperação entre mais de um ente [400]. No mesmo sentido, o Banco Central Europeu divulgou em

---

[396] JÄNNÄRI, Kaarlo. *Report on banking regulation and supervision in Iceland: past, present and future*. Iceland Prime Minister's Office Publications, março de 2009. p 3-12.

[397] No premiado documentário *Inside Job* (direção de Charles Ferguson, Sony Pictures, 2010), o professor da *University of Iceland*, Gylfi Zoega, narra como os bancos do país foram tirando os profissionais existentes no órgão regulador e como, em consequência, a regulação acabou sendo capturada.

[398] Todo o histórico é tratado em JÄNNÄRI, Kaarlo. *Report on banking regulation and supervision in Iceland: past, present and future*. Iceland Prime Minister's Office Publications, março de 2009. p 13-15.

[399] Dados retirados do Banco Mundial.

[400] Interessante notar a mudança de posicionamento do Fundo Monetário Internacional no caso canadense. A recomendação do órgão, em 2008, era de que todos os reguladores de títulos e ações fossem centralizados em um único órgão. Já em 2014, não mais se recomenda a unificação em um só regulador, mas sim a necessidade de manutenção de boa estrutura de cooperação e coordenação entre os vários reguladores das províncias e territórios com o administrador federal, o *Canadian Securities Administrator*. Cf. INTERNATIONAL MONE-

abril de 2014 a *Regulation 468/2014*, estabelecendo mecanismos de cooperação entre a autoridade europeia e as autoridades nacionais competentes.

Nesse ponto, o Brasil demonstrou que um sistema de competências centralizadas, por mais que não unificadas, pode ser bastante eficiente no combate a problemas de ordem financeira – além de se mostrar como sendo de mais difícil cooptação, conforme ocorreu na Islândia.

Essa constatação deve ser feita com algumas ressalvas. Os mecanismos de propagação da crise no Brasil ficaram restritos ao setor financeiro em sentido mais estrito: liquidez bancária. As interconexões entre o Banco Central e a CVM, por exemplo, não foram efetivamente testadas. E instituições não-financeiras que atuavam fortemente em mercado de derivativos, como a Sadia, sentiram o impacto do colapso internacional, reverberando esses impactos dentro do país, sem que tivessem recebido a devida fiscalização. Tratam-se, por vezes, de instituições com relevância sistêmica e que estão legalmente fora da alçada do Banco Central.

No mesmo sentido, existem críticas quanto à falta de atuação do Banco Central em fundos – de competência da CVM – associados a conglomerados financeiros. Considera-se que problemas existentes em fundos de investimento ligados a bancos seriam, sem sombra de dúvida, transferidos às instituições financeiras, trazendo claro problema de risco sistêmico [401].

Em suma, o arranjo institucional brasileiro se mostrou eficiente em lidar com os problemas financeiros advindos da crise de 2008, portando-se melhor que outros arranjos anteriormente recomendados em nível internacional. Contudo, deve-se considerar essa solidez com certa dose de humildade, tendo em vista as pressões mais limitadas exercidas dentro da economia nacional. Existem desafios e problemas a serem endereçados. Mas o país parte de uma posição inicial sólida.

TARY FUND. *Canada Financial Stability Assessment Update*. IMF Country Report No. 14/29, fevereiro, 2014.

[401] Esse ponto começa a ter intersecções com a questão do "sistema bancário paralelo", também chamado de *shadow banking*, que será analisado adiante.

3.2.5. Regulação financeira conservadora

(a) O argumento

Atribui-se, também, o sucesso do sistema bancário brasileiro durante a recente crise à regulação financeira conservadora existente no país.

A fundamentação teórica para tanto se dá na esteira das construções do item 3.1.3 supra: o Brasil possui uma regulação financeira restritiva e proibitiva que fez com que o sistema financeiro se tornasse mais resiliente e sólido.

Textualmente, o argumento é o de que, em suma, "a exigente regulação bancária nacional" juntamente com as limitações existentes ao processo de securitização mantiveram o sistema bem capitalizado e com boa qualidade nas carteiras de crédito, "fatores que foram essenciais na resistência à crise" [402].

Nessa visão, "o histórico de sucessivas turbulências criou um sistema sobrerregulado, pelo menos do ponto de vista de tempos normais" [403] e isso fez com que o país desenvolvesse uma série de mecanismos objetivando a higidez do sistema, sendo implementados e utilizados de maneira conservadora.

O conservadorismo regulatório brasileiro teria servido, ademais, para afastar um dos supostos vilões da crise: as inovações financeiras.

Por fim, elogiou-se o sistema de responsabilização de administradores de instituições financeiras no Brasil, justamente por sua força e robustez. A lógica patrimonial e o rigor das determinações sobre a responsabilização são, de longa data, elogiados [404]. E até mesmo pela eficiência desse desenho regulatório chegou-se a indagar, em mais de uma oportunidade, se o modelo brasileiro poderia ser exportado [405].

---

[402] TOLEDO, Marcelo Gaspari Cirne de. Avaliação da crise: o sistema está sólido. In: GARCIA, Marcio. GIAMBIAGI, Fábio (org.). *Risco e regulação: Por que o Brasil enfrentou bem a crise financeira e como ela afetou a economia mundial.* p. 225-226.

[403] TOLEDO, Marcelo Gaspari Cirne de. Avaliação da crise: o sistema está sólido. In: GARCIA, Marcio. GIAMBIAGI, Fábio (org.). *Risco e regulação: Por que o Brasil enfrentou bem a crise financeira e como ela afetou a economia mundial.* p. 236.

[404] SALOMÃO NETO, Eduardo. *Direito bancário.* p. 720.

[405] FRANCO, Gustavo; ROSMAN, Luiz A. C. A responsabilidade ilimitada em instituições financeiras no Brasil: Antecedentes, experiência e considerações. In: CARNEIRO, Dionísio Dias; DE BOLLE, Monica Baumgarten (org.). *A reforma do sistema financeiro americano: nova*

(b) As críticas: prejuízo social, "menos mercado" e desnecessidade de oferecimento de produtos financeiros no Brasil

A experiência brasileira quanto ao rigor e conteúdo de suas determinações regulatórias foi, em geral, positiva. Talvez por isso muitos de seus problemas tenham sido relegados a segundo plano, assim como ocorre com a centralização regulatória, que foi recém-trabalhada.

Em especial, merece de fato reverência o sistema de responsabilização de administradores e controladores de instituições financeiras. Embora não impeça comportamentos abusivos ou fraudes, trata-se de sistema que alinha incentivos e que desestimula o oportunismo e o risco moral tão observados nos Estados Unidos durante a crise.

Já as críticas a respeito da regulação financeira restritiva e proibitiva passam por uma série de aspectos e nuances, tanto em matéria geral quanto especialmente dentro da sistemática adotada no Brasil.

De início, note-se que existem prejuízos sociais com a prática de regulação financeira conservadora.

Mesmo aqueles que defendem os aspectos positivos de uma regulação financeira conservadora ressaltam que "é preciso destacar que existe um *trade-off* entre resistência a crises e desempenho em tempos normais: a sobrerregulação ajuda nas crises, mas torna o crédito mais caro"[406]. Indica-se que "é sufocante a quantidade de exigências às quais estão subordinadas as instituições financeiras"[407]. Mesmo membros do Banco Central do Brasil notaram que, lado a lado com sua resiliência, o setor bancário possui extremas dificuldades de financiar atividades de longo-prazo e permi-

---

arquitetura internacional e o contexto regulatório brasileiro. p. 91-94. E também em FRANCO, Gustavo; ROSMAN, Luiz A. C. A Crise Bancária Norte-americana: algumas Lições da Experiência Brasileira. In: GARCIA, Marcio. GIAMBIAGI, Fábio (org.). *Risco e regulação: Por que o Brasil enfrentou bem a crise financeira e como ela afetou a economia mundial*. p. 159-160.
[406] TOLEDO, Marcelo Gaspari Cirne de. Avaliação da crise: o sistema está sólido. In: GARCIA, Marcio. GIAMBIAGI, Fábio (org.). *Risco e regulação: Por que o Brasil enfrentou bem a crise financeira e como ela afetou a economia mundial*. p. 237.
[407] VERÇOSA, Haroldo Malheiros Duclerc. *Bancos centrais no direito comparado*. p. 145. O autor ressalta que os limites legais impostos à atuação bancária são desconectados da realidade econômica desde sua criação.

tir o crescimento nacional, justamente em razão do racionamento e alto custo de crédito [408].

Trata-se de constatação com embasamento empírico. Se, por um lado, requerimentos de capital podem verdadeiramente limitar os problemas de risco moral, ao alinhar os incentivos dos gestores com o dos acionistas, por outro, tais requerimentos reduzem a capacidade de um banco criar liquidez e isso apresenta um efeito claro sobre a economia. Como exemplo, nos Estados Unidos a média praticada de capital é de 10% dos ativos ponderados pelo risco e acredita-se que esse valor já é alto, sendo que um ajuste mínimo poderia afetar positivamente o consumo entre 0,1% e 1% [409].

Em sentido análogo, se o conservadorismo sobre a securitização e eventual criação de produtos financeiros pode servir para facilitar o processo de fiscalização, por outro lado, ao se reduzirem os substitutos de liquidez, acaba-se conferindo maior poder aos agentes financeiros, tornando o crédito ainda mais caro [410].

Bem observou Calixto Salomão Filho ao anotar que a solução para muitos dos problemas advindos da crise, principalmente quanto a produtos financeiros, é "menos mercado" [411]. Utilizando-se das construções a respeito da assimetria de informação, principalmente em Akerlof, o autor percebe que mercados caracterizados por acentuada assimetria informacional tendem ou à estatização ou ao desaparecimento. No caso do mercado financeiro, produtos complexos e estruturados escondiam os riscos assumidos. Não seria caso, então, de simplesmente regulá-los, mas talvez de extingui-los.

Essa visão traz consigo uma série de questões e agendas para discussão. Faz-se, contudo, uma pequena observação: enquanto o problema financeiro em outros locais do mundo pode ser em grande parte resolvido por

---

[408] GOLDFAJN, Ilan; HENNINGS, Katherine; MORI, Helio. Brazil's Financial System: resilience to shocks, no currency substitution, but struggling to promote growth. *Working paper series*, 75, Banco Central do Brasil, junho 2003.
[409] VAN DEN HEUVEL, Skander. The welfare cost of bank capital requirements. *Journal of Monetary Economics*, n. 55, 2008. p. 298–320
[410] CARNEIRO, Dionísio Dias. O que a crise atual revelou sobre as deficiências regulatórias? In: CARNEIRO, Dionísio Dias; DE BOLLE, Monica Baumgarten (org.). *A reforma do sistema financeiro americano: nova arquitetura internacional e o contexto regulatório brasileiro*. p. 23.
[411] SALOMÃO FILHO, Calixto. Menos mercado. In: CASTRO, Rodrigo Rocha Monteiro de; WARDE JR, Walfrido Jorge; GUERREIRO, Carolina Dias Tavares (coord.). *Direito empresarial: e outros estudos em direito em homenagem ao professor José Alexandre Tavares Guerreiro*. p. 77-81.

"menos mercado", o problema bancário brasileiro parece ser, desde muito tempo, outro.

Note-se, primeiramente, de onde vem parcela significativa dos ganhos dos bancos brasileiros. Muito do seu portfolio é composto por títulos de dívida pública, livres de risco, que facilitam a composição da carteira de ativos com bons retornos, boa liquidez e mínima exposição e que, em razão dessa última característica, não têm peso no momento de composição dos requisitos de capital. Essa opção vem, inclusive, em detrimento de empréstimos a empresas menores [412]. Além disso, deve-se notar que as operações de empréstimo e tesouraria realizadas atualmente pelos bancos já possuem retorno elevado em comparação com bancos em outros países, mesmo com os requisitos de capital mais altos, conforme evidenciado pelo *spread* bancário brasileiro.

O custo de um grande Patrimônio de Referência das instituições financeiras seria uma suposta diminuição na competitividade internacional e perda de margens de lucro, já que mais capital precisaria ser imobilizado. Entretanto, esse resultado não é sentido pelas instituições no país. Indica-se com isso que não existe no Brasil o problema comum nos setores bancários internacionais do *trade-off* entre liquidez e rentabilidade – necessidade de se abrir mão de liquidez para se ter mais retorno futuro. No país, aversão a risco não indica diminuição de rentabilidade, precisamente graças aos títulos públicos e aos *spreads* [413]. Vê-se que os lucros dos bancos nacionais são antes advindos de uma estrutura patológica do que uma consequência de ganhos de eficiência.

Por essa constatação, sugere-se que os mercados de produtos financeiros não são desenvolvidos não pelo comportamento conservador imposto pelo regulador, mas sim pelas condições existentes no mercado brasileiro. No Brasil, "menos mercado" não é imposição legal. Em outras palavras, os

---

[412] MULLER, Bianca Abbott. *Concorrência no setor bancário brasileiro*. Dissertação de mestrado: USP, Faculdade de Direito, São Paulo, 2007, p. 123.

[413] DE PAULA, Luiz Fernando; SOBREIRA, Rogério. The 2008 financial crisis and banking regulation in Brazil. In: ARESTIS, Philip; SOBREIRA, Rogério; OREIRO, José Luis (org.). An assessment of the global impact of the financial crisis. p. 219-220. Quanto à observação a respeito da especialização dos bancos na aplicação de recursos em títulos públicos, veja-se, no mesmo sentido, VERÇOSA, Haroldo Malheiros Duclerc. *Bancos centrais no direito comparado*. p. 141.

bancos não deixam de vender produtos por não poderem, mas simplesmente por não precisarem.

Note-se, inclusive, que algumas das condições para ampliação dos mercados de securitizados existem. Um exemplo são os Fundos de Investimento em Direitos Creditórios (FIDC). Trata-se de "operação estruturada, fruto de inovação financeira ainda recente, que possibilita a securitização de recebíveis" [414] com origem nos mais diversos ramos de atividade econômica. Ressalte-se que não há marco legal próprio para os FIDC's, tendo sido esse instrumento editado pelo CMN (Resolução CMN nº. 2.907/2001) e regulamentado em especial pela CVM (a partir da Instrução CVM nº 356/2001).

O processo de estruturação do Fundo passa pela elaboração de níveis de risco/retorno, dividindo-se quotas seniores (com preferência de recebimento e juros mais baixos), quotas intermediárias (chamadas de mezanino, situadas logo abaixo das quotas seniores na ordem de recebimento e, em razão desse maior risco, com maior remuneração) e, por fim, quotas subordinadas. Aceitam-se títulos das mais variadas origens e, em um nicho específico (os FIDC não padronizados), até mesmo créditos já vencidos, possíveis direitos creditórios que se encontram *sub judice* ou que sejam objeto de litígio e créditos de empresas em processo de recuperação e falência (vide Instrução CVM nº. 444/2006). Para avaliação da qualidade final da estruturação, uma agência de *rating* atribui uma classificação de crédito ao Fundo [415].

Com essa caracterização, poder-se-ia perguntar se existem diferenças estruturais significativas entre os FIDC brasileiros e os CDO norte-americanos. A resposta é a de que, estruturalmente, as diferenças não são sensíveis.

E isso, por si só, não quer representar um retrocesso ou um iminente risco ao sistema financeiro brasileiro. As inovações financeiras estão envoltas em alguns mitos que merecem ser afastados: o mito da perversidade, que sugere que inovações financeiras são sempre um fenômeno

---

[414] PINTO JUNIOR, Mario Engler. Fundo de Investimento em Direitos Creditórios (FIDC): alternativa de financiamento pelo mercado de capitais. In: LIMA, Maria Lúcia Padua (coord.). *Agenda contemporânea: Direito e Economia, 30 anos de Brasil*, tomo 2. p. 48.

[415] PINTO JUNIOR, Mario Engler. Fundo de Investimento em Direitos Creditórios (FIDC): alternativa de financiamento pelo mercado de capitais. In: LIMA, Maria Lúcia Padua (coord.). *Agenda contemporânea: Direito e Economia, 30 anos de Brasil*, tomo 2. p. 50-57.

negativo; o mito da pós-modernidade, que sugere que inovações financeiras são um fenômeno somente existente após a globalização financeira e com maior força nas últimas três décadas; e o mito do *laissez faire*, que sugere que a criação de inovações financeiras é resultado unicamente da falta de regulação [416].

Primeiro, "inovações financeiras não podem ser analisadas sob prisma maniqueísta como intrinsicamente boas ou más, na sua gênese" [417]. Inovações financeiras devem ser vistas como uma nova forma de tecnologia que pode ser usada a favor das pessoas – se, por um lado, elas trazem consigo alguma insegurança, isso não poderia limitar seu desenvolvimento. Várias inovações trouxeram imenso ganho social, facilidade na operação ou barateamento de crédito [418]. Inclusive, estudos empíricos acerca da securitização no Brasil indicam que a utilização dessa inovação, os FIDC, consegue efetivamente reduzir o risco de crédito em relação ao risco de crédito original das empresas não-financeiras cedentes e que, em parte das vezes, a estruturação do FIDC permite se reduzir o custo de capital dessas empresas [419].

Segundo, note-se que o movimento de criação e proliferação de inovações financeiras é datado, por alguns autores, pelo menos a partir da Baixa Idade Média e é tão estimulado pela falta de regulação quanto pela regu-

---

[416] SALAMA, Bruno. Rumo a uma teorização jurídica da inovação financeira: os negócios bancários indiretos. *Revista da Procuradoria Geral do Banco Central*, v.4, n. 1, junho de 2010. p. 226.

[417] VERÇOSA, Haroldo Malheiros Duclerc. Considerações sobre o sistema financeiro. Crises. Regulação e re-regulação. *Revista de Direito Mercantil, Industrial, Econômico e Financeiro*, v. 149/150, 2008, p. 15.

[418] Robert Shiller discorre de maneira clara acerca da importância, dos riscos e dos avanços trazidos historicamente pelas inovações financeiras, bem como traça paralelo com o desenvolvimento de novas tecnologias em outros setores econômicos – em especial o setor de tecnologia de informação. Vide SHILLER, Robert. *New financial order: risk in the 21st century*. Em especial, quanto aos benefícios das inovações financeiras, veja-se o capítulo 17.

[419] PULINO, Marcos Vinícius Zanlorenzi. *O custo de capital em operações de securitização de recebíveis de empresas não-financeiras mediante emissão de quotas de Fundos de Investimento em Direitos Creditórios – FIDCS*. Dissertação de mestrado: FGV-SP, Escola de Administração de São Paulo, São Paulo, 2008. p. 62. É necessário fazer a ressalva de que os resultados empíricos quanto à redução do custo de capital sofrem limitações de ordem teórica e metodológica, pois, a uma, utilizam de *ratings* externos como *proxy* do custo de capital e, a duas, os registros de FIDC's são limitados tanto temporal quanto numericamente.

lação excessiva – agentes buscam, então, mecanismos para se escapar das amarras impostas pelo regulador [420].

Quanto à utilização de inovações para escapar de exigências regulatórias, é interessante notar que, apesar das semelhanças estruturais entre FIDC e CDO, existem diferenças consideráveis entre o processo de securitização brasileiro e norte-americano que ultrapassam sua estruturação. Mantendo a tradição regulatória estabelecida a partir de 1994, os ditames regulatórios brasileiros são conservadores também nessa seara, visando evitar o uso das inovações com intuitos meramente formais. São feitas consideráveis restrições quanto ao acesso ao FIDC [421], quanto ao fornecimento de informações ao público, quanto à auditoria e prestação de contas [422], além de outros princípios de governança que são impostos.

Por fim, note-se que, por mais que atualmente conservador, ainda é necessário melhorar o aparato regulatório existente, principalmente nos pontos que intersectam o mercado financeiro e o mercado de capitais. Por exemplo, na questão de fiscalização de derivativos. Primeiro passo seria o de limitar as operações com derivativos a câmaras, evitando as operações em balcão (que foram as que originaram os relativamente

---

[420] SALAMA, Bruno. Rumo a uma teorização jurídica da inovação financeira: os negócios bancários indiretos. *Revista da Procuradoria Geral do Banco Central*, v. 4, n. 1, junho de 2010. p. 228.
[421] Cabe observar, primeiramente, que, por meio da redação atual da Instrução CVM 356/2001, em seu art. 17, §3º (redação datada de 2011), as quotas dos FIDC somente podem ser adquiridas por "investidores qualificados", assim definidos pela CVM (art. 109, Instrução CVM nº. 409/2004). No caso dos FIDC não padronizados, expostos a maior risco justamente em razão da qualidade dos créditos que podem fazer parte do portfolio, a Instrução CVM nº. 444/2006 (art. 4º, II), fixa um valor mínimo de quota em milhão de reais (requisito superior àquele exigido do "investidor qualificado" regular), restringindo o acesso a esse investimento arriscado àqueles que possuam capacidade financeira de absorver perdas. Convém alertar que essa restrição ao acesso pode não ser suficiente para evitar o atingimento de público alheio ao meio financeiro: fundos de pensão foram investidores ativos no mercado de securitizados tóxicos nos Estados Unidos, trazendo prejuízos a um grande número de aposentados e pensionistas. No Brasil, os fundos de pensão são considerados "investidores qualificados".
[422] A Instrução CVM nº. 489/2011, a partir de seu art. 17, traz lista de itens a serem divulgados, desde informações até demonstrações financeiras, tanto mensais quanto anuais. E é extensa a lista de requisistos a serem atendidos pelos Fundos (exemplificativamente: comparativo de todas as demonstrações com aquelas do ano anterior; detalhamento dos créditos que compõem a carteira, com separação por data de vencimento valor de provisão, tipo e natureza de ativos, além de destacar os créditos vincendos dos já vencidos; detalhamento das garantias existentes; descrição das práticas de gestão de risco; dentre outras). Ademais, todas as demonstrações anuais devem ser, necessariamente, acompanhadas de parecer de auditor independente.

escassos problemas ocorridos com derivativos no Brasil), "em que as exposições das empresas seriam mais transparentes, e nas quais as chamadas de margem atuariam como mecanismo autocorretivo de posições potencialmente excessivas" [423].

Os limites rigorosos impostos pela regulação bancária brasileira tiveram efeito positivo, sim, na mitigação dos efeitos do colapso financeiro de 2008. As reformas na arquitetura financeira internacional no pós-crise apresenta, em grande parte, convergência com práticas já adotadas dentro do país, conforme se verá no item 3.3.1 infra. Contudo, os custos sociais envolvidos nessa opção regulatória foram altos – e reiteraram as condições de baixa competitividade e eficiência existentes no mercado. Em razão disso, autores pugnam por maior desregulação do setor no Brasil [424], ou que, ao menos, processos de autorregulação sirvam de informação para aperfeiçoamento do arcabouço nacional [425].

E por mais que o objetivo do caráter regulatório restritivo sempre tenha sido a higidez financeira, até grande parte das vezes em detrimento da concorrência, isso não livrou o setor bancário de suas crises específicas[426], conforme será tratado já no próximo tópico.

3.2.6. Qualidade e flexibilidade na supervisão e fiscalização das instituições financeiras

(a) O argumento

Por fim, elogia-se a regulação do sistema financeiro brasileiro por permitir que a autoridade monetária tenha flexibilidade na intervenção em instituições que tenham, ou possam vir a ter, problemas, conforme delineado no tópico 3.1.3, "c", supra. Em zona de intersecção com a centralização regulatória, elogia-se, também, a capacidade e qualidade dessa

---

[423] MESQUITA, Mário; TORÓS, Mário. Gestão do Banco Central no Pânico de 2008. In: GARCIA, Marcio. GIAMBIAGI, Fábio (org.). *Risco e regulação: Por que o Brasil enfrentou bem a crise financeira e como ela afetou a economia mundial.* p. 199.
[424] VERÇOSA, Haroldo Malheiros Duclerc. *Bancos centrais no direito comparado.* p. 145.
[425] OLIVEIRA FILHO, Luiz C. de. Autorregulação no Sistema Financeiro. CARNEIRO, Dionísio Dias; DE BOLLE, Monica Baumgarten (org.). *A reforma do sistema financeiro americano: nova arquitetura internacional e o contexto regulatório brasileiro.* p. 46-48.
[426] SALOMÃO FILHO, Calixto. Regulação e antitruste: fronteiras de interação no setor financeiro. In: CAMPILONGO, Celso Fernando; ROCHA, Jean Paul Veiga da; MATTOS, Paulo Todescan Lessa (coord). *Concorrência e Regulação no Sistema Financeiro.* p. 142.

supervisão em um grande número de instituições, limitando-se (ou mesmo suprimindo) a existência de um sistema bancário paralelo.

A flexibilidade e discricionariedade da autoridade monetária no auxílio e cobrança de instituições financeiras são tidas como pontos positivos dispostos pela legislação bancária brasileira já de longa data [427], sendo acentuada após os efeitos diminutos da crise no país.

Quanto à qualidade na supervisão, acredita-se, grosso modo, que o "Banco Central mantivesse um controle adequado das instituições financeiras, inclusive bancos de investimentos. Foi essa a razão pela qual as repercussões internas da crise foram menores do que as que ocorreram tanto na Europa quanto nos Estados Unidos" [428].

Com isso, nessa visão, teriam sido fornecidas as ferramentas para que o regulador adotasse respostas regulatórias para lidar com os efeitos adversos da crise (vide os exemplos trazidos de facilitação de acesso ao redesconto, ampliação dos limites de atuação do FGC, diminuição de exigências fiscais aos bancos, diminuição nos percentuais de recolhimento de depósito compulsório, etc.), bem como tivesse sob controle a (quase) totalidade dos agentes sistemicamente relevantes.

(b) As críticas: da regulação baseada em risco à suposta inexistência de um sistema bancário paralelo

De início, observando a caracterização positiva feita a respeito da flexibilização conferida ao regulador, deve ser apontado que há críticas quanto aos limites dessa maleabilidade e discricionariedade conferidas à autoridade para atuação no setor bancário. E, historicamente, essas características têm apresentado uma série de problemas e falhas de incentivo ao setor bancário brasileiro.

Citando Nelson Eizirik, Duclerc Verçosa nota que parte do custo de recuperação de bancos e saneamento do sistema financeiro, seja por meio de intervenção ou de implementação de "soluções de mercado", são suportadas pelos acionistas minoritários. O PROER suprimiu vários dos direitos dos acionistas minoritários, como o direito de retirada, a obrigação

---

[427] PINTO, Gustavo Mathias Alves. *Regulação sistêmica e prudencial no setor bancário brasileiro*. Tese de doutorado: USP, Faculdade de Direito, São Paulo, 2011. p. 133-134.
[428] WALD, Arnoldo. Uma nova visão das instituições financeiras. *Revista de Direito Bancário e do Mercado de Capitais*. Ano 13, N. 50, out-dez. 2010. p. 23.

de oferta pública para aquisição de ações dos minoritários sob as mesmas condições oferecidas aos controladores e retirou da CVM a competência de se manter como guardiã dos acionistas minoritários nesses casos – a limitação aos dispositivos da Lei 6.404/76 (Lei das Sociedades Anônimas) constam no art. 3º da Lei 9.710/98 (Lei do PROER). O intuito era tornar as operações de salvamento mais fáceis e baratas para o acionista controlador e para o adquirente. Tratou-se de uma mudança nas regras do jogo enquanto ele ainda era jogado, favorecendo aqueles com poder suficiente para a captura regulatória [429], mostrando-se que a flexibilidade regulatória trouxe consigo outro grupo de vítimas, os minoritários. Como exemplo, veja-se o caso da falência do Bamerindus. Chegou-se a estimar que o banco possuísse oitenta mil acionistas minoritários. O banco tinha grande apelo no estado do Paraná, seu berço. Acionistas minoritários perderam todas suas economias no prazo de uma semana quando o banco sofreu a intervenção [430].

Especificamente em razão da amplitude dos poderes conferidos pela Lei 9.447/97 à autoridade monetária para intervenção, bem como pela severidade das medidas passíveis de adoção, a interpretação dos termos legais deve ser restritiva, visando impor limites à discricionariedade do regulador. Inclusive, caso pareça haver desproporcionalidade entre os problemas havidos em uma dada instituição e o remédio adotado, parece certo o questionamento judicial da determinação do Banco Central [431].

Os regimes de intervenção não são discricionários em si. Até pelo contrário, a Lei 6.024/74 é clara ao expor que a decisão de decretação dos regimes especiais às instituições financeiras é vinculada, sendo que a única discricionariedade seria observada na interpretação de preenchimento, no caso concreto, dos requisitos legais e qual seria o melhor regime aplicável [432].

---

[429] VERÇOSA, Haroldo Malheiros Duclerc. *Bancos centrais no direito comparado.* p. 173.
[430] COSTA, Fernando Nogueira da. *Brasil dos Bancos.* p. 312-313. O autor conta a história de uma aposentada que perdeu suas economias de R$ 39 mil no referido período de uma semana. Anota-se, também, que pessoas envolvidas na intervenção consideraram o BACEN bastante tolerante com os Bancos Econômico e Nacional, cujos casos serão relatados abaixo, enquanto o Bamerindus foi utilizado como bode expiatório.
[431] SALOMÃO NETO, Eduardo. *Direito bancário.* p. 687.
[432] GRAU, Eros Roberto. Liquidação e intervenção em instituição financeira – anulação de ato administrativo complexo – discricionariedade e revisão judicial. Revista de Direito Administrativo. *Revista de Direito Administrativo*, n. 203, jan./mar. 1996. p. 402.

Ocorre que a história financeira brasileira recente mostra que, a um, a discricionariedade regulatória não foi sempre utilizada da melhor forma, mesmo com as tentativas de delimitação de situações hábeis à intervenção e, a dois, a supervisão realizada pela autoridade financeira não é tão integral e presente quanto se poderia imaginar com as argumentações trazidas pós-2008.

Cronologicamente, pode-se citar de início a intervenção no Grupo Coroa-Brastel. Documentos que constavam em sindicância do próprio Banco Central já demonstravam que a autarquia tinha ciência, em 1979, de que o grupo se encontrava em sérias dificuldades financeiras, inclusive com indícios de prática de "caixa 2" e duplicidade na emissão de letras de câmbio. Apesar dessas informações, o BACEN suspendeu a fiscalização ordinária sobre a instituição em 1982. Como consequência, a situação financeira do grupo rapidamente veio abaixo, sendo necessária intervenção em 1983 e posterior liquidação, trazendo prejuízo a trinta e quatro mil investidores e, em um segundo momento, grande número de demandas judiciais em face do Banco Central sob alegação de omissão na supervisão bancária [433].

Outro exemplo foi o Banco Econômico. A instituição, que tinha uma história que remontava a 1834, apresentava relações pouco sadias com o Banco Central pelo menos desde 1976, quando o Banco Econômico recusou-se a pagar dois cheques administrativos no valor de cinquenta e quatro milhões de dólares, algo que ia de encontro com as determinações do Banco Central, e passou ileso ao episódio. Outros escândalos posteriores foram abafados pelo Banco Central. Contudo, com o fim do período inflacionário brasileiro, a situação se tornou insustentável. Documentos datados de 1989, disponibilizados à imprensa após a intervenção em agosto de 1995, mostravam que o Banco Central tinha conhecimento da situação precária e da gestão temerária do Econômico seis anos antes da intervenção – recomendações de intervenção foram reiteradas em documentos de 1990 (em duas oportunidades, uma no próprio ano 1990 e outra em 1992) e 1993. Não restaram dúvidas de que o BACEN "foi negligente na administração da crise que levou à falência do Banco Econômico, resultando em um prejuízo superior a R$ 3 bilhões aos cofres públicos" [434].

---

[433] PINTO, Gustavo Mathias Alves. *Regulação sistêmica e prudencial no setor bancário brasileiro*. Tese de doutorado: USP, Faculdade de Direito, São Paulo, 2011. p. 137-138.

[434] COSTA, Fernando Nogueira da. *Brasil dos Bancos*. A citação está contida na página 285. O histórico do Banco Econômico é descrito nas páginas 281-290. Interessante notar que essas

Em período quase concomitante ao do Banco Econômico, o Banco Nacional também passou por dificuldades que escancararam limitações e excessos por parte da autoridade monetária. O Nacional estava atuando, desde 1988, de maneira extremamente alavancada (acima dos índices estabelecidos pelo BACEN e, posteriormente, pela incorporação do Acordo de Basileia com os já citados acréscimos de requisito de capital no país), adotava práticas fraudulentas de adiantamento de comissões, além de práticas de contabilidade criativa. Constatou-se após a venda da instituição para o Unibanco, em novembro de 1995, que, na verdade, o Nacional estava quebrado desde 1986 com o Plano Cruzado. Em outras palavras, a instituição enganou o regulador durante dez anos, sendo que "a parte podre" do banco acabou custando aos cofres públicos e não ao adquirente [435].

Outros escândalos tomaram conta do noticiário quanto à discricionariedade conferida ao BACEN, como o célebre caso do Banco Marka, de Salvatore Cacciola, que, abalado pelo processo de liberação da taxa de câmbio a partir de 1999, teve permissão da autoridade monetária para negociar dólares por valores anteriores aos praticados pelo restante do mercado, sob alegação de que a instituição financeira representaria um risco sistêmico. Essa permissão foi intermediada por sócio de Francisco Lopes, o então presidente do Banco Central. Surgiram, então, alegações de que o Banco Marka negociava informações privilegiadas dentro da autarquia [436].

Em novembro de 2004, foi a vez de o Banco Santos receber a intervenção do Banco Central. Técnicos do BACEN, por meio de relatórios baseados em fiscalização feita no Banco Santos em 2002, indicaram que a instituição realizava operações "não usuais". Percebendo a deterioração das carteiras de crédito do banco, a agência de *rating* Fitch rebaixou a nota da instituição já em 2003, enquanto a Standard&Poors o fez em janeiro de 2004. Então, em abril de 2004, o BACEN notificou os diretores do banco a respeito das irregularidades e indícios apresentados pela fiscalização realizada no Banco Santos. Contudo, pela flexibilidade e discricionariedade conferida ao BACEN, a intervenção somente foi realizada depois de 226 dias, período no qual o déficit da instituição teria dobrado, ampliando os

---

negligências foram temperadas pelo fato de os administradores terem sido, uns, condenados criminalmente ou, outros, inabilitados de desempenhar funções de gestão no sistema financeiro.
[435] COSTA, Fernando Nogueira da. *Brasil dos Bancos*. p. 290-303.
[436] COSTA, Fernando Nogueira da. *Brasil dos Bancos*. p. 338-339.

prejuízos de investidores. Os credores que se sentiram prejudicados pela demora na atuação do BACEN demandaram judicialmente a indenização pelos prejuízos incorridos, à semelhança do que ocorreu no caso do Grupo Coroa-Brastel [437].

Já durante o colapso financeiro de 2008, a supervisão do Banco Central apresentou algumas lacunas, principalmente em instituições de menor porte, que atentam à alegada qualidade no processo de fiscalização.

Em decorrência do excesso de liquidez mundial pré-crise, bancos pequenos e médios valeram-se dos mercados internacionais de crédito para financiamento de suas atividades. Algumas se expuseram de maneira excessiva à moeda estrangeira e quando houve o arrefecimento de liquidez, essas instituições se encontraram em sérios problemas, vindo a afetar, em processo de reação em cadeia, o mercado de crédito interbancário doméstico – logo, atingindo instituições que não haviam se exposto externamente. Essas práticas passaram ao largo da fiscalização da autoridade monetária e, para evitar possíveis danos, foram combatidas com adoção de política monetária expansionista, principalmente por uma diminuição nas porcentagens de depósito compulsório e pelo incentivo de compra de carteiras de crédito dos bancos menores pelos bancos maiores [438], com o efeito adverso de maior concentração de ativos.

Perceba-se que mesmo com a ampliação da atenção do Banco Central direcionada aos (relativamente poucos) bancos nacionais, como efeito direto da crise, isso não impediu que o Banco PanAmericano fosse objeto de fraudes, problemas de escrituração contábil e de má-gestão, conforme levantado no ano de 2010. Tais problemas não foram notados, inclusive, pela Caixa Econômica Federal, que havia comprado 49% do PanAmericano em 2009. E as investigações posteriores indicaram que as irregularidades teriam começado de três a quatro anos antes do que se teve notícia [439].

---

[437] PINTO, Gustavo Mathias Alves. *Regulação sistêmica e prudencial no setor bancário brasileiro.* Tese de doutorado: USP, Faculdade de Direito, São Paulo, 2011. p. 139-140.

[438] MOURA, Alkimar. A separação entre as funções de estabilização e regulação no Brasil. In: CARNEIRO, CARNEIRO, Dionísio Dias; DE BOLLE, Monica Baumgarten (org.). *A reforma do sistema financeiro americano: nova arquitetura internacional e o contexto regulatório brasileiro.* p. 126-127.

[439] FOLHA DE S. PAULO. *Rombo por falência do PanAmericano seria de R$ 900 mi; banco pagou IR sem dever.* 10 de dezembro de 2011.

Encerrando essa breve notícia histórica, podem-se ainda citar os casos do Banco BVA e do Banco Cruzeiro do Sul. O BVA, que passava dificuldades financeiras semelhantes às encontradas por outros bancos de médio porte, sofreu intervenção do Banco Central em 2012. Acreditava-se que a situação da instituição BVA advinha de uma política agressiva de crescimento. Contudo, já ao término da liquidação extrajudicial, apurou-se que houve fraude e gestão temerária no Banco. Já com o Cruzeiro do Sul, a situação foi mais direta, sendo rapidamente identificados empréstimos fictícios. E ambos buscaram no FGC uma salvação do governo, embora, nesses casos, não tenha havido o resgate estatal[440].

A ausência de uma política clara a respeito das condições de auxílio de liquidez, salvamento e intervenção em instituições financeiras tende a acentuar o problema de risco moral na gestão de instituições financeiras [441].

Veja-se, também, que a atuação do FGC durante e após a crise, ao mesmo tempo em que mostra a flexibilidade do fundo, demonstra-se a excessiva proteção às instituições financeiras. O FGC é um fundo garantidor e deve, portanto, adotar comportamento conservador em seus investimentos. Caso haja perdas nas aplicações, os correntistas deixariam de ser efetivamente segurados e se perderia todo o sentido de uma entidade garantidora de crédito. A crítica de alguns autores é a de que o Fundo passa, nessa nova sistemática, da condição de garantidor dos depositários para garantidor dos próprios bancos[442].

Deve-se atentar, também, para o crescente risco de crescimento desregulado de um sistema bancário paralelo (chamado de *shadow banking*) mesmo no Brasil, por mais que essa preocupação nem sempre tenha sido exaltada.

---

[440] EXAME. *Banco BVA pede falência na justiça de São Paulo.* 11 de setembro de 2014 e FOLHA DE S. PAULO. *Deficitário, banco BVA sofre intervenção.* 20 de outubro de 2012.
[441] Veja-se a crítica feita à falta de transparência do Banco Central em comparação ao *Bank of England*, em questões como níveis de intervenção, expectativas futuras e condução de política monetária: ANDRADE, Eduardo de Carvalho. Transparência: Bacen *versus* BoE. *Revista de Economia Política*, vol. 25, nº 4 (100), outubro-dezembro, 2005. p. 357-369.
[442] PINTO, Gustavo Mathias Alves. *Regulação sistêmica e prudencial no setor bancário brasileiro.* Tese de doutorado: USP, Faculdade de Direito, São Paulo, 2011. p. 123-125. Essas preocupações foram reiteradas, inclusive, pelo Fundo Monetário Internacional em documento a respeito da estabilidade do sistema financeiro brasileiro. Cf. IMF Country Report No. 12/206. *Brazil: Financial System Stability Assessment,* julho de 2012, p. 7.

Cada vez mais atividades correlatas ao mercado financeiro, ligadas principalmente a diversas formas de fundos de investimento, como fundos de *hedge* e de *private equity*, apresentam características semelhantes a bancos: recebem dinheiro de terceiros à vista e os investem em ativos ilíquidos. Enquanto bancos fazem sua captação por depósitos, os fundos a fazem ou por títulos ou por quotas, mas o resultado prático é o mesmo tanto para os fundos quanto para os bancos: descasamento temporal entre ativos e passivos. A situação é a mesma no caso de conglomerados financeiros, que atuam tanto na frente bancária quanto nas outras formas de investimento acima elencadas.

A questão é que a regulação desses fundos cabe à CVM e não ao BACEN, por mais que na prática as operações realizadas entre eles sejam parecidas – exemplificando algumas limitações das já tratadas *abordagem institucional* e *abordagem funcional*. E levando em conta essa similitude de características, autores consideram que seria até mesmo ingênuo supor que problemas que afetassem fundos não viessem a afetar o setor bancário como um todo. Recomenda-se, então, que o Banco Central atue de maneira mais firme, junto à CVM, na fiscalização tanto de empresas não financeiras com aparente interesse sistêmico, quanto nos casos de fundos de investimento [443].

Some-se ao problema do potencial *shadow banking* no Brasil a negligência fiscalizatória havida antes da crise com os pequenos e médios bancos e isso demonstra que a regulação financeira brasileira é, na prática, "baseada em risco", com o regulador focando sua atuação nos grandes agentes do setor e permitindo que vários outros, que por não atingirem um patamar mínimo de tamanho que enseje maior supervisão prévia ou por fatores institucionais, passem despercebidos [444]. Por essa alegada ineficiência do Banco Central nas suas funções de supervisor, chega-se a sugerir a criação de um órgão unicamente responsável pela fiscalização dos bancos, retirando excertos de competência do BACEN, CVM, e Susep [445].

---

[443] MESQUITA, Mário; TORÓS, Mário. Gestão do Banco Central no Pânico de 2008. In: GARCIA, Marcio. GIAMBIAGI, Fábio (org.). *Risco e regulação: Por que o Brasil enfrentou bem a crise financeira e como ela afetou a economia mundial*. p. 198-200.

[444] Cf. BALDWIN, Robert; CAVE, Martin; LODGE, Martin. *Understanding regulation: theory, strategy and practice*. p. 284.

[445] VERÇOSA, Haroldo Malheiros Duclerc. *Bancos centrais no direito comparado*. p. 218. O autor ressalta Jairo Saddi como defensor dessa ideia.

Os contrapontos trazidos acima não retiram, de forma alguma, parte do mérito da atual sistemática de flexibilidade regulatória tampouco sugere falta de qualidade na fiscalização pelo Banco Central. Tão somente se demonstra que a experiência brasileira, até mesmo em tempos recentes, indica que deve haver cautela ao se conferir competências excessivamente discricionárias ao regulador, além de demonstrar que sua capacidade de supervisão tem limitações. Margens de atuação são necessárias e fiscalizar firmemente todas as instituições do país, por mais que não sejam tantas quanto em outros países, é tarefa impossível. Assim, as definições de competência, as condições de intervenção, a possibilidade de resgate e as penas, caso as duas últimas sejam necessárias, devem ser fixadas claramente, sob pena de se gerar desalinhamento de incentivos (como risco moral e o "grande demais para quebrar") e de se tornar a fiscalização mais difícil e custosa.

E se por um lado a ação da autoridade bancária, seja na intervenção, regulação ou fiscalização, durante a crise foi aplaudida por seu caráter incisivo e proativo, resta saber se a nova rede de proteção fornecida aos bancos será, algum dia, retirada [446].

3.3. Na outonada da crise
Nesse último tópico do livro, serão tratados aspectos polêmicos e discussões havidas pós-crise. Mais do que discorrer sobre novos tópicos, levantam-se provocações e agendas de pesquisa que se abriram após o fim de um ciclo recessivo e com o início de um período de mudanças institucionais e estruturais.

3.3.1. Convergências e divergências da estrutura financeira brasileira na reformulação dos sistemas financeiros internacionais
No processo de se juntar destroços e começar a reconstruir o que fora derrubado, países ao redor do mundo começaram a procurar melhores soluções para lidar com problemas havidos durante a crise. E isso se deu tanto pela observação de outros países menos afetados quanto por discussões

---

[446] MOURA, Alkimar. Regulação nos mercados financeiros e de capitais no Brasil: um sistema à prova de crises? In: LIMA, Maria Lúcia Padua (coord.). *Agenda contemporânea: Direito e Economia, 30 anos de Brasil*, tomo 2. p. 255.

internacionais visando estabelecer padrões mínimos de regulação e atuação bancária que ultrapassem as fronteiras nacionais.

Nessa senda, é interessante perceber os pontos de intersecção e de divergência entre o modelo brasileiro e as reformas implementadas tanto internamente em diversos países, quanto nas discussões internacionais promovidas na preparação de Basileia III. Esse exercício serve como uma avaliação e análise do vanguardismo e limitações brasileiras.

As reformas promovidas no mercado bancário norte-americano foram discutidas no capítulo anterior. Várias das transformações, como a maior preocupação com aprovação e regulação de produtos financeiros, maior cuidado com registro de operações de balcão, diminuição dos níveis de exposição dos bancos e seus requisitos de capital, maior flexibilidade de atuação do banco central, controle da estrutura de remuneração dos administradores, além de preocupações macroprudenciais e com os consumidores já eram endereçadas pelo arcabouço brasileiro, conforme visto no presente capítulo. Os instrumentos nem sempre são os mesmos, mas os objetivos e finalidades passaram a se alinhar de modo mais claro.

De fato, vários dos caracteres conservadores da regulação brasileira, bem como a flexibilidade de atuação do BACEN, são áreas de convergência da regulação de outros países – registro e maior prestação de informações pelos gestores de recursos; maiores níveis de requerimento de capital, superiores inclusive aos níveis previstos no Basileia II; requisitos de liquidez em instituições sistemicamente importantes; maior flexibilidade para o regulador intervir ou requisitar informações aos regulados; instituição de condições de cooperação entre entidades reguladoras, caso exista mais que uma [447].

Por outro lado, em razão de seu relativo sucesso, o sistema brasileiro não se moveu para incorporar boas modificações discutidas internacionalmente. A principal crítica é a de que a rigidez do sistema chega a pontos excessivos, afastando o Brasil inicialmente de algumas das práticas internacionais. Alguns países, liderados pela Suíça, passaram a adotar um sistema diferenciado de requisitos regulatórios entre instituições maiores e

---

[447] LOYO, Eduardo Motta; AZEVEDO, Rodrigo. Perspectivas sobre a regulação financeira no Brasil diante de programas de reforma em economias avançadas. In: CARNEIRO, Dionísio Dias; DE BOLLE, Monica Baumgarten (org.). *A reforma do sistema financeiro americano: nova arquitetura internacional e o contexto regulatório brasileiro.* p. 60-72.

outras instituições – o mesmo vale para requisitos de alavancagem e exigências de capital contracíclicas [448].

As discussões que culminaram com Basileia III visaram melhorar o aparato criado com Basileia II – que se focava na definição, mensuração e tratamento de riscos operacionais, de crédito ou de mercado – ao também dispor sobre requisitos de liquidez e alavancagem, visando diminuir as chances e possíveis efeitos de corridas bancárias. A insuficiência do arcabouço prévio fez com que as provisões de Basileia III tivessem como escopo, justamente, o aumento da resiliência bancária e a diminuição dos custos de eventuais futuras crises.

A tônica das propostas foi a de melhorar as práticas por parte dos bancos e reguladores – como ampliar requisitos de capital, exigir a formação de reservas de capital (*buffers*) em tempos de bonança e que serviriam de garantia em tempos de crise, exigir maior critério na concessão de crédito, exigir maior transparência dos bancos ao se divulgar informações ao público, ampliar a frequências de testes de *stress*. E, embora as novas metodologias propostas em Basileia III ainda demandem tempo para adaptação dentro do país, grande parte dos instrumentos recomendados pelo Acordo já eram utilizados, em certa medida, anteriormente, conforme visto acima no presente capítulo – e, por esse motivo, os custos de adaptação serão menores que em outros locais do mundo. Nesse ponto, o Brasil também se mostrou avançado em matéria regulatória. E tanto assim é que o país participou do processo de elaboração das determinações do Acordo, não tendo papel passivo e de simples recepção de seus termos [449].

Finalmente, interessante notar a preocupação concorrencial (ou a falta dela) existente no Brasil e no restante do mundo após o saneamento dos sistemas financeiros internos.

Internacionalmente, após o grande número de fusões havidas para salvamento de instituições em dificuldade financeira – por exemplo, a com-

---

[448] LOYO, Eduardo Motta; AZEVEDO, Rodrigo. Perspectivas sobre a regulação financeira no Brasil diante de programas de reforma em economias avançadas. In: CARNEIRO, Dionísio Dias; DE BOLLE, Monica Baumgarten (org.). *A reforma do sistema financeiro americano: nova arquitetura internacional e o contexto regulatório brasileiro*. p. 73-76. Posteriormente, endereçaram-se parte dessas preocupações com as recomendações trazidas por Basileia III, por meio de *buffers* de capital contracíclico.

[449] As declarações foram feitas por Luiz Awazu Pereira da Silva, diretor de Regulação do Sistema Financeiro do BACEN. Disponível em http://www.bcb.gov.br/pec/appron/apres/Discurso_Luiz_Pereira_Basileia_1-3-2012.pdf, acesso em 08/07/2014.

pra do Lehman Brothers pelo Barclays, a aquisição por parte do Bank of America dos bancos Countrywide Financial e do Merrill Lynch, aquisição do Wachovia pelo Wells Fargo, aquisição do Bear Stearns e do Washington Mutual pelo JP Morgan Chase, além da compra de centenas de bancos regionais e de investimentos governamentais diretos – não houve programas de desinvestimento ou de fomento à competição bancária, com a exceção de interessantes casos em mercados europeus: HBOS-Lloyds [450], Royal Bank of Scotland [451], ING [452], e outros casos pouco menores.

A falta de remédios estruturais à concentração bancária também é convergência com o visto dentro do Brasil. No país, o processo de concentração também se acentuou como medida para garantia de estabilidade no setor bancário. Houve a fusão entre Itaú e Unibanco, o Banco do Brasil comprou o Banco do Estado de Santa Catarina, o Banco do Estado do Piauí, a Nossa Caixa, metade do Banco Votorantim. Outros bancos, como o Bradesco, pensaram em aquisições como estratégia de manutenção de

[450] O HBOS era um banco existente no Reino Unido que precisou ter parte do seu capital nacionalizado para que o restante (parte que veio a ser controladora) fosse adquirido pelo então Lloyds TSB. Ocorre que essa operação ia de encontro às normas concorrenciais vigentes. A operação foi, então, declarada como sendo de interesse público no mesmo dia do anúncio da aquisição, 18 de setembro de 2008. Três semanas depois foi alterada a lei antitruste para excepcionar casos de risco sistêmico de sua competência. Essa polêmica questão foi analisada pela Comissão Europeia, que determinou uma série de desinvestimentos pró-competitivos após a fusão. Cf. VICKERS, John. The Financial Crisis and Competition Policy: Some Economics. Global Competition Policy. Dezembro de 2008 e RIBEIRO, Ivan César. *Regulação financeira, poder no mercado e crise financeira*. Tese de doutorado: USP, Faculdade de Direito, São Paulo, 2012. p. 05-09. Efetivamente, a partir de 2013, o Lloyds TSB passou a ser chamado somente de Lloyds, enquanto foi (re)criado o TSB pela destinação de ativos e agências (mais de seiscentas) anteriormente pertencentes ao Lloyds – vale notar que o TSB era instituição que existente anteriormente, tendo sido fusionada com o Lloyds em 1995. O HBOS se mantém como subsidiária do Lloyds.
[451] O Royal Bank of Scotland recebeu auxílio financeiro governamental (mais de 80% de seu capital passou a ser estatal) e se comprometeu, em 2009, a realizar um plano de reestruturação por meio de desinvestimentos e venda de agências. Embora ainda sem aplicação prática, a ideia é que a partir de 2015 mais de trezentas agências sejam vendidas para um grupo em desenvolvimento chamado de Williams & Glyn. Cf. BBC. *RBS sells 314 bank branches to Corsair consortium*. 27 de setembro de 2013.
[452] A seguradora holandesa ING também recebeu auxílio financeiro e, como contraprestação, comprometeu-se a se desfazer de ativos ao redor do mundo, como operações na Inglaterra (vendidas ao banco Barclays) e a separação das operações realizadas Estados Unidos, sendo chamada a partir de 2014 de Voya Financial a nova empresa formada pela divisão da ING no país.

parcela de mercado, mas as opções ficaram consideravelmente reduzidas após as fusões anteriormente indicadas [453], não tendo avançado as negociações entre Bradesco e Santander [454]. E com exceção da aquisição da Nossa Caixa pelo Banco do Brasil [455], não foram aplicadas sanções, compensações ou remédios para se estimular a concorrência bancária.

Note-se a ressalva de que, como medida prudencial após a crise, o BACEN determinou que os bancos dobrassem sua capitalização para operações realizadas com crédito consignado – nicho onde havia grande competição de instituições pequenas e médias. Autores consideram, inclusive, que essa concentração supostamente orgânica acabava sendo mais nociva que a concentração horizontal por meio de fusões [456].

Essas últimas observações sobre as estruturas de mercado no setor bancário dão força à visão de falta de preocupação concorrencial dentro do sistema financeiro, seja no Brasil, seja internacionalmente. E se as fusões eram o meio para se garantir estabilidade, uma vez atingido o objetivo almejado, não haveria razão para que se mantivessem as estruturas concentradas. Embora a prática aproxime vários países, não parece ser o caso de uma coincidência positiva. As soluções para desconcentração existem e são controversas.

3.3.2. *Alternativas à concentração e à regulação concentradora: "fatiamento" do mercado e crescimento orgânico de bancos menores*

Alternativas à concentração e à regulação de caráter concentrador, que, como visto, eram tônica desde antes da crise do *subprime* e foram acentuadas por ela, iniciam-se com o chamado "fatiamento" dos grandes bancos [457].

---

[453] COSTA, Fernando Nogueira da. *Brasil dos Bancos*. p. 486.
[454] O GLOBO. *Santander do Brasil não está à venda, diz presidente do banco*. 04 de junho de 2012.
[455] Vide Ato de Concentração nº. 08012.011736/2008-41 junto ao CADE. No caso da compra do Nossa Caixa pelo Banco Brasil ficou constatado que, em 157 municípios do interior do estado de São Paulo, a concentração do volume de depósitos ficou em índices superiores a 40%. Mas considerando a ineficiência de desinvestimentos nessas cidades, e tendo em vista o caráter de política pública envolto na decisão de o BB comprar outro banco, a solução encontrada pela autoridade concorrencial brasileira foi de condicionar a aprovação da operação à assinatura de um Termo de Compromisso de Desempenho. O compromisso consiste em, durante quatro anos e de forma gratuita, o Banco, por meio telefônico, prestar informações completas e sanar dúvidas de todos os seus clientes a respeito da portabilidade de contas, cadastros e créditos, além de informá-los, por meio postal, acerca da existência desses serviços.
[456] COSTA, Fernando Nogueira da. *Brasil dos Bancos*. p. 505.
[457] A expressão é utilizada por Ivan César Ribeiro. Cf. RIBEIRO, Ivan César. *Regulação financeira, poder no mercado e crise financeira*. Tese de doutorado: USP, Faculdade de Direito,

A ideia é simples: bancos com tamanho considerável – na prática, bancos que estiveram envolvidos em processos de fusão/aquisição ou bancos grandes que precisaram de resgate público se tornam alvos de escolha fácil e justificável – devem adotar programas de desinvestimentos e de venda de ativos para concorrentes viáveis.

Essa sugestão é polêmica em razão do caráter incisivo de suas determinações e a aparente ofensa à livre iniciativa – a concorrência, nesse caso, seria uma imposição por meio de efetiva intervenção e coerção estatal.

Apesar do possível choque que essa posição cause, não se trata de alternativa sem exemplos históricos, como o caso da subdivisão e reestruturação da *AT&T* nos Estados Unidos [458]. Inclusive, quanto ao setor bancário, ela possui proponentes tanto na esfera acadêmica [459] quanto na esfera política [460].

São Paulo, 2012. p. 288.

[458] O processo *United States v. AT&T* é um caso clássico de direito concorrencial e regulatório justamente por ser um dos poucos *cases* de desconcentração compulsória que ocasionou a segmentação de uma empresa consolidada. A *AT&T* recebeu esse nome em 1907, mas suas atividades datavam da invenção do telefone e do monopólio concedido por meio de patente à empresa originária, *Bell Telephone Co.* Aproveitando-se desse monopólio, a *AT&T* começou a concentrar verticalmente toda a cadeia produtiva, desde os aparelhos, até os serviços de chamada local e de longa distância. Isso fez com que, segundo os acusadores, a empresa pudesse aumentar arbitrariamente os preços e ter lucros extraordinários. Depois de longa batalha judicial, houve um acordo pelo qual a *AT&T* manteve-se nos mercados de chamadas de longa distância e de produção de aparelhos telefônicos, mas foi obrigada a sair do mercado de chamadas locais, dando lugar a sete empresas regionais advindas da cisão da matriz, chamadas de *Baby Bells*. A questão envolveu outros meandros interessantes, como a criação da *Federal Comunication Comission* (FCC) e *lobby* realizado no congresso, mas para o presente trabalho o que mais importa é perceber a desconcentração estrutural promovida por meio de efetiva intervenção. Para referências e mais detalhes do processo, veja-se SALOMÃO FILHO, Calixto. *Regulação da atividade econômica*. p. 110-111 e p.113-114, nota de rodapé 11.

[459] RIBEIRO, Ivan César. *Regulação financeira, poder no mercado e crise financeira*. Tese de doutorado: USP, Faculdade de Direito, São Paulo, 2012. p. 296. O autor, inclusive, cita como exemplo o programa de desinvestimentos implementados pelo Lloyds após a compra do HBOS: criou-se um novo concorrente, o TSB. Outro exemplo é o Royal Bank of Scotland, nota 451, supra.

[460] Nos Estados Unidos, a senadora pelo estado de Massachusetts, Elizabeth Warren, é ferrenha defensora da divisão dos grandes bancos. Junto a outros senadores, Warren chegou a propor uma lei que foi chamada de *"Glass-Steagall do século XXI"*. Aponte-se, por honestidade, que esse movimento político tem, também, uma origem acadêmica. A senadora defendia tal posicionamento, e também a criação de uma agência de proteção dos consumidores desde os tempos em que lecionava na escola de Direito de Harvard. No Brasil ainda não há movimentos políticos significativos nesse sentido.

A segunda alternativa seria a de proporcionar arcabouços mais simples e menos exigentes estruturalmente para bancos menores, conforme começou a ser realizado em alguns países após a crise, mas sem que isso venha a representar um aumento de risco sistêmico.

Em razão de seu tamanho, grandes bancos conseguem suportar melhor os custos envolvidos em um processo regulatório mais rígido, estrito e conservador, algo que vai minando as capacidades de bancos menores. Consequência direta é o aumento da consolidação bancária [461].

Acredita-se que bancos menores, por sua menor relevância sistêmica, possam ser sujeitos a determinações mais brandas. Daniel Tarullo, membro do conselho do Fed sugere que sejam criadas várias categorias regulatórias, para que as exigências sejam feitas de forma gradual e de acordo com o tamanho e atuação dos bancos [462]. Da mesma forma que o fatiamento dos bancos, proporcionar espaço para crescimento orgânico de bancos menores também possui respaldo acadêmico e político, mesmo que somente fora do Brasil [463].

Trata-se de uma interessante e nova agenda de pesquisa que ainda não foi efetivamente desenvolvida no país.

3.3.3. Subprime brasileiro?

A provocação de que o Brasil passava por uma própria crise semelhante ao do *subprime* foi feita pelo jornal *Financial Times* [464], tendo sido poste-

---

[461] MARSH, Tanya D.; NORMAN, Joseph W. *Reforming the Regulation of Community Banks after Dodd-Frank*. In: FEDERAL RESERVE BANK OF ST. LOUIS, Community Banking Conference, 2013. p. 1.

[462] THE ECONOMIST. *Too small to torture: The Federal Reserve contemplates a sliding scale of bureaucracy for banks*. 17 de maio de 2014. Sabe-se que essa sugestão pode trazer consigo problemas de incentivos e de arbitragem regulatória: bancos tentarão se adequar aos limites de tamanho e atuação que melhor venham a lhes servir. Contudo, não se pode ver esse problema como um óbice fatal, visto que hoje já há essa arbitragem dentro dos limites estipulados pelo *Dodd-Frank* para instituições "sistemicamente relevantes".

[463] Academicamente, veja-se MARSH, Tanya D.; NORMAN, Joseph W. *Reforming the Regulation of Community Banks after Dodd-Frank*. In: FEDERAL RESERVE BANK OF ST. LOUIS, Community Banking Conference, 2013. p. 60. Na política, além do já citado Daniel Tarullo, que é um *policy maker* atuante na área, veja-se que Janet Yellen, a nova presidente do Fed, também se manifestou quanto à necessidade de se ter um sistema regulatório especial, feito sob medida para os bancos menores. Vide US NEWS. *Yellen Calls for Tailored Regulation of Small U.S. Banks*. 1º de maio de 2014.

[464] FINANCIAL TIMES. *Brazil may be heading for a subprime crisis*. 21 de fevereiro de 2011.

riormente reiterada por outros veículos e revistas especializadas [465]. A preocupação foi exacerbada quando Robert Shiller, Nobel de economia e famoso por seus trabalhos a respeito de bolhas, disse: "suspeito que haja uma bolha imobiliária no Brasil" [466].

Acredita-se que o Brasil esteja imerso em uma bolha de crédito: pessoas estão com muita parte de sua renda comprometida para pagamento de empréstimos – e não exclusivamente ligados a imóveis. No país, há destaque para o crediário em grandes lojas de eletrônicos, eletrodomésticos, além de automóveis.

Em uma análise histórica, existem semelhanças entre a situação brasileira e a norte-americana. De maneira análoga entre os dois casos, uma parte da população de baixa renda – também com toques raciais [467] – teve, durante um bom tempo, negado acesso a crédito. Posteriormente, como forma de implementação de políticas públicas (e com grande relevância de empresas estatais), essas pessoas vieram a ser incentivadas, e subsidiadas, a contrair crédito de maneira excessiva. Por fim, a política brasileira de subsídio habitacional vai em sentido contrário às recomendações que fez Jean Tirole, outro vencedor do Nobel de economia, a respeito do mercado americano, também distorcido por política pública nesse sentido – por mais que com intuito nobre, conforme ressalta o autor [468].

Existem, também, diferenças. Não existe uma cadeia de securitização que envolve vários investidores fora do mercado bancário. Os valores financiados não eram tão grandes e sem garantias quanto nos Estados Unidos. Os bancos brasileiros estão muito mais capitalizados que os bancos norte-americanos estavam em 2008.

Mesmo assim, a crescente disponibilização de crédito para clientes tidos como "de baixa qualidade" fez com que agências de rating alertassem a respeito da deterioração da qualidade dos ativos dos bancos públicos brasileiros [469]. Seguindo, constatou-se também que a taxa de inadimplência

---

[465] FORBES. *Brazil facing its own 'sub-prime' lending problem*. 25 de maio de 2012.
[466] INFOMONEY. *Suspeito que haja uma bolha imobiliária no Brasil, diz Robert Shiller*. 02 de setembro de 2013
[467] Nas palavras de Fernando Nogueira da Costa, o "Brasil dos bancos" foi durante muito tempo o "Brasil dos brancos". Cf. COSTA, Fernando Nogueira da. *Brasil dos Bancos*. p. 445.
[468] TIROLE, Jean. Lessons from the crisis. In: DEWATRIPOINT, Mathias; ROCHET, Jean-Charles; TIROLE, Jean. *Balancing the banks: global lessons from the financial crisis*. p. 49-50.
[469] EXAME. *Moody's vê piora de ativos de bancos públicos*. 05 de junho de 2014.

(assim considerada caso alguma parcela do financiamento esteja atrasada há mais de 90) dos imóveis subsidiados pelo programa "minha casa, minha vida" era quase nove vezes maior que a taxa de inadimplência de financiamento regular de imóveis. Para não expor os bancos públicos, o Tesouro é quem irá arcar com eventuais prejuízos [470].

A resposta para a questão da crise brasileira de crédito ainda está para ser encontrada. O que se coloca é que existiram condições suficientes para que se questionasse um *subprime* brasileiro, apesar de todas as vantagens e efeitos diminutos tão alardeados nacionalmente.

3.3.4. Crise de sistema financeiro ou crise de sistema econômico?

Por fim, a última provocação que se faz no presente trabalho é a respeito do que representou a crise do *subprime* em todo o mundo: foi simplesmente uma crise de sistema financeiro, decorrente de problemas concorrenciais e regulatórios no setor bancário e que implica reformas específicas nos sistemas financeiros, ou seria o colapso mundial uma crise de sistema econômico, indicando que o papel e relevância dos bancos na economia como um todo atingiram um patamar contraproducente e ineficiente, sendo necessária a reavaliação dos fundamentos de sistemas econômicos baseados em bancos [471]?

Citando a pesquisa do professor Lawrence Mitchell nos Estados Unidos, Pedro de Mello e Humberto Spolador observam que 80% dos gestores entrevistados pela pesquisa prefeririam tomar decisões gerenciais que não fossem voltadas ao negócio, mas sim ao cumprimento das metas de lucros dadas pelos investidores do mercado. Não eram realizados investimentos em pesquisa e desenvolvimento ou no aprimoramento dos produtos e serviços da empresa; dava-se prioridade a investimentos em ativos

---

[470] ESTADÃO. *Inadimplência é maior na baixa renda*. 08 de junho de 2014. A reportagem indica que a taxa de inadimplência dos financiamentos de imóveis em geral são de 2%, enquanto os imóveis do "minha casa, minha vida" são de 17,5%.

[471] Robert Shiller notou que "após a estabilização, será necessário considerar e reavaliar as bases de nosso sistema econômico, bem como a teoria e prática da nossa regulação financeira". Tradução livre pelo autor. SHILLER, Robert. Democratizing and humanizing finance. In: KROZSNER, Randall; SHILLER, Robert. *Reforming US Financial System: reflections before and beyond Dodd-Frank*. p. 03.

financeiros visando estratégias e bônus de curto prazo. A produção deu lugar à especulação [472].

Some-se à situação descrita acima o aumento da participação dos bancos na atividade econômica, e se tem o fenômeno conhecido como *financeirização*: grosso modo, refere-se à apropriação de ativos econômicos pelo mercado financeiro, sendo que esse processo pode ser medido de várias maneiras [473]. Deixa-se de realizar investimentos produtivos, chamados em economia de formação bruta de capital fixo, para que sejam realizados investimentos rentistas.

Das várias formas de mensuração utilizadas, é interessante analisar, no bojo do presente trabalho, o desenvolvimento da participação dos bancos no PIB.

GRÁFICO 9 – PARTICIPAÇÃO PERCENTUAL DAS INSTITUIÇÕES FINANCEIRAS NO PIB BRASILEIRO (1947-2012)

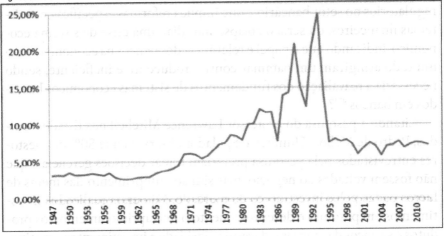

Fonte: Autor. Dados do IBGE.

---

[472] MELLO, Pedro C. de. SPOLADOR, Humberto. *Crises Financeiras: quebras, medos e especulações de mercado*. p. 151-152.

[473] Há algumas nuances quanto ao conceito, mas o ponto comum é o de que a financeirização representa um inchaço do setor e dos ativos financeiros em detrimento de outros ativos. A forma de medição é variada, podendo ser uma proporção dos ativos totais que são ativos financeiros, a diferença de renda de ativos financeiros para outros ativos, dentre outras possibilidades. Para uma compilação e revisão de literatura, veja-se BRUNO, Miguel; DIAWARA, Hawa; ARAÚJO, Eliane; REIS, Anna Carolina; RUBENS, Mário. Finance-Led Growth Regime no Brasil: estatuto teórico, evidências empíricas e consequências macroeconômicas. *Revista de Economia Política*, São Paulo, v. 31, n. 5, 2011. p. 733-734.

Como se vê no caso brasileiro, a participação das instituições financeiras no PIB cresceu exponencialmente após o processo de estruturação iniciado em 1964 e atingiu níveis excessivos com a estagflação da década de 1980, em decorrências das rendas inflacionárias vistas anteriormente.

Para se ter uma ideia do que representam esses percentuais, veja-se que a participação do café no PIB brasileiro no final de seu ciclo econômico (1901-1929) foi de, em média, 9,25% e teve pico de 15,05% em 1902, conforme pode ser observado do gráfico plotado a seguir.

GRÁFICO 10 – PARTICIPAÇÃO PERCENTUAL DA PRODUÇÃO DE CAFÉ NO PIB BRASILEIRO (1901-2000)

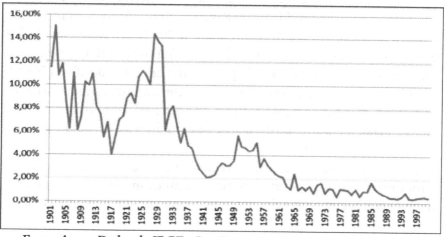

Fonte: Autor. Dados do IBGE e IpeaData

É verdade que o cálculo da participação das instituições financeiras não é assunto pacífico [474]. Se o PIB representa o produto (bens e serviços) final ofertado por uma economia em um dado período de tempo, como incluir os serviços prestados por bancos e seguradoras, que são intermediários em sua essência?

---

[474] O PIB utilizado para cálculo da participação dos bancos no é a "custo de fatores". Trata-se da mesma metodologia utilizada por Amaury Gremaud, Marco Antônio Sandoval de Vasconcelos e Rudinei Toneto Neto, trazendo resultados idênticos. Cf. GREMAUD, Amaury; *et al.* *Economia Brasileira Contemporânea.* p. 586. Não se utilizou o PIB a custo de fatores para o café por não haver o cômputo dessa modalidade no início do século

Definiram-se, então, algumas ficções para se conseguir incluir o setor financeiro no cálculo do PIB (computando, por exemplo, o diferencial entre juros recebidos e juros pagos). Isso tudo foi definido pelo *System of National Accounts* (SNA), organizado pela Organização das Nações Unidas. E esse sistema é atualizado de tempos em tempos.

Em que pesem essas considerações, há autores, como Roberto Luis Troster, que não consideram a participação das instituições financeiras no PIB como um bom indicador do tamanho do setor, justamente pela obscuridade e má compreensão da mensuração da atividade financeira nas contas nacionais [475]. Nota, inclusive, que a participação dos bancos no PIB está representada em excesso pelos dados do IBGE [476]. Por outro lado, há também quem faça crer que as estatísticas do IBGE estejam subestimadas. Veja-se que o ex-presidente do Banco do Brasil, Antônio Francisco de Lima Neto, declarou em entrevista datada de 2007 que "a participação dos bancos no PIB é ainda muito baixa: 29%" [477]. Trata-se de valor quase quatro vezes maior que aquele fornecido pelo IBGE para o ano de 2007 (7,68%).

Pelo fato de o presente trabalho não se debruçar sobre o tema da financeirização, mas tão somente realizar provocações sobre o assunto, não merece maior atenção essas divagações metodológicas, deixando o debate para outra oportunidade.

Ressalvas feitas, a observação pausada da evolução da participação do setor financeiro no PIB norte-americano é ainda mais ilustrativa do processo de financeirização e das possíveis consequências negativas disso.

---

[475] O autor justifica que "a questão não é simples e, na prática, diferentes países adotam diferentes metodologias para resolver a questão", e isso faz com que a participação das instituições no PIB seja quase desconsiderada, "em razão das imprecisões que o conceito traz para comparações internacionais". Cf. TROSTER, Roberto Luis. *Overbanking no Brasil*. Respectivamente, p. 27, p. 37.

[476] Seguindo em seu raciocínio, o autor observa que "a participação do setor bancário no PIB é muito inferior à estimada pelo IBGE", e que "a participação do setor bancário no PIB do Brasil seria um valor da ordem de 1,1% a 3,7%, com uma média de 2,6%". Cf. TROSTER, Roberto Luis. *Overbanking no Brasil*. Respectivamente, p. XII e p. 39. Note-se também que pesquisa que estudo paralelo realizado pelo IBGE juntamente com a ANDIMA (atual ANBIMA) chega a valores diferentes daqueles que constam nas bases de dados do próprio IBGE. No estudo, são desconsideradas, também, as seguradoras. Vide IBGE. *Sistema financeiro: uma análise a partir das contas nacionais (1990-1995)*. Rio de Janeiro, 1997. p. 24.

[477] ISTOÉ DINHEIRO. *A corrida dos bancos*. Finanças, 17 de junho de 2007.

GRÁFICO 11 – PARTICIPAÇÃO PERCENTUAL DAS INSTITUIÇÕES FINANCEIRAS NO PIB NORTE-AMERICANO (1850-2012)

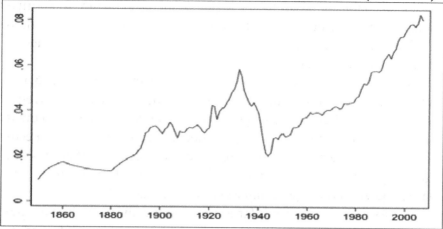

Fonte: PHILIPON, Thomas. *The Evolution of the US Financial Industry from 1860 to 2007: Theory and Evidence* [478].

Há um pico na participação dos bancos no PIB em 1929, ano de início da Grande Depressão, em cerca de 6%. Após, há uma brusca queda. O setor só volta a ter a mesma participação em meados da década de 1980 por meio do processo de desregulação. A partir daí, tem-se uma escalada vertiginosa que só desacelera e passa a cair após a crise de 2008. Assim como o movimento da concentração de renda visto no capítulo anterior, a evolução da participação dos bancos no PIB é pendular e acompanha movimentos de especulação financeira e (des)regulação.

Os efeitos comuns do processo de financeirização – embora ele apresente características próprias em diferentes países – são de que: (i) acentua-se a concentração de renda em favor de lucros, ao invés de salários; (ii) reduz-se o investimento produtivo e (iii) eleva-se o poder político das

---

[478] Diferentemente dos demais gráficos e tabelas do presente trabalho que, sempre que possível, foram de elaboração do autor pelo acesso aos dados das bases originais, o *Bureau of Economic Analysis* dos Estados Unidos possui dados somente a partir de 1947. Os dados anteriores só existem em bases pagas (como a base *Historical Statistics of The United States* da *Cambridge University Press*). Por esse motivo, e visando evitar problemas metodológicos, cita-se diretamente o trabalho de Philipon que pode ser acessado em <http://economics.stanford.edu/files/Philippon5_20.pdf>. p. 37. Acesso em 10/07/2014.

classes rentistas. No caso brasileiro, ainda existem os agravantes de que esse processo faz crescer a dívida pública interna. Tal fato é problemático, pois, a um, submete o país todo à lógica do mercado financeiro internacional que aqui encontra investimento com bons retornos e livre de risco e, a dois, torna necessário um crescimento de carga tributária para acompanhar a elevação da dívida[479].

Dentro de construções de bases furtadianas, parece haver semelhança entre o que ocorre com financeirização e o que ocorreu com os ciclos econômicos no Brasil: ciclos em dados setores econômicos drenaram recursos (financeiros, humanos e políticos) dos demais setores e tornaram a economia excessivamente dependente desse ciclo, trazendo ganhos a poucos agentes que vivem de lucros (no caso dos bancos, também de juros), com claro prejuízo à população composta de assalariados [480].

Com isso, é imposto grande fardo à economia como um todo, em especial às economias de países em desenvolvimento. E a crise de 2008 parece ser um indicativo da pouca viabilidade desse modelo de financeirização [481]. Talvez seja, agora, o momento adequado para se pensar em reformas que afetem, também, a extensão da atuação bancária. Alguns autores, inclusive, já sugeriram novos papeis para as autoridades monetárias para possibilitar o aumento de investimentos produtivos [482].

---

[479] BRUNO, Miguel; DIAWARA, Hawa; ARAÚJO, Eliane; REIS, Anna Carolina; RUBENS, Mário. Finance-Led Growth Regime no Brasil: estatuto teórico, evidências empíricas e consequências macroeconômicas. *Revista de Economia Política*, São Paulo, v. 31, n. 5, 2011. p. 745-746.

[480] SALOMÃO FILHO, Calixto; FERRÃO, Brisa Lopes de Mello; RIBEIRO, Ivan César. *Concentração, estruturas e desigualdade: as origens coloniais da pobreza e da má-distribuição de renda.* p. 30-34. Nas páginas indicadas é feita a explicação a respeito da drenagem social de recursos, mas o livro todo trata do assunto e demonstra a efetiva drenagem dos ciclos da cana, do ouro e do café.

[481] BRUNO, Miguel; DIAWARA, Hawa; ARAÚJO, Eliane; REIS, Anna Carolina; RUBENS, Mário. Finance-Led Growth Regime no Brasil: estatuto teórico, evidências empíricas e consequências macroeconômicas. *Revista de Economia Política*, São Paulo, v. 31, n. 5, 2011. p. 747-748.

[482] Verçosa, por exemplo, expôs que a reforma necessária e a ser efetuada no sistema financeiro nacional precisará passar por uma discussão a respeito da capacidade de o Banco Central criar "iliquidez", imobilizando ativos financeiros e acabando com que ele chama de "ciranda financeira", para que sejam feitos investimentos produtivos. O autor ainda ressalta a culpa dos governos nesse processo de "ciranda", pois grande parte do movimento de financeirização envolve o financiamento de déficit público. Vide VERÇOSA, Haroldo Malheiros Duclerc. *Bancos centrais no direito comparado.* p. 142.

Não se tem a pretensão de dizer, com isso, que o Brasil, ou mesmo qualquer outro país, tenha passado (ou esteja passando) por algo como um "ciclo financeiro", como ocorreu com outros produtos no passado brasileiro. Portanto, a pergunta que intitula o presente tópico, "crise de sistema financeiro ou crise de sistema econômico?", ainda está para ser respondida[483]. O fenômeno da financeirização parece, de fato, ser prejudicial para países em desenvolvimento e, em determinados níveis, até para economias desenvolvidas. Contudo, a compreensão de todo o processo da financeirização, do papel dos bancos e da sua relação com crises financeiras merece um estudo mais aprofundado. De toda forma, registra-se no presente trabalho essa possível e frutífera agenda.

3.4. Síntese e conclusões do capítulo

1. Para discutir o comportamento da estrutura bancária brasileira durante o período recente de crise, primeiro é necessário expor seu histórico, sua caracterização e seu desenho institucional.
2. A história financeira brasileira é marcada pela concentração estrutural e pela defesa de alguns grupos de interesses, desde os interesses da Coroa no Brasil-colônia, passando pelo financiamento dos ciclos econômicos, até se chegar na defesa dos interesses dos próprios banqueiros. A história mostra, também, a administração patológica a que foram submetidos bancos públicos, sendo utilizados como instrumentos para consecução desses interesses escusos. Se, por um lado, a iniciativa privada no setor bancário foi suprimida nos primórdios do sistema financeiro, a situação começa a se alterar com a atual estruturação proposta em 1964 e, em especial, com a estabilização promovida pelo Plano Real. E embora existisse, principalmente antes da eclosão da crise do *subprime*, discussão a respeito do nível de concentração bancária brasileira (moderada ou forte), é mais importante analisar o marco institucional e histórico em que se inserem as estruturas financeiras brasileiras – e a análise

---

[483] Tanto no Brasil quanto nos Estados Unidos autores ressaltam que ainda há mais questões do que respostas no que toca o processo de financeirização. Vide ORHANGAZİ, Özgür. *Financialization and the U.S. Economy.* p. 130.

histórico-estrutural não indica competição, eficiência ou desenvolvimento econômico na atuação do setor.
3. A exclusão da competência da autoridade concorrencial brasileira, o CADE, para análise de atos de concentração no setor bancário também indica que os bancos atuam dentro de um sistema construído por eles próprios, dentro de uma zona de conforto. A atribuição de competência exclusiva ao Banco Central não seria um problema em si. A questão é que a autarquia nunca mostrou qualquer preocupação concorrencial em suas análises de fusões e aquisições.
4. Em âmbito regulatório, caracteriza-se o sistema financeiro brasileiro com base em três características marcantes surgidas após o Plano Real. (i) Primeiramente, por sua centralização de competências. Embora não haja uma única agência regulatória, as competências são consideravelmente centralizadas e os sistemas normativo e operativo são enxutos e interligados. (ii) Segundo, pelas características conservadoras e proibitivas do aparato regulatório brasileiro. Isso é observado nas limitações de atividade, nos requerimentos de capital, ou mesmo na forma de responsabilização dos administradores de instituições financeiras. (iii) Por fim, o sistema é flexível e permissivo no que tange à atuação da autoridade monetária, que pode intervir e auxiliar instituições em dificuldade com algum grau de discricionariedade.
5. Já na análise do desempenho da brasileira dentro do contexto da crise internacional de 2008, em especial aqueles atinentes à estrutura bancária, percebe-se que muitos dos fatores tidos como positivos, em uma análise mais detida, eram historicamente deficiências ou, ao menos, motivo de preocupação econômica e política.
6. Como prefácio na análise, notou-se que vários fatores alheios à estrutura bancária foram decisivos para mitigar os efeitos deletérios da crise no país. Dentre eles, o grau de alavancagem dos agentes econômicos – analisados dentro das construções de Hyman Minsky. No Brasil, os agentes estavam em um estágio financeiro mais conservador do que os agentes de outros locais do mundo, como os Estados Unidos. Observou-se, da mesma forma, que no Brasil não chegou a haver uma crise de confiança, mas tão somente problemas de liquidez que foram devidamente contidos – o que leva à observação da acertada condução da política monetária brasileira, diferen-

temente do que ocorreu nos Estados Unidos. O grau de exposição externa (déficit em conta corrente) e da dependência do capital de terceiros no Brasil também foi menor do que em outras economias – em parte devido ao modelo tradicional e histórico de produção para exportação. Por fim, países emergentes tiveram uma influência significativa e bastante positiva da economia chinesa.

7. A presença e incisivas operações dos bancos públicos brasileiros durante a crise vieram a corroborar estudos acadêmicos que apontam maior relevância dessas instituições em um ambiente recessivo e a importância de seu papel para superação desse ciclo. Se por um lado isso se mostrou um ponto favorável dessa estrutura de governança adotada no país, por outro não se pode esquecer da maneira como foram utilizadas as instituições públicas ao longo da história. Além disso, a evidência anterior à crise indica que os bancos públicos nacionais são mais ineficientes que os privados. Já durante a crise, países com forte participação de bancos públicos, como Alemanha e Suíça, não conseguiram diminuir os efeitos da crise da mesma forma que o Brasil. Sugere-se, com isso, que a presença de bancos públicos é um interessante arranjo institucional, mas que precisa de aprimoramento, como, por exemplo, pela implementação de novas práticas de governança corporativa que auxiliem na boa gestão das instituições estatais. Novas agendas de pesquisa nesse sentido estão em aberto.

8. Analogamente, o bom desempenho dos bancos do país foi computado nos benefícios da concentração da indústria financeira, assim como fora internacionalmente exaustivamente relatado sobre Austrália e Canadá, em contraponto ao sistema pretensamente competitivo norte-americano. De plano, deve ser desfeita a crença de que o sistema estadunidense é competitivo por ter muitos bancos. Indo além, a concentração bancária brasileira, vista como sinônimo de estabilidade, sofre críticas histórico-estruturais e econômicas. Quanto à primeira, historicamente a concentração brasileira nunca foi voltada aos objetivos de eficiência e estabilidade, mas sim de manutenção de poder econômico para defesa de alguns interesses – cambiantes com o passar do tempo. Já as críticas econômicas sugerem que (i) os níveis de concentração brasileiros atuais permitiram que bancos atingissem um porte que os torna ineficientes, (ii) a con-

centração saturou os mercados de forma anticompetitiva e (iii) a concentração realiza bloqueios de modernizações que seriam competitivas. Mesmo internacionalmente a reafirmação do paradigma concentração-estabilidade não se sustenta. Os casos australiano e canadense possuem diversas peculiaridades que não se resumem à concentração – e tanto é assim que outros países com concentração bancária sofreram fortemente os efeitos da crise, como é o caso de Holanda e Suíça. Não se pode permitir, assim, que com uma nova roupagem seja vendida a velha ideia de concentração como sinônimo de estabilidade, ainda mais considerando os exemplos históricos brasileiros.

9. A centralização de poderes regulatórios no sistema brasileiro pesou favoravelmente à saída do país da crise. Embora não seja propriamente um *sistema integrado*, com um único órgão responsável por toda regulação sistêmica, as competências são consideravelmente centralizadas. É algo completamente diverso do retalho regulatório existente nos Estados Unidos. Recomendações internacionais, como do Fundo Monetário Internacional, sugerem a integração como uma reforma necessária mesmo para países que não foram fortemente abalados pela crise. Em que pese isso, essa centralização/integração não é sinônimo de boa supervisão, tampouco garantia de que serão evitadas crises. Mesmo agências tidas como modelos, como foi o caso da FSA do Reino Unido, foram colocadas em questionamento após a crise de 2008. E, no Brasil, a cooperação entre as poucas agências regulatórias, como BACEN e CVM, ainda não foi efetivamente posta à prova. Tem-se, destarte, e em geral, esse ponto positivo a ser considerado, mas com as devidas ressalvas.

10. O conservadorismo e a característica proibitiva das determinações regulatórias brasileiras foram aplaudidos após o colapso internacional do *subprime*. Teria sido a forte regulação a responsável por repelir os comportamentos excessivos por parte dos bancos brasileiros, evitando situação semelhante à ocorrida nos Estados Unidos. Ocorre que, se nos Estados Unidos "menos mercado" pode ser uma solução, no Brasil bancos não adotam comportamentos menos arriscados por imposição, mas sim por opção. Diferentemente de outros locais do mundo, no Brasil os bancos não sofrem com o *trade-off* de liquidez e rentabilidade: instituições financeiras

investem boa parte de seu portfolio em títulos públicos, livres de risco, com bom retorno e liquidez. De modo complementar, operações de tesouraria possuem, também, grande retorno, como indicado pelos elevados *spreads* nacionais. Em outras palavras, bancos no país simplesmente não precisam de inovações financeiras, instrumentos estruturados ou outros tipos de operação para obterem elevados ganhos. E isso leva a outro ponto: inovações financeiras não são intrinsicamente ruins. Várias delas serviram ao propósito de democratizar as finanças – como pesquisas sugerem que ocorreu, e pode ocorrer ainda mais, com a securitização. Por fim, a regulação conservadora e rígida pode servir como barreira à entrada de novos concorrentes, tornando o mercado ainda mais consolidado. Se o conservadorismo deve ser reverenciado pelo seu lado positivo em limitar comportamentos arriscados em demasia, deve-se contrabalancear na análise a que pena isso vem a ocorrer no Brasil.

11. Aludiu-se à qualidade na supervisão e flexibilidade de atuação da autoridade monetária no auxílio e intervenção em instituições em dificuldade como fatores que justificaram os diminutos efeitos da crise de 2008 nos bancos brasileiros. Embora, de fato, esse arcabouço tenha permitido célere atuação do Banco Central em estancar situações problemáticas durante a crise, as ferramentas existentes para atuação da autarquia não apresentam preocupações com pequenos investidores e sócios minoritários que são, não raro, outra espécie de vítima da má gestão das instituições financeiras. Além disso, existiram sérios percalços na aplicação dos mecanismos de auxílio e intervenção no passado recente do Brasil, colocando em cheque, por vezes, até mesmo a idoneidade do BACEN. E sem a definição clara das condições de aplicação das ferramentas de liquidez e de intervenção, somente amplia-se o problema de risco moral e da sensação de que bancos sempre serão salvos. Por fim, a regulação nacional precisa se preocupar mais com a crescente indústria de fundos de investimento e o possível advento do *shadow banking*, vez que cada vez mais atividades de investimento se parecem com intermediação financeira – e isso demandará um esforço, cooperação e coordenação especiais entre Banco Central e CVM.

12. Várias das modificações introduzidas na arquitetura financeira internacional já eram, de certa forma, adotadas dentro do Brasil antes da crise, demonstrando vanguardismo do sistema financeiro nacional. As áreas de convergência envolvem precisamente maior centralização de competências regulatórias, ampliação do conservadorismo regulatório e maior liberdade de atuação por parte da autoridade monetária. Por outro lado, o Brasil deixou de incorporar em seu arcabouço algumas pressões regulatórias internacionais, como de instituir diferentes níveis regulatórios para bancos de diferentes tamanhos e relevância sistêmica. A concentração bancária também se tornou um ponto de convergência do Brasil com o restante do mundo, não havendo efetivo movimento para se remediar as fusões permitidas durante a crise sob a justificativa do risco sistêmico.

13. Apesar de não terem sido adotados remédios para as concentrações havidas durante e após a crise de 2008, existem preocupações concorrenciais a respeito do setor, tanto na academia quanto na política. Para lidar com a concentração resultante da crise, autores sugerem, mesmo que ainda sem muita força, o modelo de "fatiamento dos bancos", que consistiria em uma desconcentração estrutural compulsória por meio da venda de ativos de grandes bancos, principalmente aqueles auxiliados durante a recente crise. Alternativa a esse primeiro modelo seria fornecer um arcabouço diferenciado e menos pesado aos bancos menores e regionais que os permitisse competir de maneira mais efetiva com os bancos maiores, além de proporcionar chance de crescimento orgânico às instituições pequenas.

14. Em que pese toda a defesa da estrutura bancária brasileira, há provocações feitas a respeito de um possível *subprime* brasileiro. Existem semelhanças entre o que ocorre no Brasil com o ocorrido nos Estados Unidos: pessoas de classes mais baixas que, durante muito tempo, foram excluídas do acesso ao crédito, passaram a receber empréstimos subsidiados até comprometerem uma parte substancial de sua renda com crédito; dentro dessa prática, instituições oficiais tiveram importante destaque e atualmente estão muito mais expostas que bancos privados. Entretanto, no Brasil não há uma cadeia de securitização obscura, tampouco existem agentes operando de maneira acentuada nesse mercado secundário de negociação de títulos securitizados. Além disso, os bancos estão muito

mais capitalizados e os valores financiados não são tão grandes e sem garantias quanto aqueles dos Estados Unidos. A resposta à dúvida sobre o *subprime* brasileiro ainda está a ser fornecida, mas é interessante perceber que o Brasil possui elementos fáticos suficientes para se suscitar a dúvida em um sistema que se considerava praticamente à prova de crises.

15. Por fim, a crise de 2008 levantou um questionamento a respeito de sua natureza: seria ela uma crise de sistema financeiro, limitada à forma de atuação dos bancos, ou uma crise de sistema econômica, implicando que a questão é maior e envolve a percepção e relevância dos bancos dentro do sistema econômico como um todo. Ocorre, de fato, tanto no Brasil quanto fora dele, um processo chamado de financeirização – ativos financeiros vão dominando o total de ativos da economia. Consequência disso é o aumento da participação dos bancos no PIB, a diminuição de investimentos produtivos e a concentração de renda. Interessante notar que nos Estados Unidos a participação dos bancos no PIB atingiu primeiro pico histórico justamente no ano de sua maior crise, 1929. Depois disso, a participação despencou, voltando a atingir níveis parecidos com os de 1929 com a desregulação da década de 1980, saltando para picos históricos até o estouro de 2008. No Brasil, é interessante perceber que a participação dos bancos no PIB chegou a ser, em alguns momentos, maior que a participação do café no PIB durante o ciclo econômico do café. Não se sugere com isso que haja hoje um ciclo financeiro – algo a ser discutido por outras pesquisas. Tão somente demonstra-se a importância e o tamanho que o setor financeiro ganhou paulatinamente dentro da economia. E uma crise de origem eminentemente financeira que mergulhou todo o mundo em uma espiral depressiva parece ser o evento adequado (ou necessário) para fomentar debates acerca do papel e das atividades que se esperam de bancos dentro da economia.

CONCLUSÃO

Tendo em vista que cada capítulo apresentou, ao final, suas respectivas sínteses e conclusões, permite-se que este último espaço seja utilizado como epílogo à questão geral que intitula o presente livro, e não simplesmente para compilar e sumarizar detalhadamente o que fora anteriormente escrito.

O que a crise do *subprime* ensinou ao Direito?

Por todo o exposto, viu-se que a estrutura financeira brasileira, considerando seu arcabouço regulatório e sua dinâmica concorrencial, de fato, reagiu bem à crise financeira, principalmente em comparação aos setores bancários de outros países.

Contudo, várias das características supostamente positivas da estrutura brasileira podem ser vistas como deficiências históricas, como ocorre com a concentração do setor bancário. O bom resultado durante a recente crise, inclusive, serviu para encobrir as reiteradas críticas e falhas ao arcabouço regulatório brasileiro. A avaliação positiva deve ser vista, portanto, com as devidas ponderações e limitações – reiterando as conclusões de outro trabalho sobre o tema [484].

Robert Shiller notou que o grande desafio da teoria das finanças no século XXI, e em especial após o colapso financeiro iniciado em 2008, é humanizá-la e democratizá-la. Humanizá-la no sentido de se perceber que as finanças possuem elemento humano – criadas por, e destinadas

---

[484] PINTO, Gustavo Mathias Alves. *Regulação sistêmica e prudencial no setor bancário brasileiro.* Tese de doutorado: USP, Faculdade de Direito, São Paulo, 2011, p. 336-345.

para pessoas. Democratizá-la no sentido de fazer com que mais pessoas tenham acesso aos benefícios trazidos pela humanização das finanças [485].

Na reconstrução após a crise, cada sistema financeiro enfrentará seus desafios próprios para humanizar e democratizar as finanças. Enquanto em países mais desenvolvidos a solução deve passar por "menos mercado", os problemas brasileiros são, desde há muito tempo, outros.

Espera-se que o presente trabalho tenha contribuído para que não se considere o modelo concorrencial e regulatório bancário brasileiro como sendo acabado e vencedor, bem como para se indicar quais os desafios a serem enfrentados nesse período de reforma.

---

[485] SHILLER, Robert. Democratizing and humanizing finance. In: KROZSNER, Randall; SHILLER, Robert. *Reforming US Financial System: reflections before and beyond Dodd-Frank*. p. 02-04 e p. 42-43.

REFERÊNCIAS BIBLIOGRÁFICAS

ABRAMS, Burton; SETTLE, Russell. Pressure-group influence and institutional change: branch banking legislation during the Great Depression. *Public Choice*, Vol. 77, No. 4 (1993), p. 687-705.

AKERLOF, George A. The Market for "Lemons": Quality Uncertainty and the Market Mechanism. *The Quarterly Journal of Economics*, Vol. 84, No. 3. (Aug., 1970). p. 488-500.

ALLEN, Frank; GALE, Douglas. *Understanding financial crises*. Oxford: Oxford University Press, 2007.

ALLEN, Franklin; GALE, Douglas. Competition and financial stability. *Journal of Money, Credit and Banking*, Vol. 36, No. 3, Part 2: Bank Concentration and Competition: An Evolution in the Making, A Conference Sponsored by the Federal Reserve Bank of Cleveland May 21-23, 2003 (Jun., 2004). p. 453-480.

ANDRADE, Eduardo de Carvalho. Transparência: Bacen *versus* BoE. *Revista de Economia Política*, vol. 25, nº 4 (100), outubro-dezembro, 2005. p. 357-369.

ARESTIS, Philip; SOBREIRA, Rogério; OREIRO, José Luis. *An assessment of the Global Impact of the Financial Crisis*. Houndmills: Palgrave Macmillan, 2011.

AT Kearney. *Retail banking in time of crisis: A five-pronged strategy for success after the financial downturn*. Chicago, 2010.

BACHA, Edmar. Bancos públicos: o que fazer? In: CASTELAR PINHEIRO, Armando; OLIVEIRA FIHO, Luiz Chrysostomo. *Mercado de capitais e bancos públicos: análise e experiências comparadas*. São Paulo: Contra Capa, 2007.

BAINBRIDGE, Stephen. Dodd-Frank: Quack federal Corporate Governance round II. *Minnesota Law Review*, Vol. 95, No. 5, 2011. p. 1779-1821.

BALDWIN, Robert; CAVE, Martin; LODGE, Martin. *Understanding regulation: theory, strategy and practice*. 2ª ed. Oxford: Oxford University Press, 2012.

BALTENSPERGER, Ernst. Economies of Scale, Firm Size, and Concentration in Banking. *Journal of Money, Credit and Banking*, Vol. 4, No. 3, agosto de 1972. p. 467-488

BANCO CENTRAL DO BRASIL. *Manual de Supervisão*. Emitido em 27/05/2013.

BANCO CENTRAL DO BRASIL. *Relatório de Estabilidade Financeira*. Março de 2013.

BECK, Thorsten; DEMIRGÜÇ-KUNT, Asli; LEVINE, Ross. Bank concentration, competition and crises: first results. *Journal of Banking & Finance*, Vol. 30, 2006. p. 1581–1603.

BELAISCH, Agnes. Do brazilian banks compete? *IMF Working paper* 113, maio de 2013.

BENSTON, George; HANWECK, Gerald; HUMPHREY, David. Scale economies in banking: a restrutucting and reassessment. In: ROSENFELD, James. *The selected works of George J. Benston, vol. 1*. Oxford: Oxford University Press, 2010.

BERGER, Allen; HANNAN, Timothy. The Price-Concentration Relationship in Banking. *The Review of Economics and Statistics*, Vol. 71, No. 2, maio, 1989. p. 291-299.

BERLE, Adolf. Banking under the anti-trust laws. *Columbia Law Review*, Vol. 49, N. 5, maio de 1949. p. 589-606.

BERNANKE, Ben. Implementing a Macroprudential Approach to Supervision and Regulation. *Fed Chicago 47th Annual Conference on Bank Structure and Competition*, May, 2011.

BIS. *Basel III: a global regulatory framework for more resilient banks and banking systems*, dezembro, 2010.

BIS. *International convergence of capital measurement and capital standards: a revised framework*, junho, 2004.

BIS. *International convergence of capital measurement and capital standards*, julho, 1988.

BLUNDELL-WIGNALL, Adrian; ATKINSON, Paul. Origins of the financial crisis and requirements for reform. *Journal of Asian Economics*. Vol. 20, 2009. p. 536–548.

BOLT, Wilko; TIEMAN, Alexander. Banking Competition, Risk and Regulation. *IMF Working Paper WP/04/11*, janeiro, 2004.

BORDO, Michael; ROCKOFF, Hugh; REDISH, Angela. Why didn't Canada have a banking crisis in 2008 (or in 1930, or 1907, or...)? *NBER Working Paper Series* 17312, agosto de 2011.

BORDO, Michael. An historical perspective of the crisis of 2007-2008. *NBER Working Paper* nº. 14569, Dec., 2008.

BORDO, Michael; EICHENGREEN, Barry; KLINGEBIEL, Daniela; MARTINEZ-PERIA, Maria Soledad; ROSE, Andrew. Is the crisis problem growing more severe? *Economic Policy*, Vol. 16, No. 32 (Apr., 2001), p. 51, 53-82.

BORDO, Michael; ROCKOFF, Hugh; REDISH, Angela. The U.S. banking system from a northern exposure: stability versus efficiency. *The Journal of Economic History*, Vol. 54, No. 2, Papers Presented at the Fifty-Third Annual Meeting of the Economic History Association (Jun., 1994), p. 325-341.

BOYD, John; DE NICÓLO, Gianni; SMITH, Bruce. Crises in competitive versus monopolistic banking systems. Journal of Money, Credit and Banking, Vol. 36, No. 3, Part 2: Bank Concentration and Competition: An Evolution in the Making A Conference Sponsored by the Federal Reserve Bank of Cleveland May 21-23, 2003, junho de 2004. p. 487-506.

BOYD, John; KWAK, Sungkyu; SMITH; Bruce. The Real Output Losses Associated with Modern Banking Crises. *Journal of Money, Credit and Banking*, Vol. 37, No. 6 (Dec., 2005), p. 977-999.

BOYD, John; DE NICOLÓ, Gianni. The theory of bank risk taking and competition revisited. *The Journal of Finance*, Vol. 60, No. 3 (jun., 2005). p. 1329-1343.

BRADFORD, Calvin. *Risk or Race? Ratial disparities of subprime refinance market*. A report of the Center for Community Change. Washington, D.C., 2002.

BRAGA, Vicente Piccoli Medeiros. *Arbitragem regulatória x one size fits all: a discricionariedade na regulação bancária internacional entre Cila e Caríbdis*. Dissertação de mestrado: FGV, Faculdade de Direito, São Paulo, 2014.

BREI, Michael; SCHCLAREK, Alfredo. Public bank lending in times of crisis. *Journal of Financial Stability*, 2013, vol. 9, issue 4. p. 820-830.

BRUNO, Miguel; DIAWARA, Hawa; ARAÚJO, Eliane; REIS, Anna Carolina; RUBENS, Mário. Finance-Led Growth Regime no Brasil: estatuto teórico, evidências empíricas e consequências macroeconômicas. *Revista de Economia Política*, São Paulo, v. 31, n. 5, 2011.

BRYANT, John. A model of reserves, bank runs and deposit insurance. *Journal of Banking and Finance*, Vol. 4, (1980). p. 335-344.

CALDEIRA, Jorge. *Mauá: empresário do Império*. São Paulo: Companhia das Letras, 2000.

CALOMIRIS, Charles; MASON, Joseph. Contagion and Bank Failures During the Great Depression: The June 1932 Chicago Banking Panic. *The American Economic Review*, Vol. 87, No. 5 (Dec., 1997), p. 863-883.

CALOMIRIS, Charles; GORTON, Gary. The origins of banking panics: models, facts and bank regulation. In: HUBBARD, Glenn (org.). *Financial markets and financial crises*. Chicago: The University of Chicago Press, 1991.

CAMILO JUNIOR, Ruy Pereira. A reforma do sistema financeira norte-americano. *Revista de Direito Bancário e do Mercado de Capitais*. Ano 14, N. 54, out-dez. 2011.

CAMINHA, Uinie. *Securitização*. 2ª edição. São Paulo: Saraiva, 2007.

CANADIAN BANKERS ASSOCIATION. *Bank financial results: 2012-2013 Fiscal Year*. Janeiro de 2014.

CAPRIO JR, Gerard; KLINGEBIEL, Daniela. Bank insolvencies: cross country experience. *World Bank Policy Research Working Paper*, 1620 (jul. 1996). p. 1-52.

CARLETTI, Elena; HARTMANN, Philipp. Competition and stability: what's special about banking? *European Central Bank Working Paper Series*, Working Paper n. 146, maio, 2002.

CARLSON, Mark; MITCHENER, Branch banking, banking competition, and financial stability. *Journal of Money, Credit and Banking*, Vol. 38, No. 5 (Aug., 2006), p. 1293-1328.

CARNEIRO, Dionísio Dias. O que a crise atual revelou sobre as deficiências regulatórias? In: CARNEIRO, Dionísio Dias; DE BOLLE, Mônica Baumgarten (org.). *A reforma do sistema financeiro americano: nova arquitetura internacional e o contexto regulatório brasileiro*. Rio de Janeiro: LTC, 2010.

CARNEIRO, Dionísio; DE BOLLE, Monica Baumgarten. As propostas americanas: o Blueprint de Paulson versus o White Paper de Geithner. In: CARNEIRO, Dionísio Dias; DE BOLLE, Mônica Baumgarten (org.). *A reforma do sistema financeiro americano: nova arquitetura internacional e o contexto regulatório brasileiro*. Rio de Janeiro: LTC, 2010.

CARNEIRO, Dionísio Dias; DE BOLLE, Mônica Baumgarten (org.). *A reforma do sistema financeiro americano: nova arquitetura internacional e o contexto regulatório brasileiro*. Rio de Janeiro: LTC, 2010.

CARVALHO, Fernando Cardim de; SOUZA, Francisco Eduardo P. de; SICSÚ, João; DE PAULA, Luiz Fernando; STUDART, Rogério. Economia Monetária e Financeira. 2ª ed. Rio de Janeiro: Elsevier, 2007.

REFERÊNCIAS BIBLIOGRÁFICAS

CASS, David; KARL, Shell. Do sunspots matter? *Journal of Political Economy*, Vol. 91, No. 2 (Apr., 1983). p. 193-228.

CASTELAR PINHEIRO, Armando. Bancos públicos: bombeiros na crise ou emprestadores de primeira instância? In: BACHA, Edmar; GOLDFAJN, Ilan (org.). *Como reagir à crise? Políticas econômicas para o Brasil*. Rio de Janeiro: IEPE/CdG, 2008.

CASTELAR PINHEIRO, Armando. Bancos públicos no Brasil: para onde ir? In: CASTELAR PINHEIRO, Armando; OLIVEIRA FIHO, Luiz Chrysostomo. *Mercado de capitais e bancos públicos: análise e experiências comparadas*. São Paulo: Contra Capa, 2007.

CETORELLI, Nicola; HIRTLE, Beverly; MORGAN, Donald; PERISTIANI, Stavros; SANTOS, João. Trends in financial market concentration and their implications for market stability. *Federal Bank of New York Economic Policy Review*, Vol. 13, no. 1, 2007. p. 33-51.

CHANCELLOR, Edward. *Devil take the hindmost: a history of financial speculation*. New York: Penguin Books, 1999.

CHANG, E.J; GUERRA, S.M; LIMA, E.J.; TABAK, Benjamim. The stability–concentration relationship in the Brazilian banking system. *Journal of International Financial Markets, Institutions and Money*, Vol 18, Issue 4, outubro, 2008. p. 388-397.

CIHÁK, Marin; PODPIERA, Richard. Is One Watchdog Better Than Three? International Experience with Integrated Financial Sector Supervision. *IMF Wornking Paper 06/57*, março de 2006.

CLAESSENS, Stijn; LAEVEN, Luc. What Drives Bank Competition? Some International Evidence. *Journal of Money, Credit and Banking*, Vol. 36, No. 3, Part 2: Bank Concentration and Competition: An Evolution in the Making A Conference Sponsored by the Federal Reserve Bank of Cleveland May 21-23, 2003 (jun., 2004). p. 563-583.

COASE, Ronald. The nature of the firm. *Economica*, Vol. 4. Nº. 16. p. 387-391.

COELHO, Christiano; PINHO DE MELLO, João Manoel; REZENDE, Leonardo. Do public banks compete with private banks? Evidence from concentrated local markets in Brazil. *Texto para discussão*, Economia PUC-RIO, 551. Junho de 2011.

CONSTANTINIDES, George; HARRIS, Milton; STULZ, René (org). *Handbook of the economics of finance, v. 1A (Corporate Finance)*. Amsterdã: Elsevier, 2003.

COOPER, George. *The Origin of Financial Crises: Central Banks, Credit Bubbles and the Efficient Market Fallacy*. Petersfield: Harriman House, 2008.

COSTA, Fernando Nogueira da. *Brasil dos Bancos*. São Paulo: Editora da Universidade de São Paulo, 2012.

COSTA NETO, Yttrio Corrêa da. *Bancos oficiais no Brasil: origem e aspectos do seu desenvolvimento*. Brasília: Banco Central do Brasil, 2004.

CRAWFORD, Allan; MEH, Césaire; ZHOU, Jie. The residential mortgage market in Canada: a primer. In: BANK OF CANADA (org.). *Financial System Review*, Dec. 2013.

DE PAULA, Luiz Fernando; SOBREIRA, Rogério. The 2008 Financial Crisis and banking regulation in Brazil. In: ARESTIS, Philip; SOBREIRA, Rogério; OREIRO, José Luis. *An assessment of the Global Impact of the Financial Crisis*. Houndmills: Palgrave Macmillan, 2011.

DELIMATIS, Panagiotis. Transparent financial innovation in a post-crisis environment. *Journal of International Economic Law*. Vol. 16, No. 1, (fev. 2013). p. 159-210.

DELL'ARCCIA, Giovanni; DETRAGIACHE, Enrica; RAJAN; Raghuram. The Real Effect of Banking Crises. *Journal of Financial Intermediation*, Vol. 17, 2008, p. 89–112.

DEMIRGUC-KUNT, Asli; KANE, Edward; LAEVEN, Luc. Deposit Insurance database. *NBER Working paper*, 20278, julho, 2014.
DEMIRGUC-KUNT, Asli; KANE, Edward. Deposit Insurance Around the Globe: Where Does It Work? *Journal of Economic Perspectives*, Vol. 16, N. 2, spring, 2002. p. 175-195.
DEMIRGUC-KUNT, Asli; LEVINE, Ross (org.). *Financial Structure and Economic Growth: a cross-country comparison of banks, markets, and development*. Cambridge: The MIT Press, 2001.

DEMSETZ, Harold. Industry Structure, Market Rivalry, and Public Policy. *Journal of Law and Economics*, vol. 16, abril, 1973. p. 1-9.

DEPARTMENT OF THE TREASURE. *Blueprint for a modernized financial regulatory structure*. Março de 2008.
DEPARTMENT OF THE TREASURE. *Financial regulatory reform, a new foundation: Rebuilding financial supervision and regulation*. Junho de 2009.

DEWATRIPOINT, Mathias; ROCHET, Jean-Charles; TIROLE, Jean. *Balancing the banks: global lessons from the financial crisis*. Princeton: Princeton University Press, 2010.

DEZORDI, Lucas. *A condução das políticas econômicas em um ambiente de fragilidade financeira: uma abordagem pós-keynesiana*. Tese de doutorado: UFPR/PR, 2010.

DI PIETRO, Maria Sylvia Zanella. *Direito Administrativo*. 23ª Ed. São Paulo: Atlas, 2010.

DIAMOND, Douglas; RAJAN, Raghuram. The credit crisis: conjectures about causes and remedies. *The American Economic Review*, Vol. 99, No. 2, Papers and Proceedings of the One Hundred Twenty-First Meeting of the American Economic Association

(May, 2009), p. 606-610.

DIAMOND, Douglas; DYBVIG, Philip. Bank runs, deposit insurance, and liquidity. *Journal of Political Economy*, Vol. 91, No. 3 (Jun., 1983). p. 401-419.

DOOLEY, Michael; HUTCHINSON, Michael. Transmission of the U.S. subprime crisis to emerging markets: evidence on the decoupling-recoupling hypothesis. *NBER Working paper series*, 15120, junho 2009.

DORNBUSCH, Rudiger; FISCHER, Stanley. *Macroeconomics*. 6ª. ed. Nova York: McGraw--Hill, 1993.

DOWD, Kevin. The Case for Financial Laissez-Faire. *The Economic Journal*, Vol. 106, No. 436, Maio de 1996. p. 679-687.

DYMSKI, Gary. Why the subprime crisis is different: a Minskyian approach. *Cambridge Journal of Economics*, 2010, 34. p. 239-255.
DYMSKI, Gary. Discrimination in the credit and housing markets: findings and challenges. In: RODGERS III, William. *The Handbook on the economics of discriminaton*. Cheltenham: Edward Elgar, 2006.

FARINA, Elizabeth; NUNES, Rubens. O diabo nos detalhes: a definição dos mercados relevantes no setor bancário. In: MARANHÃO, Juliano; et al (org.). *Direito antitruste no setor financeiro*. São Paulo: Singular, 2012.

FISCHEL, Daniel; ROSENFIELD, Andrew M.; STILLMAN, Robert. The Regulation of Banks and Bank Holding Companies. *Virginia Law Review*. Vol. 73, No. 2 (Mar., 1987), p. 301-388.

FONSECA, João Bosco Leopoldino da. Concorrência e regulação. In: CAMPILONGO, Celso Fernando; ROCHA, Jean Paul Veiga da; MATTOS, Paulo Todescan Lessa (coord). *Concorrência e Regulação no Sistema Financeiro*. São Pulo: Max Limonad, 2001.

FORBES, Kristin; RIGOBON, Roberto. Contagion in Latin America: Definitions, measurement, and policy implications. Economía. Vol. 01, N. 02, 2001.

FRAME, Scott; WHITE, Lawrence. *Reexamining financial innovation after the global financial crisis*. Federal Reserve Bank of Chicago's International Banking Conference Chicago, IL. Nov. 15th, 2012.

FRANCO, Gustavo; ROSMAN, Luiz A. C. A Responsabilidade Ilimitada em Instituições Financeiras no Brasil: Antecedentes, Experiência e Considerações. In: CARNEIRO, Dionísio Dias; DE BOLLE, Mônica Baumgarten (org.). *A reforma do sistema financeiro americano: nova arquitetura internacional e o contexto regulatório brasileiro*. Rio de Janeiro:

LTC, 2010.

FRANCO, Gustavo; ROSMAN, Luiz A. C. A Crise Bancária Norte-americana: algumas Lições da Experiência Brasileira. In: GARCIA, Marcio. GIAMBIAGI, Fábio (org.). *Risco e regulação: Por que o Brasil enfrentou bem a crise financeira e como ela afetou a economia mundial.* Rio de Janeiro: Elsevier, 2010.

FRIEDMAN, Milton; SCHWARTZ, Anna. *A monetary history of the United States: 1867-1960*. Princeton: Princeton University Press, 1963.

FREDERICK, Richard. Enhancing the role of the boards of directors of state-owned enterprises. *OECD Corporate Governance Working Papers*, No. 2, 2011.

FREIXAS, Xavier; ROCHET, Jean-Charles. *Microeconomics of banking*. 2ª edição. Cambridge: The MIT Press, 2008.

GALBRAITH, John Kenneth. *A history of financial euphoria*. Nova York: Penguin Books, 1990.

GARCIA, Marcio; GIAMBIAGI, Fábio (org.). *Risco e regulação: Por que o Brasil enfrentou bem a crise financeira e como ela afetou a economia mundial.* Rio de Janeiro: Elsevier, 2010.

GENG, Jing; XIE, Wenjuan; ZHANG, Guibin; ZHOU, Honggeng. Challenges for the Unified Financial Supervision in the PostCrisis Era: Singaporean Experience and Chinese Practice. *Journal of Financial and Economic Practice*, Vol. 11, No. 2. p. 28-50.

GIAMBIAGI, Fábio; VILELA, André; CASTRO, Lavínia Barros de; HERMANN, Jennifer (org.). *Economia brasileira contemporânea*. Rio de Janeiro: Elsevier, 2005.

GOLDFAJN, Ilan; HENNINGS, Katherine; MORI, Helio. Brazil's Financial System: resilience to shocks, no currency substitution, but struggling to promote growth. *Working paper series*, 75, Banco Central do Brasil, junho 2003.

GORTON, Gary. *Slapped by the invisible hand*. Oxford: Oxford University Press, 2010.
GORTON, Gary; WINSTON, Andrew. Financial intermediation. In: CONSTANTINIDES, George; HARRIS, Milton; STULZ, René (org). *Handbook of the economics of finance, v. 1A (Corporate Finance)*. Amsterdã: Elsevier, 2003.

GRAU, Eros Roberto. Liquidação e intervenção em instituição financeira – anulação de ato administrativo complexo – discricionariedade e revisão judicial. Revista de Direito Administrativo. *Revista de Direito Administrativo*, n. 203, jan./mar. 1996.

GREENSPAN, Alan. *Our banking history*. Before the Annual Meeting and Conference of the Conference of State Bank Supervisors, Nashville, Tennessee, 2 de maio de 1998.

REFERÊNCIAS BIBLIOGRÁFICAS

Disponível no site do Federal Reserve (Fed): http://www.federalreserve.gov/boarddocs/speeches/1998/19980502.htm. Acesso em 04/04/2013.

GREMAUD, Amaury; VASCONCELLOS, Marco Antônio Sandoval de; TONETO JUNIOR, Rudinei. *Economia Brasileira Contemporânea*. 5ª Ed. São Paulo: Atlas, 2004.

HAU, Harald; THUM, Marcel. Subprime crisis and board (in-)competence: private vs. public banks in Germany. *CESifo Working Paper* n. 2640. Abril de 2009.

HERMANN, Jennifer. Reformas, endividamento externo e o "milagre" econômico (1964-1973). In: GIAMBIAGI, Fábio; VILELA, André; CASTRO, Lavínia Barros de; HERMANN, Jennifer (org.). *Economia brasileira contemporânea*. Rio de Janeiro: Elsevier, 2005.

HICKS, John. *A market theory of Money*. Oxford: Oxford University Press, 1989 (reimpressão de 2007).

HOFFMAN, Philip; POSTEL-VINAY, Gilles; ROSENTHAL, Jean-Laurent. *Surviving large losses: financial crises, the middle class and the development of capital markets*. Cambridge: Harvard University Press, 2007.

HOGGARTH, Glenn; REIS, Ricardo; SAPORTA, Victoria. Costs of banking system fragility: some empirical evidence. *Journal of Banking & Finance*, 26, (2002), p. 825-855.

HOWELLS, Peter; BAIN, Keith. *Economia Monetária: moedas e bancos*. Rio de Janeiro: LTC, 2001.

HUBBARD, Glenn (org.). *Financial markets and financial crises*. Chicago: The University of Chicago Press, 1991.

HUBBARD, Glenn; O'BRIEN, Anthony. *Money, banking and the financial system*. Upper Saddle River: Pearson Prentice Hall, 2012.

HÜFNER, Felix. The German banking system: lessons from the financial crisis. *OECD Economics Department Working Papers* n. 778, ECO/WKP(2010)44, julho de 2010.

IMF. *Canada Financial Stability Assessment Update*. IMF Country Report No. 14/29, fevereiro, 2014.

IMF Country Report No. 13/147. *Brazil: Technical Note on Stress Testing the Banking Sector*, junho de 2013.

IMF Country Report No. 12/206. *Brazil: Financial System Stability Assessment*, julho de 2012.

IMF Report. *Initial Lessons of the Crisis*. Fevereiro de 2009.

IMF. *Canada Financial Stability Assessment Update*. IMF Country Report No. 08/59, fevereiro de 2008.

JACOBY, Melissa. Dodd-frank, regulatory innovation and the safety of consumer financial products. *North Carolina Banking Institute Journal*, Vol. 15, apr, 2011. p. 99-110.

JÄNNÄRI, Kaarlo. *Report on banking regulation and supervision in Iceland: past, present and future*. Iceland Prime Minister's Office Publications, março de 2009.

JOHNSON, Cristian; RICE, Tara. Assessing a decade of interstate branching. *Federal Reserve Bank of Chicago Working Paper* 2007-03, abril de 2007.

JUNIOR, Cleofas Salviano. *Bancos estaduais: dos problemas crônicos ao PROES*. Brasília: Banco Central do Brasil, 2004.

KEYNES, John Maynard. *A teoria geral do emprego, do juro e da moeda*. São Paulo: Atlas, 1982 (14ª reimpressão, 2009).

KINDLEBERGER, Charles P.; ALIBER, Robert Z. *Manias, panics and crashes: a history of financial crisis*. Nova York: Palgrave Macmillan, 2005.

KING, Robert; LEVINE, Ross. Finance and growth. *The quarterly journal of economics*. Vol. 108, No. 3 (1993). p. 717-737.

KROZSNER, Randall; SHILLER, Robert. *Reforming US Financial System: reflections before and beyond Dodd-Frank*. Cambridge: The MIT Press, 2011.

KRYZANOEWSKI, Lawrence; ROBERTS, Gordon. Canadian banking solvency, 1922-1940. *Journal of Money, Credit and Banking*, 25, (ago. 1993), p. 361.

LA PORTA, Rafael; LOPEZ-DE-SILANEZ, Florencio; SHLEIFER, Andrei. Government ownership of banks. *The Journal of Finance*, Vol. 57, No. 1 (Feb., 2002), p. 265-301.

LANE, Philip; MILESI-FERRETTI. The cross-country incidence of the global crisis. *IMF Working Paper WP/10/171*, julho de 2010.

LARA RESENDE, André. A crise e o desenho do sistema financeiro. In: BACHA, Edmar; GOLDFAJN, Ilan (org.). *Como reagir à crise? Políticas econômicas para o Brasil*. Rio de Janeiro: IEPE/CdG, 2008.

LEA, Michael. *Alternative forms of mortgage finance: what can we learn from other countries? Paper* apresentado no Harvard Joint Center for Housing Studies National Symposium

LIMA, Maria Lúcia Padua (coord.). *Agenda contemporânea: Direito e Economia, 30 anos de Brasil*, tomo 2. São Paulo: Saraiva, 2012.

REFERÊNCIAS BIBLIOGRÁFICAS

LITAN, Robert. Reuniting investment and comercial banking. *Cato Journal*, Vol. 7, No, 3 (Winter 1988). p. 803-821.

LOYO, Eduardo Motta; AZEVEDO, Rodrigo. Perspectivas sobre a regulação financeira no Brasil diante de programas de reforma em economias avançadas. In: CARNEIRO, Dionísio Dias; DE BOLLE, Monica Baumgarten (org.). *A reforma do sistema financeiro americano: nova arquitetura internacional e o contexto regulatório brasileiro*. Rio de Janeiro: LTC, 2010.

LOYOLA, Gustavo. O futuro da regulação financeira. GARCIA, Marcio; GIAMBIAGI, Fábio (org.). *Risco e regulação: Por que o Brasil enfrentou bem a crise financeira e como ela afetou a economia mundial*. Rio de Janeiro: Elsevier, 2010.

MACFARLANE, Ian. The crisis: causes, consequences and lessons for the future – the Australian perspective. In: *Australian Securities and Investment Commition (ASIC) Summer School Report*, 2009.

MAIA, Geraldo V. S. Reestruturação bancária no Brasil: o caso do PROER. *Notas Técnicas do Banco Central do Brasil*, nº 38, Junho, 2003.

MANKIW, N. Gregory. *Macroeconomia*. 6ª ed. Rio de Janeiro: LTC, 2008

MARKHAM, Jerry. *A financial history of the United States, v. I: from Christopher Columbus to the Robber Barons*. New York: M.E. Sharpe, 2002.

MARKHAM, Jerry. *A financial history of the United States, v. II: from J.P. Morgan to the Institutional Investor (1900-1970)*. New York: M.E. Sharpe, 2002.

MARSH, Tanya D.; NORMAN, Joseph W. *Reforming the Regulation of Community Banks after Dodd-Frank*. In: FEDERAL RESERVE BANK OF ST. LOUIS, Community Banking Conference, 2013. p. 1.

MARTINS, Bruno; SCHECHTMAN, Ricardo. Loan pricing following a macroprudential within sector capital measure. *Working paper series 323*, Banco Central do Brasil, agosto de 2013.

MATTOS, Eduardo; PACE, Filipe. Crise, regulação e a falácia do Estado salvador. *Revista Jurídica Themis*, No. 21 (2010). p. 189-200.

MCDONALD, Gary. Comparing the Paulson Blueprint and the Geithner White Paper. *The PEW Economic Policy Department background Note #2*.

MEIRELLES, Antônio Chagas. A reforma bancária internacional e a estrutura do sistema bancário brasileiro. *Revista de Direito Bancário e do Mercado de Capitais*. Ano 14, N. 51, jan-mar. 2011.

MELLO, Pedro C. de; SPOLADOR, Humberto. *Crises Financeiras: quebras, medos e especulações de mercado*. 3ª edição. São Paulo: Saint Paul, 2010.

MESQUITA, Mário; TORÓS, Mário. Gestão do Banco Central no Pânico de 2008. In: GARCIA, Marcio. GIAMBIAGI, Fábio (org.). *Risco e regulação: Por que o Brasil enfrentou bem a crise financeira e como ela afetou a economia mundial*. Rio de Janeiro: Elsevier, 2010.

MESSA, Theodoro. Crise e regulação no sistema financeiro brasileiro. BACHA, Edmar; GOLDFAJN, Ilan (org.). *Como reagir à crise? Políticas econômicas para o Brasil*. Rio de Janeiro: IEPE/CdG, 2008.

MESTER, Loretta. Optimal Industrial Structure in Banking. In: THAKOR, Anjan; BOOT, Arnoud (org.). *Handbook of financial intermediation and banking*. Amsterdã: Elsevier, 2008.

MIAILLE, Michel. *Introdução crítica ao Direito*. 2ª. ed. Lisboa: Estampa, 1989.

MILLER, Merton. Financial Innovation: achievements and prospects. *Journal of Applied Corporate Finance*, Vol. 4, N. 4. 1992, p. 4-11.

MILLER, Merton. Financial Innovation: the last twenty years and the next. *The Journal of Financial and Quantitative Analysis*, Vol. 21, No. 4, dezembro, 1986. p.459-471.

MILLER, Robert. Morals in a market bubble. *University of Daytona Law Review*, Vol 35, No. 1, 2009. 113-137.

MINSKY, Hyman. *Stabilizing an Unstable Economy*. Nova York: McGraw-Hill, 2008.

MINSKY, Hyman. The Financial Instability Hypothesis. *The Jerome Levy Economics Institute Working Paper*, nº. 74, maio de 1992.

MISHKIN, Frederic. *The Economics of Money, Banking and Financial Markets*. 7ª ed. Boston: Pearson (Addison-Wesley series in Economics), 2004.

MISHKIN, Frederic. Assymetric information and financial crises: a historical perspective. In: HUBBARD, Glenn (org.). *Financial markets and financial crises*. Chicago: The University of Chicago Press, 1991.

MOURA, Alkimar. Regulação nos mercados financeiros e de capitais no Brasil: um sistema à prova de crises? In: LIMA, Maria Lúcia Padua (coord.). *Agenda contemporânea: Direito e Economia, 30 anos de Brasil*, tomo 2. São Paulo: Saraiva, 2012.

MULLER, Bianca Abbot. *Concorrência no setor bancário brasileiro*. Dissertação de mestrado: USP, Faculdade de Direito, São Paulo, 2007.

NAKANE, Marcio. A test of competition in Brazilian Banking. *Working paper series*, 12, Banco Central do Brasil, 2001.

REFERÊNCIAS BIBLIOGRÁFICAS

NÓBREGA, Maílson. Origens da Crise. In: GARCIA, Marcio; GIAMBIAGI, Fábio (org.). *Risco e regulação: Por que o Brasil enfrentou bem a crise financeira e como ela afetou a economia mundial*. Rio de Janeiro: Elsevier, 2010.

NOVAES, ANA. Intermediação financeira, bancos estatais e mercado de capitais: a experiência internacional. In: CASTELAR PINHEIRO, Armando; OLIVEIRA FIHO, Luiz Chrysostomo. *Mercado de capitais e bancos públicos: análise e experiências comparadas*. São Paulo: Contra Capa, 2007.

OCDE. *Roundtable on competition, concentration and stability in the banking sector*. OCDE Report, 2010.

OCDE. *Bank Competition and financial stability*. OCDE Report, 2011.

OCDE. Competition and financial markets. *DAF/COMP/WD(2009)11*.

OCDE. *Guidelines on Corporate governance of State-Owned Enterprises*, 2005.

OLIVEIRA, Gesner. *Concorrência: panorama no Brasil e no mundo*. São Paulo: Saraiva, 2001.

OLIVEIRA FILHO, Luiz C. de. Autorregulação no Sistema Financeiro. CARNEIRO, Dionísio Dias; DE BOLLE, Monica Baumgarten (org.). *A reforma do sistema financeiro americano: nova arquitetura internacional e o contexto regulatório brasileiro*. Rio de Janeiro: LTC, 2010.

ORHANGAZİ, Özgür. *Financialization and the U.S. Economy*. Cheltenham: Edward Elgar, 2008.

PAGOTTO, Leopoldo Ubiratan Carreiro. *Defesa da concorrência no setor financeiro*. São Paulo: Singular, 2006.

PALÁEZ, Carlos Manuel; SUZICAN, Wilson. *História monetária do Brasil: análise da política, comportamento e instituições monetárias*. Rio de Janeiro: IPEA/INPES, 1976.

PELTZMAN, Samuel. The Gains and Losses from Industrial Concentration. *Journal of Law and Economics*, vol. 20, outubro, 1977. p. 229-263.

PINDYCK, Robert. RUBINFELD, Daniel. *Microeconomia*. 6ª ed. São Paulo: Pearson Prentice Hall, 2005.

PINHO DE MELLO, João Manoel. Estrutura, Concorrência e Estabilidade. In: GARCIA, Marcio; GIAMBIAGI, Fábio (org.). *Risco e regulação: Por que o Brasil enfrentou bem a crise financeira e como ela afetou a economia mundial*. Rio de Janeiro: Elsevier, 2010.

PINTO, Gustavo Mathias Alves. *Regulação sistêmica e prudencial no setor bancário brasileiro*. Tese de doutorado: USP, Faculdade de Direito, São Paulo, 2011.

PINTO JUNIOR, Mario Engler. Organização do setor público empresarial: articulação entre Estado e companhias controladas. In: DE ARAUJO, Danilo B. S. G.; WARDE JR, Walfrido. *Os grupos de sociedades: organização e exercício da empresa*. São Paulo: Saraiva, 2012.

PINTO JUNIOR, Mario Engler. Fundo de Investimento em Direitos Creditórios (FIDC): alternativa de financiamento pelo mercado de capitais. In: LIMA, Maria Lúcia Padua (coord.). *Agenda contemporânea: Direito e Economia, 30 anos de Brasil*, tomo 2. São Paulo: Saraiva, 2012.

POSNER, Richard. *The crisis of capitalist democracy*. Cambridge: Havard University Press, 2010.

POSNER, Richard. *A failure of capitalism: the crisis of '08 and the descent into depression*. Cambridge: Havard University Press, 2009.

PULINO, Marcos Vinícius Zanlorenzi. *O custo de capital em operações de securitização de recebíveis de empresas não-financeiras mediante emissão de quotas de Fundos de Investimento em Direitos Creditórios – FIDCS*. Dissertação de mestrado: FGV-SP, Escola de Administração de São Paulo, São Paulo, 2008.

REGO, José Marcio; MARQUES, Rosa Maria (org.). *Economia brasileira*. 3ª ed. São Paulo: Saraiva, 2006.

REZENDE, Marcelo. Supervisão e regulação de bancos comerciais nos Estados Unidos: características e implicações. In: CARNEIRO, Dionísio; DE BOLLE, Mônica Baumgarten (org.). *A reforma do sistema financeiro americano: nova arquitetura internacional e o contexto regulatório brasileiro*. Rio de Janeiro: LTC, 2010.

RIBEIRO, Benedito; GUIMARÃES. Mário M. *História dos bancos e do desenvolvimento financeiro do Brasil*. São Paulo: Pro Service, 1967.

RIBEIRO, Ivan César. *Regulação financeira, poder no mercado e crise financeira*. Tese de doutorado: USP, Faculdade de Direito, São Paulo, 2012.

ROCHA, Fernando Alberto Sampaio. Evolução da concentração bancária no Brasil (1994-2000). *Notas técnicas do Banco Central do Brasil*, n. 11. Brasília: Banco Central, 2011.

RODGERS III, William. *The Handbook on the economics of discriminaton*. Cheltenham: Edward Elgar, 2006.

ROSEN, Richard. Is Three a Crowd? Competition among Regulators in Banking. *Journal of Money, Credit and Banking*, Vol. 35, No. 6, Part 1 (Dec., 2003). p. 967-998.

REFERÊNCIAS BIBLIOGRÁFICAS

ROTHBARD, Murray N. *A History of Money and Banking in the United States: the Colonial Era to World War II*. Auburn: Ludwig Von Misses Institute, 2002.

ROUBINI, Nouriel; MIHM, Stephen. *A Economia das Crises: um curso relâmpago sobre o futuro do sistema financeiro internacional*. Rio de Janeiro: Intrínseca, 2010.

RUIZ-PORRAS, Antonio. Banking Competition and Financial Fragility. *MPRA Paper* nº. 5673, novembro de 2007.

SADDI, Jairo. *Crise e regulação bancária: navegando mares revoltos*. São Paulo: Texto Novo, 2001.

SALAMA, Bruno. Rumo a uma teorização jurídica da inovação financeira: os negócios bancários indiretos. *Revista da Procuradoria Geral do Banco Central*, v.4, n. 1, junho de 2010. p. 225-245.

SALAMA, Bruno Meyerhof. De onde viemos? Inovação e resposta regulatória na indústria bancária no pré-crise. *Revista DIREITO GV*, n.10 (2010), pp. 325-342.

SALOMÃO FILHO, Calixto. Menos mercado. In: CASTRO, Rodrigo Rocha Monteiro de; WARDE JR, Walfrido Jorge; GUERREIRO, Carolina Dias Tavares (coord.). *Direito empresarial: e outros estudos em direito em homenagem ao professor José Alexandre Tavares Guerreiro*. São Paulo: Quartier Latin, 2013.

SALOMÃO FILHO, Calixto; FERRÃO, Brisa Lopes de Mello; RIBEIRO, Ivan César. *Concentração, estruturas e desigualdade: as origens coloniais da pobreza e da má-distribuição de renda*. São Paulo: IDCID, 2008.

SALOMÃO FILHO, Calixto. *Direito concorrencial: as estruturas*. São Paulo: Malheiros, 2007.

SALOMÃO FILHO, Calixto. Regulação e antitruste: fronteiras de interação no setor financeiro. In: CAMPILONGO, Celso Fernando; ROCHA, Jean Paul Veiga da; MATTOS, Paulo Todescan Lessa (coord). *Concorrência e Regulação no Sistema Financeiro*. São Paulo: Max Limonad, 2002.

SALOMÃO FILHO, Calixto. Condutas Anticoncorrenciais no Setor Bancário. *Revista de Direito Mercantil, Industrial e Econômico*. n. 114, 1999.

SALOMÃO NETO, Eduardo. *Direito bancário*. 2ª. ed. São Paulo: Atlas, 2014.

SAMPAIO, Patrícia; LAVOURINHA, Andréa. Considerações finais: notas sobre concorrência e regulação no setor bancário nacional. In: PORTO, Antônio José; GONÇALVES, Antônio Carlos; SAMPAIO, Patrícia. *Regulação financeira para advogados*. Rio de Janeiro: Elsevier (FGV), 2012.

SANCHES, Fábio Miesse; SILVA JUNIOR, Daniel. *Public banks improve private banks performance: evidence from a dynamic structural model*. London School of Economics Job Market Paper, novembro de 2012.

SCOTT, Kenneth. The financial crisis: causes and lessons. *Journal of Applied Corporate Finance*, Vol. 22, No. 3, Dec., 2009. p. 8-15.

SCOTT, Kenneth. The dual banking system: a model of competition in regulation. *Stanford Law Review*, No. 30, Vol. 1. (Nov., 1977). p. 1-50.

SCHWARTZ, Anna. Real and pseudo-financial crises. In: SCHWARTZ, Anna. *Money in historical perspective*. Chicago: The University of Chicago Press, 1987.

SCHWARTZ, Anna. *Money in historical perspective*. Chicago: The University of Chicago Press, 1987.

SHAFFER, Sherrill. A Test of Competition in Canadian Banking. *Journal of Money, Credit and Banking*, Vol. 25, No. 1 (fev., 1993). p. 49-61 e NATHAN, Alli; NEAVE, Edwin. Competition and contestability in Canada's financial system: empirical results. *Canadian Journal of Economics*, Vol. 22, N. 3. (ago, 1989). p. 576-594.

SHILLER, Robert. Democratizing and humanizing finance. In: KROZSNER, Randall; SHILLER, Robert. *Reforming US Financial System: reflections before and beyond Dodd-Frank*. Cambridge: The MIT Press, 2011.

SHILLER, Robert. *The subprime solution*. Princeton: Princeton University Press, 2008.

SHILLER, Robert. *New financial order: risk in the 21st century*. Princeton: Princeton University Press, 2003.

SJOSTROM, William. The AIG bailout. *Washington & Lee Law Review*, No. 66, 2009. p. 943-991.

SMIRLOCK, Michael. Evidence on the (Non) Relationship between Concentration and Profitability in Banking. *Journal of Money, Credit and Banking*, Vol. 17, No. 1, fevereiro, 1985. p. 69-83.

SMITH, Bruce. Private information, deposit interest rates, and the 'stability' of the banking system. *Journal of Monetary Economics*, Volume 14, Issue 3, novembro, 1984. p. 293-317.

SOUSA, Maria O. M. *A crise norte-americana do subprime – medindo o contágio para os BRICS*. Dissertação de mestrado. FEA-USP/SP. 2011.

SPONG, Kenneth. *Bank regulation: its purposes, implementation and effects*. 5ª ed. Kansas City: Federal Reserve Bank of Kansas City, 2000.

STIGLER, George J. The theory of economic regulation. *The Bell Journal of Economics and Management Science*, Vol. 2, No 1, 1971. p. 3-21.

STIGLITZ, Joseph. *Freefall: America, free markets, and the sinking of the world economy*. Nova York: W.W. Norton, 2010.

REFERÊNCIAS BIBLIOGRÁFICAS

STRAHAN, Philip. Bank structure and lending: what we know and do not know. In: THAKOR, Anjan; BOOT, Arnoud (org.). *Handbook of financial intermediation and banking*. Amsterdã: Elsevier, 2008.

STULZ, René. Does Financial Structure Matter for Economic Growth? A corporate finance perspective. In: DEMIRGUC-KUNT, Asli; LEVINE, Ross (org.). *Financial Structure and Economic Growth: a cross-country comparison of banks, markets, and development*. Cambridge: The MIT Press, 2001.

TAYLOR, John. The financial crisis and the policy responses: an empirical analysis of what went wrong. *NBER Working paper* n. 14631, jan., 2009.

TAYLOR, John. Discretion versus policy rules in practice. *Carnegie-Rochester Conference Series on Public Policy, 39*, 1993. p. 195-214.

THAKOR, Anjan; BOOT, Arnoud (org.). *Handbook of financial intermediation and banking*. Amsterdã: Elsevier, 2008.

TIROLE, Jean. Lessons from the crisis. In: DEWATRIPOINT, Mathias; ROCHET, Jean--Charles; TIROLE, Jean. *Balancing the banks: global lessons from the financial crisis*. Princeton: Princeton University Press, 2010.

TOLEDO, Marcelo Gaspari Cirne de. Avaliação da crise: o sistema está sólido. In: GARCIA, Marcio. GIAMBIAGI, Fábio (org.). *Risco e regulação: Por que o Brasil enfrentou bem a crise financeira e como ela afetou a economia mundial*. Rio de Janeiro: Elsevier, 2010.

TONG, Hui; WEI, Shang Jim. Real effects of the subprime mortgage subprime crisis: is it a demand or finance shock? *IMF Working Paper*, Vol. 186, jul. 2008.

TONG, Hui; WEI, Shang-Jin. The composition matters: capital inflows and liquidity crunch during a global economic crisis. *NBER Working paper series* n. 15207, agosto de 2009.

TONOOKA, Eduardo; KOYAMA, Sérgio. *Taxa de juros e concentração bancária no Brasil*. Trabalho para discussão 62, Banco Central do Brasil, 2003.

TROSTER, Roberto Luis. *Overbanking no Brasil*. São Paulo: Makron Books, 1997.

TUFANO, Peter. Financial innovation. In: CONSTANTINIDES, George; *et al* (org.). *Handbook of the economics of finance, v. 1A (Corporate Finance)*. Amsterdã: Elsevier, 2003.

VERÇOSA, Haroldo Malheiros Duclerc. Brazil's Survival of the 2008 Global Financial Crisis: Were we That Good? *Revista de DireitoMercantil Industrial, Econômico e Financeiro*, v. 158, 2011.

VERÇOSA, Haroldo Malheiros Duclerc. Considerações sobre o sistema financeiro. Crises. Regulação e Re-regulação. *Revista de Direito Mercantil Industrial, Econômico e Financeiro*, v. 149, 2008.

VERÇOSA, Haroldo Malheiros Duclerc. *Bancos centrais no direito comparado*. São Paulo: Malheiros, 2005.

VERÇOSA, Haroldo Malheiros Duclerc. *Responsabilidade civil especial dos administradores e controladores nas instituições financeiras e nos consórcios em liquidação extrajudicial*. São Paulo: RT, 1993.

VIVES, Xavier. Overview of Competition and Regulation in banking. In: THAKOR, Anjan; BOOT, Arnoud (org.). *Handbook of financial intermediation and banking*. Amsterdã: Elsevier, 2008.

VAN DEN HEUVEL, Skander. The welfare cost of bank capital requirements. *Journal of Monetary Economics*, n. 55, 2008.

VON METTENHEIM, Kurt. *Federal Banking in Brazil: policies and competitive advantages*. Londres: Pickering & Chatto, 2010.

WALD, Arnoldo. Uma nova visão das instituições financeiras. *Revista de Direito Bancário e do Mercado de Capitais*. Ano 13, N. 50, out-dez. 2010.

WESTERFIELD, Ray. The Banking Act of 1933. *Journal of Political Economy*, Vol. 41, No. 6 (Dec., 1933). p. 721-749.

YANAKA, Guilherme; HOLLAND, Márcio. Basiléia II e exigência de capital para risco de crédito nos bancos do Brasil. *Texto para discussão da Escola de Economia de São Paulo (FGV)*, 188, maio de 2009.

YAZBEK, Otávio. Crise financeira e risco sistêmico: a evolução recente da regulação sistêmica no Brasil. In: LIMA, Maria Lúcia Padua (org.). *Agenda contemporânea: Direito e Economia, 30 anos de Brasil*, tomo 2. São Paulo: Saraiva, 2012.

YAZBEK, Otávio. *Regulação do mercado financeiro e de capitais*. Rio de Janeiro: Elsevier, 2009.

Periódicos

BBC. *RBS sells 314 bank branches to Corsair consortium*. 27 de setembro de 2013.

BLOOMBERG. *Banks paid $ 32,6 billion in bonuses amid U.S. Bailout*. 30 de julho de 2009.

CNN MONEY. *Subprime layoffs head for record*. 19 de setembro de 2007.

ESTADÃO. *Inadimplência é maior na baixa renda*. 08 de junho de 2014

ESTADÃO. *BC exporta 'tecnologia' de reserva para a crise*. 04 de outubro de 2010.

EXAME. *Banco BVA pede falência na justiça de São Paulo*. 11 de setembro de 2014

EXAME. *Moody's vê piora de ativos de bancos públicos*. 05 de junho de 2014.

FINANCIAL TIMES. *Brazil may be heading for a subprime crisis*. 21 de fevereiro de 2011.

FOLHA DE S. PAULO. *Empréstimos de bancos públicos sobem o triplo de bancos privados*. 26 de janeiro de 2013.

FOLHA DE S. PAULO. *Deficitário, banco BVA sofre intervenção*. 20 de outubro de 2012.

FOLHA DE S. PAULO. *Rombo por falência do PanAmericano seria de R$ 900 mi; banco pagou IR sem dever*. 10 de dezembro de 2011.

FORBES. *Brazil facing its own 'sub-prime' lending problem*. 25 de maio de 2012.

INFOMONEY. *Suspeito que haja uma bolha imobiliária no Brasil, diz Robert Shiller*. 02 de setembro de 2013.

ISTOÉ DINHEIRO. *A corrida dos bancos*. Finanças, 17 de junho de 2007.

O GLOBO. *Santander do Brasil não está à venda, diz presidente do banco*. 04 de junho de 2012.

THE AUSTRALIAN. *Four pillars policy our shield against crisis*. 03 de março de 2009.

THE ECONOMIST. *Too small to torture: The Federal Reserve contemplates a sliding scale of bureaucracy for banks*. 17 de maio de 2014.
THE ECONOMIST. *The car industry: the big chill*. 15 de janeiro de 2009.

THE GUARDIAN. *Switzerland unveils bank bail-out plan*. 16 de outubro de 2008.

US NEWS. *Yellen Calls for Tailored Regulation of Small U.S. Banks*. 1º de maio de 2014.

ÍNDICE

AGRADECIMENTOS 5

INTRODUÇÃO 11

CAPÍTULO 1 - INTERMEDIAÇÃO FINANCEIRA, CONCORRÊNCIA
E REGULAÇÃO NO SETOR BANCÁRIO 15

CAPÍTULO 2 - SISTEMA FINANCEIRO NORTE-AMERICANO,
A CRISE DO *SUBPRIME* E SEUS EFEITOS 49

CAPÍTULO 3 - O BRASIL E A CRISE DO SUBPRIME 95

CONCLUSÃO 189

REFERÊNCIAS BIBLIOGRÁFICAS 191